Die Erlösung der Lebensthemen

Das Buch

Finden Sie Ihr wesentliches Thema! Tief in Ihnen selbst schlummert das Wissen um die Aufgabe, die Sie sich für dieses Leben vorgenommen haben. Und damit auch die Chance, sie jetzt zu lösen, damit Ihre Seele einen weiteren großen Entwicklungsschritt gehen kann. Alles, was Ihnen im Alltag und den Etappen Ihrer Biographie begegnet, weist Sie auf Ihre Lebensaufgabe hin.
Satyam S. Kathrein hilft Ihnen, Ihr Thema zu erkennen. Und er begleitet Sie in seinem Text und in einer geführten Meditation zu Ihrem inneren Schatzkästchen, in dem alles liegt, was Sie für die Erlösung Ihrer Lebensthemen brauchen.

Der Autor

Satyam S. Kathrein ist Reiki-Meister, Therapeut und Lehrer am Neo-Holistic-Institut. Er bietet Entspannungs-, Therapie- und Ausbildungsseminare sowie Einzelsitzungen an. Der erfolgreiche Referent und Autor von Büchern zum Thema Reiki lebt in München.

Der Musiker

Hans-Jürgen Buchner, ein begnadeter Komponist und einzigartiger Vertreter der »volksmusikalischen Avantgarde«, ist vor allem als HAINDLING bekannt. Seine inspirierende Meditationsmusik, für die er vielfältige traditionelle Instrumente aus aller Welt einsetzt, lässt die Reise zu Ihrem Lebensthema zu einer tiefgreifenden und heilsamen Erfahrung werden.

Satyam S. Kathrein

Die Erlösung der Lebensthemen

Erkennen Sie Ihr wahres Sein

Lotos

Umwelthinweis:
Dieses Buch wurde auf chlor- und säurefreiem Papier gedruckt.

Lotos Verlag
Lotos ist ein Verlag des Verlagshauses Ullstein Heyne List GmbH & Co. KG.
Originalausgabe
2. Auflage Mai 2003

Redaktion: Heike Rosbach, Nürnberg
Musik auf der beigelegten CD: Hans Jürgen Buchner, HAINDLING
Text und Sprecher: Satyam S. Kathrein
Umschlagkonzept: HildenDesign, München – Stefan Hilden
Umschlaggestaltung: HildenDesign, München – Sabine Zels
Titelabbildung: Getty Images – Bavaria, Deutschland
Satz: KompetenzCenter, Düsseldorf
Druck und Bindearbeiten: Clausen & Bosse, Leck
Printed in Germany
ISBN 3-7787-8071-9

Inhalt

Einleitung

Alles, was uns im Leben widerfährt, möchte uns dazu auffordern, unsere Lebensthemen zu erkennen. Probleme, Mobbing, Krankheit und Leid zeigen uns spiegelbildlich, wie wichtig es ist, die Lebensreise zu erforschen. Das, was wir so mühselig und meist über stetiges Wiederholen Körnchen für Körnchen an Wahrheit darüber herausfinden, lässt sich mit der Lektüre dieses Buches beschleunigen. Das jahrzehntelange Herumtappen im Dunkeln hat damit ein Ende. Der Prozess wirkt wie ein Turbolader. Fassen Sie Mut und lassen Sie sich darauf ein!

Wenn Sie diese Herausforderung annehmen, kommt ein Umwandlungsprozess in Gang, der Sie schneller zur Erlösung und Transformation Ihrer Lebensthemen führt. Gesundheit, Glück, Fügung, Liebe und die unumstößliche Gewissheit des Einsseins mit der göttlichen Schöpferkraft ziehen in Ihr Leben ein.

Wenn wir die Evolution verstehen, können wir auch Techniken entwickeln, die den Evolutionsprozess vereinfachen und schneller vorantreiben. Das haben wissenschaftliche Erkenntnisse gezeigt.

Entsprechend der von ihr gewählten Lebensthematik entscheidet sich die Seele schon in der anderen Dimension für die Eltern, das Umfeld und die Zeitschiene bei ihrer erneuten Inkarnation.

Die Lebensthemen, die wir uns in der anderen Dimension ausgesucht haben, führen uns dann in der Zeit des Aufwachsens zu dem Moment, in dem wir anfangen, uns dem »Erlösungs-

Programm« zu widmen. Der Mensch erlebt die anschließenden Jahre in dem Maße, wie er seine Lebensthemen erkennt und erlöst.

Wenn alle Lebensthemen nacheinander transformiert sind, beginnt der Teil des Lebens, den der Volksmund als »Himmel auf Erden« bezeichnet. Die Transformation der Lebensthemen ermöglicht dann eine allzeit gesunde, bewusste und authentische Entscheidungsfindung aus der inneren Mitte. Wir erfahren unsere Kraft als Teil der Schöpfung und nehmen unseren angestammten Platz im Leben ein. Die Seele wird sich der Verantwortung für Vergangenheit, Gegenwart und Zukunft bewusst und handelt dementsprechend.

Anhand der Fallbeispiele aus meiner Praxis können Sie sich in diesem Buch an Ihre eigenen Lebensthemen herantasten. Mithilfe der hier vorgestellten Werkzeuge und Lösungsmöglichkeiten können Sie sich selbst einordnen und aus der Verstrickung in alte Schattenmuster befreien. Die Übungen unterstützen Ihren Lernprozess und die Integration neu festgelegter Handlungsweisen.

Wenn Sie zum Beispiel mit dem Schlüssel des Bewusstseinsschalters arbeiten, haben bei konsequenter Handhabung die Schattenmuster keine Chance mehr, Sie in alte Fallen zu lotsen. Auch die Umsetzung der Gedankenstille können Sie mit verschiedenen Techniken der Meditation vollenden, sodass Sie Ihre innere Stimme dann endlich störungsfrei hören und verstehen. Sie sind damit an Ihre Intuition angeschlossen, und die liegt bei allen Entscheidungen richtig.

Wenn Ihnen Ihr Lebensthema klar wird, ist das ein wichtiger Schritt in die Erlösung. Ein weiterer Schritt ist anschließend die Integration und Umsetzung neuer Erkenntnisse und Entscheidungen, für die Sie in diesem Buch alles Nötige erfahren.

Mit Leichtigkeit verwirklichen Sie sich so in Ihrem Umfeld, Ihrer Partnerschaft und Familie. Es wird Ihnen gelingen, den Beruf mit Ihrer Berufung in Deckungsgleichheit zu bringen und Ihre Vision umzusetzen. Ein solch gesundes, kraftvolles Sein hat eine ganz natürliche Ausstrahlung und erweitert zusätzlich das kollektive Bewusstsein – die Entwicklung der menschlichen Spezies.

Erkennen Sie sich selbst, transformieren Sie Ihre Lebensthemen! Dieser Ratgeber ermöglicht Ihnen eine Standortbestimmung und erleichtert Ihnen die mutige Anwendung der angebotenen Informationen, Übungen, Tipps und Meditationen. Die Phantasiereise auf der beiliegenden CD hilft Ihnen, Ihr inneres Schatzkästchen zu erkunden.

Dieses Buch kann Ihnen ein hilfreicher Begleiter sein. Wenn Sie nach der Lektüre dieser Zeilen noch mehr für sich tun wollen, können Sie an einem extra zu diesem Thema konzipierten Seminar oder an Einzelsitzungen teilnehmen (siehe am Ende des Buches die Adresse für das Neo Holistic Institut). Wir bieten auch eine Schulung für Therapeuten an, die mit dieser Methode arbeiten wollen.

Jetzt, werte Leser, können und wollen Sie genau das für sich tun, nämlich an Ihrer Thematik arbeiten, sonst würden Sie dieses Buch gar nicht in Händen halten. Ich wünsche Ihnen dabei alles Gute und viel Glück!

Ein ganz besonderer Dank gilt meinem Freund Hans-Jürgen Buchner, HAINDLING, der wieder die wunderbare Musik auf der beiliegenden CD komponierte. Er ist ein begnadeter »Götterbote«, der mit seiner Musik und seinen Texten den Menschen seit vielen Jahren Freude, Unterstützung, Kraft und Inspiration schenkt. Lassen Sie sich von der Musik in die Erlösung Ihrer Lebensthemen tragen!

Ein neuer Ansatz in der spirituellen Therapie

Schnelle und effektive Hilfe

Dies ist eine Einladung an Sie, etwas für sich zu tun, um die Dinge zu erreichen, die Ihnen wichtig sind. Mit diesem neuen Therapie-Ansatz zu experimentieren erweist sich als höchst lohnend. Für den Mutigen eröffnen sich ungeahnte Dimensionen. Nach dem Lesen dieser Zeilen werden Sie den Sinn des Lebens und den Sinn der Probleme, die Ihnen Ihr Dasein vergällen, verstehen.

Mein spiritueller Therapie-Ansatz ist insofern völlig anders als die herkömmlichen, da er – sogar in der Selbstbehandlung – schnell und effektiv Ihre Lebensthemen in die Bahnen lenkt, die die Erlösung bedeuten.

Der Kern des Ansatzes liegt darin, aus dem, was der Mensch seit seiner Geburt erlebt hat, Rückschlüsse auf seine Lebensthemen zu ziehen. Ein weiterer zentraler Aspekt ist der, das innere Schatzkästchen zu finden, das in jedem Menschen die Lebensthemen beherbergt. So können der Therapeut und auch Sie selbst von beiden Seiten an der Erlösung der Thematik arbeiten.

Die hier vorgestellte Therapie basiert auf der Gewissheit, dass jede Seele einen Evolutionsweg beschreitet, an dessen Ende die Buddhaschaft steht. Das ist eine neue Ausgangsbasis, die bislang bei den verschiedenen Therapieformen keine Beachtung fand. Aus dem Zusammenwirken des äußeren Erlebens und des inneren Schatzkästchens bildet sich ein synergetisches Energiefeld, das Ihre Realität in einem Quantensprung, vom einen Augenblick zum nächsten, komplett verändert. Ein jahrelanges Abmühen in Therapiesitzungen ist nicht mehr notwendig.

Menschen, die das erfahren haben, berichten von Wendungen ihres Schicksals um 180 Grad. Zum ersten Mal in ihrem Leben fühlen sie sich nun frei und nicht mehr von Dingen und Situationen getrieben, die sie nicht verstehen. Sie gelangen zu einer Reife, die ihnen wunderbare Partnerschaften ermöglicht und den von Teamgeist geprägten beruflichen Alltag wie Urlaub erscheinen lässt. Visionen und Berufung, die sich aus der frei fließenden Intuition ergeben, werden umgesetzt und verwirklicht.

Mir geht es nicht darum, mit einer weiteren Therapieform den Menschen für die Gesellschaft funktionstüchtig zu erhalten. Vielmehr ist es mein Ziel, beim Klienten ein grundlegendes Verständnis für den Sinn des Lebens, das Auf und Ab, die glücklichen und schmerzvollen Momente, für Armut und Krankheit sowie Reichtum und Gesundheit zu entwickeln.

Jede Seele erfährt die Reise auf der Evolutionsspirale individuell anders. Von Geburt an wandeln wir auf dem Spielfeld dieses Planeten, um an der Erlösung unserer Seele zu arbeiten. In jedem Leben steigen wir auf der Entwicklungsspirale ein Stückchen weiter nach oben, bis wir den Bewusstseinsstand eines Buddha erreichen. Das bedeutet **Transformation**. In seltenen Fällen tritt sogar ein ganz besonderer Quantensprung ein, der den betreffenden Menschen direkt zum Ziel führt.

In den östlichen Mysterienschulen wurde seit jeher mit dieser Wahrheit experimentiert. Die alten Zen-Meister waren für erfolgreiche Quantensprünge ihrer Schüler bekannt. Eine derartige Häufung an Seelen, die in die Meisterschaft gegangen sind, hat es seit Jahrhunderten auf der Erde nicht mehr gegeben. Diese Meister schufen Energiefelder, in denen die Erleuchtung ganz plötzlich mit einem Plopp einsetzte. Ein Zen-Koan spricht davon in unglaublicher Schönheit: »Ein Frosch springt ins Wasser, plopp!«

Diesen Prozess nenne ich die **Erlösung der Lebensthemen**.

Wir brauchen dafür nicht unbedingt die Unterstützung eines Therapeuten, normalerweise schubst uns das Leben selbst auf den richtigen Pfad der Weiterentwicklung. Ist das nicht der Fall, versuchen wir über Lernhilfen, wie zum Beispiel dieses Buch, die Entwicklung voranzutreiben.

Wenn wir uns Zeit zum »Aufräumen« nehmen, gewinnen wir ein so unglaubliches Geschenk, dass ich hier ganz laut und deutlich sagen möchte: Die Reise lohnt sich!

Was sind die Lebensthemen?

Alles begann mit dem Urknall, da entstand die materielle Form der Erde. Danach kam die Evolution von Pflanzen, Tieren, Menschen in Gang. Die Entwicklung der Menschheit hat ihren höchsten Grad erreicht, wenn alle Seelen den Prozess der Meisterschaft abgeschlossen haben und sich eventuell aufmachen, woanders im Universum Wesen bei der Transformationsarbeit zu helfen. Vielleicht genießen sie einfach das Einssein mit der universellen Energie oder fassen den Entschluss, den Evolutionsreigen von vorne zu beginnen.

Alles, was man an Erfahrungen, Erlebnissen, verschiedenen Energieformen, Seinszuständen und äußeren Ereignissen durchleben kann und was sich irgendwann in eine neue Form transformiert, alle Facetten der Entwicklungsphase bis hin zum Buddha – das sind die **Lebensthemen**, das ist die Palette der Lebensthemen.

Jede Seele hat Tausende von Leben hinter sich, bis sie zur Meisterschaft aufgestiegen ist. Am Anfang steht die Inkarnation in die feste Materie auf dem Planeten Erde. Davor gab es nur das Sein in reiner Energieform. Als Nächstes kommen die Erfahrungen als Pflanzen und Tiere, und danach erfolgt die Menschwerdung. Alle Seinsformen haben ihre ganz eigenen Themen, die die Seele so erfährt.

Wenn wir auf der Erde die Tierwelt betrachten, fällt auf, welch große Vielfalt an Arten es gibt. Jedes Tier hat eine Seele und diese Seele wird irgendwann einmal zu einem Menschen. Es kann sogar sein, dass ein Mensch nach diversen Erfahrungen auf dieser Ebene noch einmal die Erfahrungen eines Hundes machen möchte.

Also, die Spielarten, die uns das göttliche Sein zur Verfügung stellt, sind mannigfaltig. Wir können immer wieder zwischen den Formen und den dazugehörigen Themen frei wählen.

Während des Aufenthalts in der anderen Dimension, in der die Seelen nach dem Tod des Körpers eine Auszeit nehmen, wird jede Seele mit einer weiteren Inkarnationsmöglichkeit vertraut gemacht. Es finden sich geistige Helfer oder Engel ein, die der Seele bei der Wahl der neuen Lebensthematik helfen.

Quasi wie vor einer Kinoleinwand, nur dreidimensional, sitzt die Gruppe beisammen und sieht sich verschiedene Filme an. Diese zeigen einerseits gemachte Lebenserfahrungen, um es der Seele zu erleichtern, aufgrund der gewonnenen Erkenntnisse sich im Austausch mit den Helfern für das nächste Thema zu entscheiden. Doch da sind auch die Themen zu sehen, die die Seele infolge des Zusammenspiels von Tipps, Erkenntnissen und eigener Neigung in das nächste Leben führen, die noch zur Bearbeitung anstehen.

Nach einer ersten Vorauswahl von einigen in Frage kommenden Lebensthemen wird eine endgültige Entscheidung gefällt. Die Seele legt die Themen für ihre Reinkarnation fest. In den dazugehörigen Auswahlfilmen sieht die Seele die für ihre

Themen in Frage kommenden Eltern. Sie sucht nun das geeignetste Elternpaar für den Startschuss in die Aufarbeitung der neuen Themen aus. Zur Auswahl können mehrere Elternpaare an diversen Orten der Erde stehen, zum Beispiel in Afrika, Indien, den USA oder in Deutschland. Je nachdem, wohin es die Seele zieht, und in Absprache mit den Helfern wird sie dann, einer Endausscheidung ähnlich, das Elternpaar sowie das Land und die Zeitschiene bestimmen, die in diesem Moment die günstigste Konstellation für den Sprung in die Lebensthemen bilden.

Nun geht es auch schon los. Die Seele verabschiedet sich von den Helfern aus der anderen Dimension, aus den wunderbaren Energiebereichen und findet sogleich in die Gebärmutter der gewählten Mutter. Sobald die Seele gelandet ist, beginnt das, was man als Startschuss in die Erlösung der Lebensthemen bezeichnet. Das heißt, alles, was der Seele nun widerfährt – ob noch in der Gebärmutter, während und nach der Geburt, in den Säuglingsjahren im Umfeld der Familie, danach in Kindergarten und Schule, Ausbildung etc. – ist Teil der Lebensthemen, die erlöst werden sollen. Die Verbindungen in die andere Dimension sind nunmehr gekappt. Es ist nur noch ein Nachhall vorhanden, den man gelegentlich in den Augen der Kinder beobachten kann. Der Tropfen hat sich aus der Wolke gelöst und geht auf die Reise, bis er wieder im Ozean landet.

Das optimale Elternhaus, das Umfeld und die Zeitschiene

Das neue Elternhaus ist das optimalste Energiefeld, um der Seele den Start ins Leben zu ermöglichen. Dies wird sie im Lauf der Jahre mit den Lebensthemen, die sie in der anderen Dimension ausgesucht hat, in Verbindung bringen.

Wenn Ihnen jetzt in den Sinn kommt, dass Hunderttausende Kinder in unmenschlichen Verhältnissen aufwachsen, so ist dazu zu sagen: Das gehört für die betreffenden Seelen gerade zu ihrer Lebensthematik. Jegliche Wertung, die sich hierzu aufdrängt, sollten wir vermeiden. Auch wenn die Kindheits- und Jugendjahre mit tragischen Dingen wie Missbrauch, Schlägen, Hunger, Obdachlosigkeit gespickt sind, gehört dies mit zu dem Thema des jeweiligen Kindes, das es als Seele erleben möchte. Die Seele hat vermutlich in einem anderen Leben gegen ein Kind Gewalt ausgeübt und möchte diese Erfahrung in der Rolle des Opfers jetzt selbst machen. Oder sie will die ganze Palette der Emotions- und Leidenserfahrungen der Menschen kennen lernen.

Dies klingt unglaublich, ändert aber nichts am Wahrheitsgehalt.

Das soll aber nicht heißen, dass wir als Erwachsene keine Verantwortung für die vielen Konfliktherde, Missbrauchsthemen oder hungernden Kinder auf der Welt haben, im Gegenteil, wir sind aufgerufen, angefangen im eigenen kleinen Umfeld bis hin zur Veränderung auf dem ganzen Planeten, dafür zu sorgen, dass solche Dinge nicht mehr passieren.

Je mehr Menschen und Seelen in ihrer Entwicklung voranschreiten und den Entschluss fassen, sich für eine bessere Welt einzusetzen, umso weniger Seelen haben es schließlich nötig, als Kinder und Jugendliche in solche leidvollen Erziehungsjahre zu inkarnieren. Hier besteht ein direkter Zusammenhang zwischen den Entscheidungen der Seelen im Diesseits und im Jenseits.

Die jeweilige Lebensthematik sorgt direkt und indirekt dafür, dass der junge Mensch immer wieder mit neuen Problemen oder wunderbaren Erlebnissen konfrontiert wird. So entwickelt sich dann das Kind in die Richtung, an seiner Erlösung der Lebensthemen zu arbeiten. Das kann auch über Umwege und Wiederholungen vonstatten gehen. Der Lehrplan der Inkarnation ist durch die Lebensthemen vorgezeichnet, und so entdeckt der junge Mensch langsam, in der Zeit des Erwachsenwerdens, welcher Sinn seinem Leben zugrunde liegt, und er bemüht sich bewusst oder unbewusst, seine Thematik zu erlösen.

Der Lehrplan und das universale Gesetz ermöglichen dem Menschen die Entscheidung, den Erlösungsweg durch bewusstes Lernen zu beschreiten. Dies erreicht er, indem er die auftretenden Anforderungen, die ihm die zur Erlösung stehenden Themen aus dem Schatzkästchen vorsetzen, freiwillig und vor allem aktiv löst. Dazu gehört die Fähigkeit, überhaupt erst an diesen Punkt der Erkenntnis zu gelangen, was für einen jungen Menschen schon eine große Aufgabe darstellt.

Wenn wir diesen Weg nicht gehen können, weil wir noch nicht so weit sind oder die universellen Gesetze in jugendlichem Leichtsinn in den Wind schlagen, dann tritt ganz automatisch die Möglichkeit des unbewussten Lernens in Kraft. Wenn also der Mensch sich der Aufgabe nicht stellt, ein Problem bewusst zu lösen, wird er vom Schicksal in Lernerlebnisse getaucht – das können Krankheit und Leid oder Geschehnisse des Alltags sein, die ihn auf den Boden der Realität zurückholen.

Das heißt, wenn der Mensch sich bewusst oder unbewusst zur unbewussten Art des Lernens entschließt, so sind damit stets auch leidvolle Konsequenzen und Erfahrungen verknüpft.

Erst wenn der Jugendliche seine Haltung in Frage stellt und bereit ist, seine Grenzen zu erweitern, klettert er aus diesem Rahmen des Gefangenseins. Er kann bewusst den Weg wählen, seine Aufgaben zu meistern. Dann braucht er sich nicht vor Nackenschlägen in Acht zu nehmen, da ihn nun der Lebensfluss trägt. Dadurch erlöst er den Bereich der Erfahrungen, die aus dem verborgenen Schatzkästchen in die Transformation drängen. Die Fäden, die ihn wie eine Marionette an der Hand des Puppenspielers zappeln lassen, werden durchtrennt. Das kann natürlich auch bedeuten, dass er erst einmal Grenzen erleben muss, um seinen Überschwang in gesunde Bahnen zu lenken.

Das wäre die optimalste Art und Weise, wie die Jugend unglaublich schnell weltweit ihre Themen erlösen könnte. Leider ist dies in unseren Gesellschaftssystemen nicht leicht durchführbar, da die etablierten unterschiedlichen Systeme sich weigern, für das fortschrittlichste Wissen und die Wahrheit einzutreten.

Die Zeitschiene lässt eine Seele erst dann zur Reinkarnation zu, wenn der Zeitgeist und die Geschehnisse auf Erden einen geeigneten Einstiegszeitpunkt bieten. In jedem Augenblick der Zeitschiene herrscht weltumspannend ein anderes Energiefeld, sodass jede Veränderung in diesem Feld im Kleinen wie im Großen Auswirkungen auf die Landemöglichkeit der Seele hat. Für manche Seelen, die spezielle Thematiken auf der Welt bearbeiten und erlösen wollen, muss erst wieder eine bestimmte Energiekonstellation sich ergeben, damit die Basis dafür geschaffen ist, dass sich die Thematik der Seele auch in den äußeren Umständen widerspiegelt.

So hatten wir Generationen, die zu bestimmten Kriegszeiten gelebt haben, um da ihre Erfahrungen zu machen; und andere benötigten eine friedliche Grundstimmung, um ihre Themen bearbeiten zu können. Jede Seele erwischt definitiv ihren optimalen Geburtstag. Die Geburt liegt an einem bestimmten Punkt auf der Zeitschiene und alles, was in diesem Moment passiert, gehört energetisch und praktisch zum Startschuss für die Entwicklung der Seele. Wie weit die Seele dann fähig ist, auf ihrer Lebensbahn aus den Startlöchern in die Transformation zu gelangen, liegt in ihrer Verantwortung, diesen Weg bewusst oder unbewusst zu beschreiten. Bei harten Kindheitserfahrungen kann das bedeuten, dass die Seele nur unter Schwierigkeiten zur Heilung findet, doch auch in diesem Fall gilt: Alle Erfahrungen auf dem Schicksalsweg sind ein Teil der selbst gewählten Thematik.

Ein ganzheitlicher Ansatz

Dank meiner Ausbildungszeit im Fernen Osten ist es mir gelungen, den westlichen mit dem östlichen Therapieansatz zu verbinden. Im Laufe meiner Lehr- und Praxisjahre wurde ich langsam mit der Nase auf diese neue Art der Therapie gestoßen. Wir vermögen nun sehr effektiv hinter die Kulissen zu blicken und die jeweiligen Lebensthemen zu betrachten. Der Erfolg bei meinen Klienten gibt meiner Arbeit Recht.

Dieses Schauen der inneren und äußeren Welt führt den Klienten fast zwangsläufig zur Einsicht. Angesichts der Tatsache, dass es tatsächlich merkwürdige Verbindungen zwischen Geschehnissen, Zufälligkeiten und Realitäten gibt, sollte sich dem niemand mehr verschließen. Im Gegenteil, wie von unsichtbarer Hand geführt, ergibt sich oft das eine aus dem anderen, oder aber es verquicken sich bestimmte Umstände schicksalhaft und nehmen ihren Lauf. Sobald wir erkannt und akzeptiert haben, dass alle Erlebnisse unserer bisherigen Lebensspanne in einem Zusammenhang stehen, können wir den Weg in die Transformation der Lebensthemen beschreiten.

Ich verstehe meine Form der Therapie als ganzheitlichen Ansatz. Der Klient soll mit ihr die eigene Lebensthematik herausarbeiten und annehmen, dann eine Neuordnung vornehmen, Entscheidungen für neue Handlungsweisen treffen und diese in sein Leben integrieren.

Ganzheitlich ist dieser Ansatz insofern, als wir hier alle Bereiche des Seins beleuchten. Der Mensch besteht aus einem Dreiklang: Körper, Geist und Seele. Wir müssen für eine vollständige Gesundung und Transformation alle drei Teile beachten. Ist ein Teil aus dem Tritt geraten, so wirkt sich dies auch auf die beiden anderen Teile aus. Folglich nützt es nicht viel, wenn wir nur einen Teil therapieren. Viele Ärzte werden bestätigen, dass bei der Behandlung eines Patienten etwas völlig anderes herauskommt, wenn man nur mit einer Pille an der »Peripherie« herumdoktert, wie wenn der Therapeut direkt zu den Wurzeln des Übels vordringt. Und die »Wurzeln des Übels« sind die Lebensthemen. Sobald wir erfahren, dass uns das Spiel des Lebens etwas sagen und zeigen will, werden wir spüren, wie sich ein unglaubliches Loslassen vollzieht, wie jegliche Anspannung von uns weicht und wir uns in der kosmischen Liebe aufgehoben fühlen. Energien, die in Spannungen, Krankheiten oder Anstrengungen gebunden waren, unterstützen auf einmal zusätzlich den Genesungs- und Transformationsprozess.

Diese Form der spirituellen Therapie lädt uns dazu ein, die göttliche Instanz wieder bewusst in unserem Körper-Geist-Seelehaus Platz nehmen zu lassen. Mit der göttlichen Instanz meine ich unsere Verbundenheit mit der anderen Dimension, mit einer universellen Kraft, die in allem und durch uns wirkt. Wir sind mit ihr verbunden und zugleich ein Teil von ihr. Bislang nutzten wir die Schöpferkraft für unsere Lebensthemen in der Weise, wie sich das Leben rund um uns herum kreiert, wie es passiert – also auch in der »negativen« Weise. Wenn sich das Leben so zeigt, ist das nichts anderes als der Widerhall aus dem inneren Schatzkästchen. Es mahnt uns aufzuwachen und den Sinn des Ganzen zu erkunden.

Auch spielen alle Menschen im sozialen Miteinander »Rollen«, die ganz wunderbar ineinander greifen. Dies dient dem Wachstum der Seelen. Mit unserer Schöpferkraft bewegen wir uns wie von Geisterhand geführt in einem Reigen, in dem allen zur rechten Zeit das »Richtige« passiert. Gerade wenn wir mit Schicksalsschlägen konfrontiert sind, fällt es uns oftmals schwer, diese in Demut anzunehmen. Aber sie gehören zu uns, sie sind ein Teil des göttlichen Schauspiels, das wir selbst für unser Fortkommen inszenieren.

So ist alles mit allem verbunden. Indem wir unser Selbst

immer mehr klären, erhöht sich die Lebensenergie und verbinden wir uns außerdem mit reiferen Menschen.

Wenn die Themen erlöst, sprich bearbeitet sind, werden wir feststellen, dass die darin gebundene Energie sich plötzlich in eine Schöpferkraft verwandelt, die uns nun für die Kreativität zur Verfügung steht. Wir erleben, wie wir zur hohlen Bambusflöte werden, auf der die göttliche Melodie ihre Töne erklingen lässt. Je freier von Gedanken, desto klarer sind wir in der Intuition und folglich mit der inneren Stimme, mit dem göttlichen Einssein verbunden. Dadurch kann die Schöpferkraft in reinster Form durch uns hindurchfließen. So tragen wir Menschen unser Lied in die Welt, indem wir unsere Berufung ausüben und unsere Visionen Wirklichkeit werden lassen. Anders ausgedrückt, wenn die »negativen« Lebensthemen erledigt sind, lassen wir als letztes Thema die Berufung zur Blüte gelangen.

Im Grunde steht die göttliche Instanz allen Seelen jederzeit als Berater zur Seite. Doch zunächst müssen wir Vertrauen in die Intuition entwickeln, und damit sind wir bei der inneren Stimme. Wenn wir sie hören wollen, übernimmt sie auch die Beraterfunktion. Meistens sind wir jedoch in den Problemen gefangen und tauchen ab ins Unbewusste. In den nun ablaufenden Prozessen fühlen wir uns oft abgespalten und allein. Aber genau dies führt uns auch allmählich wieder ins Licht des Verstehens und zur Integration neuer Handlungsweisen. Ein Sprichwort sagt: »Wenn die Nacht am dunkelsten, ist der Tag am nahsten.« Und jedes Mal wenn wir auf der bewussten Seite auftauchen, entwickeln wir uns in der Transformation, also auf der Evolutionsspirale, ein kleines Stückchen weiter.

Die spirituelle Therapie ist keine Angelegenheit des Verstandes. Sie erwächst vielmehr aus der inneren Mitte, aus der Intuition, gepaart mit Meditation. Ein guter Therapeut arbeitet sowohl mit der Kompetenz seiner Ausbildung und Erfahrung als auch mit der Kraft des Loslassens. Er macht sich innerlich frei und stimmt sich auf den Klienten ein. Selbst wenn der Klient es nicht merkt, so umschweben ihn dennoch unsichtbar die Informationen zu seinen Lebensthemen. Sie hängen sozusagen in seiner Aura, in seinem persönlichen Energiefeld.

Sie können ebenfalls mit dieser Ebene experimentieren. Dazu lösen Sie sich innerlich von allen Gedanken und stimmen sich auf sich selbst ein, indem Sie auf Bilder oder Worte der Intuition achten. Was da auftaucht, das sind die Tipps, nach denen Sie Ausschau halten. Wenn diese klaren Aussagen erscheinen, dann schalten Sie bitte nicht Ihren Denkapparat ein, sondern nehmen Sie einfach ein Blatt Papier und schreiben Sie alles auf. Auf diese Weise verhindern Sie, dass Sie wichtige Informationen vergessen. Eingebungen sind sehr flüchtig, deshalb ist rasches Handeln wichtig. Betrachten Sie bitte in den darauf folgenden Tagen mehrmals täglich in meditativem Zustand die Notizen. Diese Tipps sollten Sie unbedingt auch eine Zeit lang befolgen. Sie werden überrascht sein, was sich dadurch alles in Ihrem Leben verändert. Falls Sie sich irgendwann über etwas Bestimmtes unklar sind, stimmen Sie sich einfach wieder ein und warten auf neue Eingebungen.

Der Mensch ist von feinstofflichen Körpern umgeben, diese nennt man die Aura. Jeder von uns kennt die Aura bis zu einem gewissen Grad. Wenn wir zum Beispiel einen Raum betreten, in dem sich Freunde aufhalten, die glücklich und guter Stimmung sind, spüren wir das. Kommen wir in einen Raum, in dem ein Mensch schlechte Stimmung verbreitet, spüren wir auch das. Dieses Spüren findet auf einer Ebene statt, die jenseits des naturwissenschaftlich Erklärbaren liegt. Wir fühlen und erfahren nämlich mit unserer eigenen Aura die Aura der anderen. Wir können vielleicht die Informationen nicht im Detail entziffern, doch den Gesamtzustand fühlen wir. Auch das Erspüren der Aura sollten Sie eine Weile üben. Nach einiger Zeit werden Sie merken, dass Sie sich bei Begegnungen immer stärker auf Ihre Intuition verlassen können.

Die drei Eckpfeiler

Ein wichtiger Bestandteil meiner Therapie ist die Anamnese. Der Klient berichtet von seinen akuten Problemen und erzählt aus seinem Leben. Danach lege ich großen Wert darauf, mit dem Klienten die Basis unserer Zusammenarbeit zu klären.

Es geht darum, dem Klienten drei wichtige Eckpfeiler der Therapie aufzuzeigen. Der erste dieser Eckpfeiler ist die Gewissheit, dass die Lebensthemen noch in der anderen Dimension gewählt werden, bevor die Seele auf Erden in einem Körper inkarniert. Ich erkläre ihm, dass die Seele vor jeder Wiederkehr die Möglichkeit hat, sich auf der Palette der Lebensthemen einige auszusuchen. An der so gewählten Lebensthematik will die Seele ab der Wiedergeburt lernen oder arbeiten.

Als Zweites gilt es für den Klienten, einen weiteren neuen Pfeiler in seine Weltsicht einzubauen: Er muss anerkennen, dass das gewählte Elternhaus das für seine Thematik am besten geeignete auf dem ganzen Globus ist und dass mit dieser Entscheidung gleichzeitig Umfeld, Wohnort, Land, Kontinent und Zeitschiene ab dem Geburtsjahr festgelegt wurden. Alle Ereignisse auf der Welt haben auf das Leben der Menschen, die zur gleichen Zeit auf der Erde weilen, einen gewissen Einfluss. Je nachdem, wie stark wir daran beteiligt sind, wirkt sich dies in irgendeiner Weise auf alle aus.

Wir sind also immer zur rechten Zeit am richtigen Ort. Jede Sekunde unserer Lebenszeit passt exakt ins Themenraster. Daraus wird deutlich, dass das Leben permanent die Lebensthemen widerspiegelt. Der alte Spruch »Wie innen so außen« trifft auf die Situation des Menschen unbedingt zu. Wir müssen also akzeptieren, dass wir alle Ereignisse unseres Lebens selbst kreieren, um unsere Lebensthemen zu transformieren.

Sobald wir das verstanden haben, fühlen wir in uns tiefe Liebe und Dankbarkeit aufsteigen. Wir nehmen unsere augenblickliche Lebenssituation an und erkennen sie als »Geschenk«. Zeiten innerer Not und Spannung gehören zu den fruchtbarsten Wachstumsphasen des Lebens!

Danach hat der Klient – als dritten Eckpfeiler – die Möglichkeit, aktiv den Selbstfindungs- und Transformationsprozess zu steuern. Das heißt, er übernimmt zum ersten Mal die alleinige Verantwortung für seine Vergangenheit, Gegenwart und den weiteren Lebensweg. Verantwortung übernehmen bedeutet, aus dem ***Seinszustand des Opfers auszusteigen.*** Nicht die Umstände oder andere Menschen sind am momentanen Seinszustand schuld, sondern die Seele hat ein bestimmtes Lebensthema zur Transformation ausgewählt und in die Bearbeitung geschickt.

Mit dem so gewonnenen Einblick erwächst im Bewusstsein des Klienten die Notwendigkeit, seinen Umgang mit der Außenwelt neu zu gestalten. Auf dem Bildschirm seines inneren Auges erscheinen Handlungsmöglichkeiten, die im Einklang mit der Erlösung der Lebensthemen stehen. Als Nächstes entscheidet er sich intuitiv für die richtigen, in die Transformation führenden ***neuen Handlungsweisen.***

Bevor wir aber in diese Entscheidungsphase eintreten, ist es immens wichtig, zuerst die Beziehung zu den Eltern des Klienten zu klären. Grundsätzlich ist den Elternseelen ein **Dank** auszusprechen dafür, dass sie sich dem Klienten als Inkarnationshilfen zu Verfügung gestellt haben. Egal wie schön oder unangenehm die Kindheit verlaufen ist, diese zwei Seelen, unsere Eltern, helfen uns, mit den Lebensthemen in Kontakt zu kommen.

Der nächste Schritt besteht gegebenenfalls darin, den Eltern alle »schlimmen« Handlungsweisen, die sie uns angetan haben, zu **verzeihen**. Wir müssen an dieser Stelle nicht die komplette Kindheit aufarbeiten. Es gilt einfach pauschal zu verzeihen.

Falls die Eltern noch auf der Erde wandeln und uns in alter Weise behandeln, müssen wir ihnen nun bei Übergriffen deutliche **Grenzen setzen** und diese mit allem Nachdruck aufrechterhalten. Dadurch bekommen auch die Eltern die Möglichkeit, ihren Standpunkt zu hinterfragen. Für uns ist es wichtig zu wissen, dass wir in keinster Weise für unsere Eltern verantwortlich sind. Wenn wir also erkennen, dass ein krank machendes Verhalten unserer Erzeuger seinen Grund darin hat, dass diese nicht an ihren eigenen Lebensthemen gearbeitet haben, so schlüpfen wir trotzdem nicht in die Rolle des Missionars. Die Verantwortung für ihr Tun und die daraus resultierenden Konsequenzen haben die Eltern selbst zu tragen.

Wie unsere Eltern prägen uns natürlich auch das Umfeld, die Schule, Land und Leute und führen uns ebenfalls in die Lebensthematik.

Nachdem das innere Schatzkästchen gehoben ist, die Abwehrmechanismen gegen eine Neuordnung und -gestaltung ausgeschaltet sind und die Lebensthemen herauskristallisiert wurden, kann mit der wichtigsten Arbeit begonnen werden.

In den Einzelsitzungen spielen der Klient und ich den Ball für neue gesunde Entscheidungen nun hin und her. Heraus kommt dabei ein ganzes Bündel von klaren, richtungsweisenden **neuen Handlungsideen**, mit denen der Klient ab sofort experimentieren soll. Ich möchte noch einmal darauf hinweisen, dass diese aus der Intuition geborenen Hilfen gleichermaßen für die Körper-, Geist- und Seelenebene stimmig sind.

Je nachdem wie stark die Motivation und die **geistige Disziplin** des Klienten für eine eindeutige Umsetzung sorgen, kann er nach relativ kurzer Zeitspanne als gesund entlassen werden.

Doch er geht nicht seines Weges, ohne genügend kleineres und größeres **Handwerkszeug** für sein tägliches Handeln bekommen zu haben. Dies hilft ihm bei auftauchenden Fallstricken, die auf alten Schattenmustern basieren. Der Klient kann auf die Werkzeuge zurückgreifen, sobald ihm bewusst wird, dass er im Begriff steht, alte Handlungsmuster einzusetzen. Er hat dann die Möglichkeit, mit einem kleinen Trick das alte Programm zu löschen und durch ein neues zu ersetzen.

Das neue Programm ist genau das, wofür sich der Klient bei seiner inneren Aufarbeitung entschieden hat. Er baut sozusagen in seinem inneren Computer eine Brücke; das heißt, wenn alte Muster sein Handeln bestimmen, erkennt das Programm dies und schaltet das Bewusstsein ein, damit die Energie umgeleitet wird, noch bevor der alte Mechanismus voll einrasten kann. Damit hat der Klient es erstmals geschafft, mit seiner neuen Entscheidung nach außen zu treten. Dies erzeugt ein inneres Glücksgefühl und Dankbarkeit und macht Mut. Wenn Sie das einmal geschafft haben, ist Ihnen klar, dass Sie es immer wieder schaffen werden, immer wieder denselben Weg gehen können.

An dieser Stelle möchte ich ein sehr wesentliches Hilfsmittel ansprechen: die **Meditation**. Meditation – richtig angewandt, verstanden und dann auch mit täglichem Bemühen ausgeführt – wird jedem eine große Stütze sein. Wenn wir mit unseren alten Schattenmustern konfrontiert werden, können wir dem entgegenwirken, indem wir das in der Meditation Gelernte in längeren Phasen anwenden. Das heißt, wann immer wir den Verstand mit seinen rasenden Gedanken nicht brauchen, schalten wir ihn ab.

Bei wichtigen Entscheidungen nähern wir uns in dieser Stille unserer inneren Mitte, dem Ort, an dem die Intuition zu Hause ist, die innere Stimme zu uns spricht. Wenn wir dieser Ebene näher kommen, wirkt sich das auch auf die Erlösung der Lebensthemen aus. Das Sein wird automatisch mit den Erfahrungen, Erkenntnissen und Transformationsmöglichkeiten verknüpft. Damit werden die Energiebahnen direkt zum Bereich der Entscheidung freigeschaltet. Es ist nun Aufgabe des Klienten, für neue Handlungsweisen grünes Licht zu geben.

Mein Ansatz der spirituellen Therapie zeigt uns den Weg in die Transformation. Welches Thema wir auch immer gewählt haben, wir können es erlösen, weil es auf der Erde nichts gibt, das nicht in die Transformation gehen kann. Außer wir bemühen uns weder bewusst noch unbewusst um Erkenntnis und entscheiden uns gegen jegliche Veränderung. Das bedeutet dann, dass sich die eine oder andere Seele die Erlösung für ein weiteres Leben aufhebt. Die Erlösung der Lebensthemen ist der Sinn unseres Seins.

Die Reise der Seele

Evolution

Die Evolution der Seele ist älter als die Menschheitsgeschichte, sie setzte in dem Moment ein, als die Erde geboren wurde. Ob mit dem Urknall oder von Gott in sieben Tagen erschaffen, hier beginnt die Geschichte der Evolution der Seelen auf unserem Planeten durch die verschiedenen Stadien bis hin zu den ersten Spuren von Lebewesen. Während der Jahrmillionen entwickelte sich das Bewusstsein und damit die Seele hin zum Menschen von heute.

Dies ist ein Teil der Reise auf der Entwicklungs- oder Evolutionsspirale. Auf dieser Spirale »schreitet« jede Seele bei ihrer Fortentwicklung mit jedem Leben ein Stückchen weiter nach »oben«. Die letzte Stufe dieser Evolution ist die Bewusstheit eines Buddha.

Die Evolution vollzieht sich aber nicht nur in der einzelnen Seele, auch das Kollektiv Mensch geht insgesamt in weitere Veränderungen. Immer wieder kommt die Gesellschaft der Möglichkeit zu einem Quantensprung sehr nahe. Auch heutzutage steht die Menschheit vor einem solchen Qantensprung, einem großen Satz nach oben auf der Entwicklungsspirale.

Nach der Jahrtausendwende machen uns die ökologischen und gesellschaftlichen Probleme nach wie vor darauf aufmerksam, dass es in vielen Lebensbereichen »fünf vor zwölf« ist. Gerade im Gefüge des Miteinanders herrscht ein großer Bedarf an neuen Lösungen. Die Grundfrage muss lauten: Wie kann das Individuum Mensch im täglichen Zusammenleben mit anderen Zeitgenossen seiner Gattung erfüllender, liebevoller und freier umgehen und gleichzeitig erkennen, dass auch Reibung Wachstum bedeutet?

Wir müssen zunächst dafür sorgen, dass die körperlichen Bedürfnisse aller Menschen befriedigt sind. Erst dann kann der Mensch sich für Kunst, Dichtung, Malerei, Musik oder Literatur interessieren. Wenn die körperlichen Bedürfnisse gestillt sind, entsteht der psychische Hunger nach Spiritualität, zieht es den Menschen in noch höhere Sphären. Die Schöpferkraft hinter den Kulissen kennen zu lernen ist dann der größte Wunsch des Menschen.

So schaffen viele Menschen mit der Zeit den Quantensprung in die Meisterschaft der Seelenreise. Dies wird möglich, weil die Menschen sich entscheiden, über ihren eigenen Horizont hinauszublicken und Verantwortung zu übernehmen.

Vom Anbeginn der Zeit fragte der Mensch nach dem Sinn und Zweck des Erdendaseins. Ohne diese Frage wirklich klären zu können, spielte er mit allen Möglichkeiten der Macht- und Kraftentfaltung. Um Weltreiche wurde gekämpft und nach ihrer Hoch-Zeit wurden sie wieder in Schutt und Asche gelegt. Wissen und Macht gelangten zur Blüte und verschwanden wieder von der Bildfläche.

Trotzdem wurden gewisse Erfahrungsessenzen von Generation zu Generation weitergereicht und fortentwickelt. Möglichkeiten für ein besseres Miteinander wurden geschaffen und lösten sich wieder auf. Und dennoch bereichert jede dieser Wellen die Menschheit. Langsam klettert dabei das Bewusstsein des Einzelnen wie des Kollektivs Stufe für Stufe höher auf der Bewusstseinsleiter.

Stets waren nicht unbedingt die Könige und Despoten die geistigen Speerspitzen der Gesellschaften, sondern die Weisen, die geistigen Erneuerer. Sie erkannten und vermittelten oft die wichtigen Zusammenhänge der äußeren und inneren Welt. In Lebens- und Mysterienschulen lehrten große »Geister«, die nicht selten als Religionsgründer in die Geschichte eingingen. Diese weisen Seelen waren ihrer Zeit meist um Jahrhunderte voraus und wurden leider zu Lebzeiten von der Masse oft missverstanden oder sogar getötet. Beispiele wie Jesus, Buddha oder Sokrates sind uns allen ein Begriff.

Andere Genies der Menschheit, die großen Entdecker und so intelligente Erfinder wie Archimedes, Newton, Einstein und Edison fanden vor allem durch ihre spielerische Art und ihren immensen Sinn für Humor ihre goldenen Eingebungen. Newton saß zum Beispiel unter einem Baum, als ihm ein Apfel auf den Kopf fiel, und plötzlich hatte er die Idee der Schwerkraft gefunden. Archimedes hatte die interessantesten Gedankenblitze in seiner Badewanne. Einstein spielte am liebsten mit Seifenblasen, deren Ausdehnung und Zerplatzen ihn zur Relativitätstheorie inspirierten. Edison ging im wahrsten Sinne in aller Frühe ein Licht auf.

Viele, die den Prozess der Evolution abgeschlossen haben, arbeiten ein letztes Mal in der Gestalt eines Meisters oder einer weisen Frau, um sich dann für immer mit dem unendlichen Universum zu vereinen.

Der Seelenweg führt über den Verbund mit anderen Menschen. Im Laufe der Jahrtausende bildeten sich unterschiedliche Formen des Zusammenlebens heraus. Lebensformen erscheinen meist fest und stabil, sind jedoch dem Gesetz des steten Wandels unterworfen. Manchmal ziehen sich Veränderungen über Jahrzehnte hin, und dann wieder tritt der Wandel plötzlich ein. Trotzdem gilt der Status quo meistens als unumstößlich. Erst im Rückblick erkennt man, wie sich die Lebensbedingungen im Laufe der Geschichte immer wieder veränderten.

Die Urform der menschlichen Gemeinschaft wurde von den Frauen angeführt. Als Sippe lebten die Menschen vom Sammeln und Jagen. Die Gebärfähigkeit der Frau galt als die natürliche direkte Verbindung zum göttlichen Unbekannten und war damit der Hauptgrund für die weibliche Vormachtstellung.

Das Matriarchat wurde nicht mit Gewalt erzwungen, sondern war ein aus uralten Traditionen überliefertes Gewohnheitsrecht. Es reichte bis einige tausend Jahre vor unserer Zeitrechnung und war von Friedfertigkeit sowie vom Kult der »Großen Mutter«, der Göttin der Wiedergeburt und Fruchtbarkeit, geprägt.

Der Übergang vom Matriarchat zum Patriarchat zog sich über viele Jahre hin. Der untergeordnete gesellschaftliche Status der Männer barg erheblichen Zündstoff. Zudem änderten sich mit dem Aufkommen von Ackerbau und Viehzucht die Lebensumstände, die Menschen wurden sesshaft und die Aufgaben in der Gemeinschaft neu verteilt. So wandelten sich allmählich die Machtstrukturen in den Sippen. Es begann die Herrschaft des Mannes in Familie, Staat und Gesellschaft. Der Mann fing an, als uneingeschränktes Oberhaupt die Frauen zu unterjochen, und entzog ihnen die bislang weit reichenden Rechte.

Die Männer fanden Gefallen an Raub und Beutezügen. Das Kriegsspiel erhielt hohen Stellenwert. Für die patriarchale Vormachtstellung war es geradezu essenziell, die Macht zu besitzen und in Kriegszeiten Tod und Vergewaltigung zu säen. Sogar in religiösen Dingen hatte der Mann das Sagen und galt die Frau nun als unrein.

Die damals entwickelte Lebensform der monogamen Ehe, die sich bis in unser Jahrhundert gehalten hat, konnte erst in den letzten Jahrzehnten in Frage gestellt und in gewissem Umfang aufgelöst werden. Langsam nimmt die Menschheit Abschied vom Patriarchat und wendet sich wieder der Evolution zu.

Es gab natürlich auch Ausnahmen – etwa die Amazonen. In einem Teil der Welt widersetzten sich Frauen dem Diktat des

Patriarchats. Die kriegerische Lebensart übernahmen sie jedoch von den Männern und schufen ihre eigenen Reiche. Berittene Frauenheere besiegten zu verschiedenen Zeiten ganze Völker. Die Männer führten bei den Amazonen ein zu Sklaven degradiertes »häusliches« Leben. An Feldzügen und Staatsämtern durften sie nicht teilhaben.

So folgten in der Evolutionskette auf das Matriarchat das Patriarchat und in Reaktion darauf die Amazonen. Obwohl sich letztendlich das Patriarchat durchsetzte, leben die Amazonen noch in Mythen und Sagen weiter.

In der Evolutionsgeschichte spielten auch die Religionen von jeher eine wichtige Rolle. Die Religionsgründer, die der eigentlichen Entstehung der Kirchen vorausgingen, waren meist charismatische Menschen, die einen bestimmten Grad an Entwicklung auf der Evolutionsspirale hinter sich hatten. Heute würden wir sagen, die ihre Meisterschaft vollbracht oder ihr Erleuchtungserlebnis erfahren hatten. Was diese Meister den Menschen zu sagen hatten, unterscheidet sich doch sehr deutlich von dem, was im Laufe der Jahrhunderte ihre Nachfolger an den Kirchenspitzen vertraten. Unter dem Deckmantel der Religion ermordete allein in den Jahren der »heiligen« Inquisition die katholischen Kirche Hunderttausende Menschen.

Die Religionsführer installierten leider nur allzu oft einen institutionellen Apparat als Mittler in der Beziehung zwischen Individuum und Gott. Das hatte zur Folge, dass die Gläubigen das Gefühl eingeimpft bekamen, selbst nicht viel zur Veränderung ihrer Lebensumstände beitragen zu können.

Die Religionen haben also das genaue Gegenteil ihres Gründungsauftrags erreicht. Anstatt den Menschen zu zeigen, wie einfach und leicht der Weg in die Einheit und Freiheit ist, mussten diese in Abhängigkeit und Unterdrückung leben. Einheit meint hier den Einklang der erledigten Lebensthemen mit der Berufung und Vision unseres Seins.

Die Menschheit braucht diese »Brücke« eines institutionellen Apparats heute so wenig wie früher. Jeder Mensch kann die Verbindung zum Göttlichen direkt in seiner eigenen Mitte finden. Falls dieser Weg »verschüttet« ist, gehört die Freilegung der inneren Stimme zu einem der wichtigsten Lebensthemen des Betreffenden.

Die Religionen vermischen sich im Augenblick zusehends. Wir werden also mit einem neuen Phänomen konfrontiert, mit der Entwicklung der Multi-Kulti-Gesellschaft. Dies hat zur Folge, dass Anhänger aller Religionen mit neuen Informationen in Kontakt kommen. Dadurch erhalten die einzelnen Gruppierungen die Chance, auf der Evolutionsspirale ein gutes Stück voranzukommen.

Oftmals übernehmen die Menschen die religiösen Vorgaben aber auch, um sich ein Gefühl der Sicherheit in der chaotischen Welt zu verschaffen. Doch das Sicherheitsdenken kann wie eine Krankheit wirken. Die Menschen wollen das Veränderliche, den ewigen Wandel nicht akzeptieren, sie wollen ihn ausschließen. Sie wollen feste Grundmauern, auf denen sie ihr Lebensgebäude aufbauen können, das nach Möglichkeit unverrückbar sein soll.

Doch das Leben folgt anderen Gesetzen. So dick und stabil die Grundmauern auch sein mögen, wenn es darum geht, die Lebensthemen zu erfüllen, werden diese Grundmauern weggefegt wie Federn im Wind. Das soll nicht heißen, dass wir keine Verantwortung für unser Wohlbefinden, Auskommen und unsere Familie zu tragen haben. Vielmehr möchte ich damit sagen, dass ein überstarkes, krampfhaftes Festhalten an Sicherheit und Ordnung bedeutet, sich vom Leben auszuschließen und eventuell in einer Sackgasse zu landen.

Das individuelle und kollektive Bewusstsein wird immer wieder durch Schicksalsschläge gereinigt und in den darauf folgenden Jahren Stück für Stück auf ein neues Niveau der Entwicklungsspirale gehoben. Kriege, Seuchen und Naturkatastrophen haben in dieser Hinsicht für die Menschheit schon oft eine entscheidende Rolle gespielt.

Nehmen wir nur die letzten 100 Jahre der deutschen Geschichte. Anfang des letzten Jahrhunderts orientierte sich die Kindererziehung an der kleinen Fibel eines Herrn Schreber, nach dem auch die Schrebergärten benannt sind. Dieses Büchlein hatte einen wahren Siegeszug durch ganz Europa erlebt, aber gerade die Deutschen waren die stürmischsten Verfechter des darin propagierten Erziehungsstils.

Nach dieser Fibel war es die vorrangige Aufgabe der Erziehungsberechtigten, sobald die Kinder einen eigenen Willen erkennen ließen, diesen zu brechen und sie in Disziplin und Gehorsam zu zwingen. Dadurch wurde ein obrigkeitshöriger neuer Menschentyp herangezogen. Das hatte zur Folge, dass gerade die Deutschen sich für das Phänomen eines Diktators wie Hitler dermaßen öffneten. Auch hier spielten das Sicherheitsdenken und die Abgabe von Verantwortung an einen Führer im Außen eine große Rolle.

Erst nach dem Untergang des Dritten Reiches und in der Generation nach Adenauer begannen die Menschen neue Werte und Ziele zu manifestieren. Die Jahre des westdeutschen Wiederaufbaus und Wirtschaftswunders unter Adenauer und Erhard waren eine stockkonservative Zeit mit strengen Strukturen. Man hatte sich strikt nach alten, überkommenen und wieder aufgenommenen Verhaltenskodexen zu richten.

Doch unter der von außen übergestülpten Ruhe brodelte es. Die Jugend begann sich aufzulehnen. Neue Musik tönte aus dem Äther, mit dem Rock'n'Roll und Kultbands wie den Beatles wurde eine völlig neue Lebensart proklamiert. Die Jugend rebellierte gegen das Establishment. 1968 kam es zum Ausbruch der Revolte, in der sich das soziale, wirtschaftliche und politische Unbehagen der Studenten entlud. Die Politiker versuchten mit allem, was ihnen an Machtmitteln zur Verfügung stand, das Neue, Angstmachende zu unterdrücken.

Dann machte sich die APO (*Außerparlamentarische Opposition)* auf den Weg durch die Instanzen, um politische Veränderungen herbeizuführen. Zusätzlich entstand die *Alternative Bewegung*, ein Sammelbecken für alle, die sofort etwas tun wollten. Die APO bestand hauptsächlich aus Studenten, die Alternativbewegung war eher ein bunt zusammengewürfelter Haufen aus Studenten, Hippies, Feministinnen, Atomkraftgegnern, Haschischrauchern, Musikern, Anarchisten und Künstlern – und nicht zu vergessen, den Esoterikern und Spiritualisten. Es gab auch politisch Verwirrte wie die RAF, die der Gewalt frönten.

In den Jahren nach der Studentenrevolte herrschte unter den Politikern große Skepsis gegenüber jeglichen »Auswüchsen« der Alternativbewegung. Die Zeit war geprägt von Missverständnissen, Angst und gewalttätigen Übergriffen. Aber es wuchsen auch Einsicht, Verständnis und Anerkennung dafür, dass diese Strömungen die Gesellschaft mit Ideen und Taten bereicherten und voranbrachten. Als Hafen der Andersdenkenden gründeten die so genannten Weltverbesserer eine neue Partei, *Die Grünen*.

Wir müssen also stets neue Wege wagen, wenn wir die Evolution weiter vorantreiben wollen. Politiker und Gelehrte müssen in die Pflicht genommen werden, immer wieder auf die Umsetzung von neuen Werten zu achten und Experimente für neue gesellschaftliche Lebensformen zu unterstützen. »Helle« Köpfe, die an solchen Unterfangen arbeiten, sollten einen respektvollen Ehrenplatz bekommen.

Das Bewusstsein

Das Bewusstsein ist der Teil der Seele, der sich in jedem Leben mehr und mehr durch die Erlösung der Lebensthemen erweitert und manifestiert. Leben für Leben wächst so das Bewusstseinspotenzial. Wir werden immer auf der Bewusstseinsebene wiedergeboren, auf der wir im letzten Leben unseren Körper verlassen haben. Die Geschichte der Menschheit zeigt, dass die Seelen ein erhebliches Maß an Zeit brauchen, um ihr Bewusstsein zu entwickeln.

Bewusstsein ist eine Klarheit und Wachheit, die direkt im Hier und Jetzt in der Wahrheit gründet. Die Wahrnehmung sieht die Realität unverfälscht. Das Bewusstsein ist eine höhere Ebene, die direkt mit der Seele, der Intuition und der göttlichen Instanz in Verbindung steht. Je größer das Bewusstsein ist, desto mehr verschwindet das Ego. Wir sind mit der Welt direkt verbunden. Das Einswerden wird fühlbar, Grenzen lösen sich auf. Der Mensch auf dieser Ebene erlebt die Freude und den Schmerz, mit allen Menschen, Tieren und Dingen verbunden zu sein. Er verfällt in Selbstvergessenheit, wenn er eine Seerose auf einem Teich erblickt oder den Sonnenuntergang genießt. Dies nimmt so tief Besitz von ihm, dass eine Einswerdung stattfindet.

Wir alle kennen dieses Gefühl, haben es schon einmal in der Meditation erlebt. Wenn der Blick auf einen Wasserfall uns für einen Moment das Selbst vergessen lässt und wir mit dem Wasserlauf ins Tal verschwinden. Solche Augenblicke vermitteln einen Schimmer von der Wirklichkeit. Wir sollten mehr auf diese Momente achten und ihren Duft tief in uns aufnehmen. Menschen, die auf dieser Ebene angekommen sind, erschaffen regelrecht Situationen, in denen diese Art der Meditation sich vollzieht. Das ist der Weg zu unserer Buddha-Natur.

Das Bewusstsein eines Buddha hat alle sieben Entwicklungsstufen durchlaufen. In der **ersten Stufe ruht der Verstand noch.** Die Materie hat das Bewusstsein fest in sich eingeschlossen. Auf der **zweiten Stufe ist das Bewusstsein fühlbar**. Pflanzen spüren auf dieser Ebene. Bei der **dritten Stufe kommt das Bewusstsein in Bewegung**. Nun sind auch die

Tiere davon erfasst, doch sie werden sich ihrer Existenz noch nicht bewusst gewahr. Auf der **vierten Stufe werden wir uns als Menschen unseres Seins bewusst**. Leider nutzen die wenigsten Menschen auf dieser Ebene ihr Bewusstsein, nur ab und zu erfahren sie einen erleuchteten Moment.

Auf der **fünften Stufe wird das Bewusstsein erstmals erfahrbar**. Es ist der Zustand, der im östlichen Kulturkreis vorübergehende Buddha-Erscheinung genannt wird. **Das Superbewusstsein hat in der sechsten Stufe** Platz genommen. Wir befinden uns Tag und Nacht im Zustand der Meditation. **Die siebte Entwicklungsstufe ist die Buddha-Natur**. Die Meisterschaft lässt das innere Licht nun nach außen leuchten. Früher wurde die Aura solcher Menschen mit einem Heiligenschein dargestellt.

Wenn wir uns heute auf der Welt umsehen, verwundert es doch, dass ein Großteil der Menschheit trotz des umfangreichen Wissens, das den Menschen zur Verfügung steht, immer noch in einem Bewusstsein lebt, das eher dem Mittelalter entspricht.

Deswegen ist es von so großer Bedeutung, dass die Seelen, die ihr Bewusstsein bereits weiterentwickelt haben, dies an andere Seelen weitergeben, sodass jene sich auch auf eine höhere Ebene transformieren können. Wir werden erst dann ein Gleichmaß an Bewusstsein rund um den Erdball erleben, wenn der weitaus größere Teil des kollektiven Bewusstseins auf der höheren Stufe angelangt ist. Je mehr Menschen des Kollektivs auf dieser Stufe stehen, desto größer ist die Chance – auch für die daran nicht beteiligten Menschen –, den Quantensprung zu schaffen. Ein kosmisches Gesetz besagt, je umfangreicher und kräftiger eine Schwingung ist, umso leichter fällt es dem Teil der niedrigeren Entwicklungsstufe auf die höhere voranzuschreiten. Den Prozess des Aufstiegs auf der Entwicklungstreppe können wir fördern, indem wir mit dem Schöpfungsprozess arbeiten.

Der Schöpfungsprozess

Der Schöpfungsprozess ist der Reigen, der die Seelen auf der Entwicklungsspirale vorantreibt. Wir können bei allen Lebensthemen entweder in eine bewusste Schöpfungsebene gehen oder in der unbewussten Schöpfungsebene bleiben. Wie wir bereits sahen, dient in der unbewussten Schöpfungsebene der »rote Faden« der Lebensthemen dazu, all das zu kreieren, was uns dazu bringt, diese Themen zu transformieren. Wenn wir uns entscheiden, bewusst an der Erlösung der Lebensthemen zu arbeiten, können wir den Schöpfungsprozess dazu nutzen, unsere Berufung und Vision Wirklichkeit werden zu lassen.

Die neuen Handlungsweisen ebnen den Weg in das neue Sein. Wir kommen sozusagen vom Entdecken unseres Selbst und gehen zum Erschaffen unseres Selbst über. Wir sind ein Teil der göttlichen Schöpferkraft, ein Teil von Gott. Wir gehören zur selben Energie, sind aus demselben Stoff gemacht. Das, was in uns und durch uns wirkt, ist ein Teil des Ganzen.

Das göttliche Bewusstsein mit seinen unendlichen Ausdrucksformen wird als Schöpfungsprozess wahrgenommen. Wir sind ein Teil des Schöpfungsprozesses. Als personifizierte Schöpfungsmaschine können wir in jeder Minute des Tages einen neuen Ausdruck unseres Selbst manifestieren. Solange wir uns gut fühlen, spüren wir auch bis zu einem bestimmten Grad das Einssein mit dem Ganzen. Das Leben läuft in einer Spur. Erst wenn Hürden oder Barrieren auf dem Weg auftauchen und wir mit den Lebensthemen konfrontiert werden, haben wir plötzlich das Gefühl, nicht mehr mit dem Schöpfungsprozess verbunden zu sein.

Wenn wir uns dann nach innen wenden, gilt es allerdings darauf zu achten, jegliche Wertungen zu unterlassen. In den Prozess, in dem jedes Individuum steckt, einfach so hineinzuschauen, ist schwierig. Doch der Mensch funktioniert so. Wenn er sich auf Begegnungen einlässt, versucht er das, was er sieht, einzuordnen und in Schubladen zu stecken. Diese Schubladen entsprechen aber eher dem Blick durch die Brille der Konditionierungen als dem geöffneten »Dritten Auge« und damit den klaren Informationen aus der Intuition.

Wir haben alle unser ganz persönliches Los gezogen, ob wir jetzt Lottomillionär, Graf oder König, Bettelmann oder Kunstschreiner, Schauspieler, Clown oder Tellerwäscher sind. Für welches Schicksal wir uns auch fortan entscheiden, es entspricht ebenfalls der Transformationsarbeit. So kann auf dem Schicksalsweg der Lottomillionär alles verspielen und unter der Brücke landen und der Bettelmann mit neuen Entscheidungen seine Talente als Kunstschreiner entdecken. Alle Erfahrungen können für den Quantensprung dienlich sein.

Dazu gibt es eine kleine Zen-Geschichte: In einem entlegenen Dorf hatte ein armer Bauer nur ein Pferd. Plötzlich war das Pferd verschwunden und die Dorfgemeinschaft bedauerte diesen armen Bauern sehr. Doch der sagte, wartet ab, man weiß nie, für was es gut ist.

Eine Woche später kommt der Hengst mit sechs Stuten zurück und der Bauer erfreut sich seitdem einer Pferdezucht. Die Dorfbewohner waren verblüfft.

Nach einigen Monaten fiel des Bauers einziger Sohn vom Pferd und verletzte sich schwer am Bein, sodass er bettlägerig wurde. Wieder reagierte die Dorfgemeinschaft mit Bedauern, und auch diesmal mahnte der Bauer abzuwarten, man könne nicht wissen, wofür es gut sei. Kurze Zeit danach wurde das Land in einen Krieg verwickelt und alle jungen Männer wurden zum Militärdienst eingezogen. Viele der jungen Männer aus dem Dorf blieben im Felde. Nur des Bauern Sohn musste nicht in den Krieg ziehen.

Wir verschwenden also nur Energie, wenn wir immerfort alles in Schubladen einordnen wollen. Im Endeffekt können wir höchstens erahnen, wie sich das Glück oder Unglück eines jeden wenden wird. Man kann nie sagen, welches Ereignis sich im Nachhinein als Glücksfall erweisen wird.

Gedanke, Wort und Handlung – das sind die Schritte des Schöpfungsprozesses. Wenn Sie keine Ahnung haben, für was Sie sich neu entscheiden wollen, und Ihr Verstand die Gedanken hin und her rollt, so greifen Sie zur Kraft der Meditation. Machen Sie sich frei von dem Gedankenwust.

Meditation heißt, mit den Methoden und Techniken aus diversen Lehrbüchern und Seminaren zu experimentieren. Zusätzlich sollten Sie innerlich achtsam den Tätigkeiten des Alltags zusehen und die erholsamen Freiräume des Nichtdenkens dabei aufspüren. Viele erleben das Nichtdenken auch beim Spazierengehen oder beim Sport.

Wenn Sie mit der Kraft der Meditation eine Zeit lang arbeiten, werden Sie merken, dass Ihnen wichtige Informationen oder Tipps plötzlich zufliegen. Sie haben den Kanal der Intuition angezapft. Die Intuition ist der Platz unserer inneren Stimme und ein weit verlässlicherer Partner beim Entwickeln der eigenen Lebensvision als der Denkapparat.

Die Intuition, die innere Stimme, hören wir in Zeiten der Meditation, während wir Gedankenstille üben.

Alles, was auf der Welt existiert, entsteht wie gesagt im gleichen Prozess von Idee, Wort und Handlung. Die erste Ebene der Schöpfung ist die Eingebung. Eine Vision, eine Idee taucht vor dem inneren Auge auf. Sie wird durchdacht und geformt.

Das Wort ist die zweite Schöpfungsebene. Als ausgesprochenes Wort wird schöpferische Energie ins Universum geschickt. Worte haben eine stärkere Schwingungsfrequenz, sozusagen eine größere kreative Kraft. Die Kraft des gesprochenen Wortes unterstützt die Handlung.

Somit kann das Entschiedene auf der Erde Platz nehmen. Die durch das Wort mit einer ganz klaren Entscheidung gefestigte Idee kann jetzt durch Ihr eigenes Tun geformt werden.

Auch hier gilt tägliches fleißiges Üben. Sobald über Idee, Wort und Handlung die Kraft aus Ihnen herausentspringt, kommen Ihnen das Schicksal, Fügungen oder Zufälle entgegen.

Neue Handlungsweisen benötigen in jedem Fall ein bedeutendes Maß an Achtsamkeit, Bewusstsein und eine starke geistige Disziplin, die sagt: Mit dem Alten ist Schluss.

Denn die Pfützen der alten Muster und Handlungsweisen, in die wir leicht stolpern, stellen eine Gefahr auf dem Weg dar. Sobald wir wieder aufwachen und einen Schritt aus der Pfütze tun, gilt es wagemutig, frohen Geistes und ohne Schuldgefühle weiterzuwandern. Wichtig ist, dass Sie wild entschlossen sind, gesund zu werden.

Durch Ihr bewusstes Gewahrsein können Sie sofort erkennen, wenn alte Verhaltensmuster wieder hochkommen, und nicht danach handeln. Reagieren Sie aber bitte blitzschnell und führen Sie mit der neuen Entscheidung das neue Handeln aus. Wenn Sie diesen Prozess mit weniger wichtigen Dingen – wie etwa »Ich schaue heute Abend nicht TV« oder »Ich esse heute nichts mehr« – ausprobieren, werden Sie sehen, wie erfolgreich Sie schon sind.

Außerdem können Sie den Bewusstseins-Kippschalter noch im selben Moment umschalten. Diesen Schalter empfehle ich meinen Klienten sinnbildlich in der linken Armbeuge einzubauen und, wenn es nötig wird, mit der rechten Hand zu bedienen. Es ist im Grunde so einfach.

Die Schöpfung ist ein Prozess der Selbsterfahrung. In jedem Augenblick erschaffen wir uns neu. Je höher wir uns auf der Evolutionsspirale entwickeln, umso mehr entdecken wir, dass die göttliche Kraft durch uns wirkt. Es ist eine heilige Partnerschaft.

Geben Sie niemals auf!

Falls Sie einmal etwas tun müssen, das Ihrer Vorstellung nicht entspricht, dann passen Sie bitte auf, auf welche Weise Sie es tun. Versuchen Sie es in vollem Bewusstsein und mit Freude als

Ihr momentanes Sein zu akzeptieren, dann ist es kein falscher Kompromiss, sondern eine wichtige Erfahrung.

Von entscheidender Bedeutung ist auch, wie wir unsere Vorstellung von Veränderung formulieren. Die Worte »wollen« oder »wünschen« müssen tabu sein, sonst geht das Beschlossene nicht in Erfüllung. Machen Sie sich stets bewusst, dass die Resultate bereits existieren. Nehmen Sie dazu die innere Haltung der Dankbarkeit ein und treffen Sie Ihre Wahl nicht halbherzig, sondern eindeutig – und formulieren Sie es auch innerlich so.

Noch ein anderes Gesetz vermittelt uns in aller Einfachheit das Verständnis von der Verbindung zu Gott, der Liebe und dem Glück: Handelt aus dem Sein! Das heißt, seid der Zustand, den ihr erreichen wollt, seid glücklich und fühlt das ständige Einssein mit dem Göttlichen.

Der Zustand dieses Handelns fühlt sich an, als ob sich ein Kreis schließen würde. Der geschlossene Kreis zeigt an, dass es allzeit möglich ist, im richtigen Moment das Gesündeste zu tun. Wir können von einem geschlossenen Energiekreis sprechen. Das ganze Körper-Geist-Seelesystem schaltet automatisch auf den höchstmöglichen Energielevel. Manchen fällt es schwer, diese hohe Qualität zu halten. Der Trick dabei ist, so zu tun, als ob der Zustand schon erreicht wäre. Damit wird ein Energiestrom erzeugt, der das Sein auf diesen potenten Energielevel hebt.

Wenn es Ihnen im Leben an Liebe fehlt oder Sie mit Ihrem Partner zu wenig Liebesbezeigungen austauschen, dann tun Sie einfach so, als ob Sie in dem Gefühl von Liebe schwelgen würden. Versuchen Sie jetzt gleich einmal, ein Gefühl der überströmenden Liebe in sich zu erzeugen. Ja, jetzt in diesem Moment. Haben Sie's? Das fühlt sich doch toll an!

Es ist ein selbst erzeugter »künstlicher« Zustand des Selbstgenährtseins, ohne den Anderen dazu zu benötigen. Üben Sie diese Meditation einige Wochen lang täglich. Sie werden lernen, die innen erfahrene Liebe länger als nur einen Moment zu halten. Diese Veränderung spüren die Menschen in Ihrer Nähe. Manche werden Sie vielleicht mit großen Augen anschauen und sich darüber freuen, Ihre mit so viel Liebe durchflutete Aura zu spüren. Das unterstützt vor allem aber auch die Selbstliebe.

Diese Veränderung lässt Sie mit der Verknüpfung zu Ihrem *inneren Kind* ein friedliches, liebevolles, genährtes Miteinander erleben. Das *innere Kind* ist die Ebene in uns, die alles, was wir an schönen und weniger schönen Dingen in der Kindheit erlebten, gespeichert hat und die wir heute für die Erlösung unserer Lebensthematik nutzen können.

Auf die gleiche Weise gehen Sie einfach auch mit anderen Dingen um, ob es sich dabei nun um Ihren persönlichen Erfolg, Ihre Visionen, Ihr Einkommen, Ihre Entscheidungen für mehr Lebensqualität, den Urlaub, den Arbeitsplatz, Werte, Teamgeist etc. handelt. Entscheiden Sie sich für das, wohin Sie sich entwickeln wollen, und lassen Sie in Ihrem Körper-Geist-Seelesystem das Gefühl des Erreichten und Vollbrachten Platz nehmen. Schon bald werden Sie erleben, dass sich Ihre Entscheidungen manifestieren.

Wenn wir mit der Schöpferkraft arbeiten, stellt sich immer wieder die Frage, was wir denn von der Palette der frei wählbaren Aspekte des Daseins heraufholen wollen. Die Auswahl fällt manchmal nicht leicht, doch bei der Weite der Palette ist das verständlich. Die meisten Menschen erkennen leider durch die Brille ihrer Schattenmuster oft nur einen kleinen Ausschnitt ihrer Möglichkeiten. Deswegen ist es so wichtig, für das weitere Wachstum etwas zu tun. Sogleich eröffnen sich uns dann die vielen Aspekte des Seins. Danach kommt es nur noch darauf an, die Wahl mutig und kompromisslos zu treffen.

Wir folgen festen Naturgesetzen und entsprechen jederzeit dem von uns gewählten Seinszustand. Die Folgen der Wahl tragen wir als Spiegel unserer Entscheidungen, wer wir tatsächlich sind oder wer wir sein wollen. Das dazugehörige Werkzeug, die Schöpferkraft, steht uns ein Leben lang zur freien Verfügung. Ursache und Wirkung bringen das jeweilige Resultat. Es fordert uns auf, aufzuwachen und die Kraft in unsere Hände zu nehmen und mit vollem Bewusstsein zu steuern.

Damit rücken wir dem Ziel der Seelenreise fortwährend näher und erschaffen ein vollkommen verwirklichtes Sein. Das Göttliche verwirklicht sich selbst in uns und verwandelt Ideen in Erfahrungen, sodass sich unser Selbst im Spiegel dieser Erfahrungen kennen lernt und verwirklicht.

Reinkarnation

Reinkarnation ist das Wissen um die Wiedergeburt der Seele. Die Seele ist der unsterbliche Teil des Menschen, der über den physischen Tod hinaus weiterlebt. Die Seele reinkarniert sich immer wieder neu. Sinn dieser Reise ist die Evolution der Seele. Die Seele inkarniert im Körper, durchläuft ihre Evolutionsreise und vereinigt sich nach dem Verlassen des Körpers wieder mit der anderen Dimension. Das persönliche Energiefeld kehrt in das universale Energiefeld heim. Im Laufe der Erdenleben durchläuft die Seele verschiedene Stufen der Bewusstheit bis hin zur Göttlichkeit; sie wird zu dem, was man einen Buddha nennt.

Reinkarnation stellt man sich üblicherweise so vor, dass die Seele auf der Welt wiedergeboren wird und dies viele Male wiederholt. Mit bestimmten Techniken können wir Rückschau auf frühere Leben halten.

Fakt ist, dass wir mit verschiedenen Techniken Erlebnisse aus früheren Zeiten heraufholen können. Aber oft sind das nicht genau die Dinge, die uns persönlich als Seele passierten, sondern Informationen, die in den Genen und Zellen des Körpers gespeichert sind, also Erinnerungen aus der Ahnenreihe des

Körpers. Diese Ahnenreihe hat viele Informationen darüber gespeichert, wie das Leben den Menschen mitgespielt hat. Außerdem gibt es die Informationen, die in der Seele selbst gespeichert sind. Die Reinkarnationstherapie kommt an solche Informationen heran, und so lernen wir, dass auch dies hilfreich ist, um uns in die Erlösung der Lebensthematik zu schicken.

Jeder Erdenbürger hat also genau die Ahnenreihe und die Informationen der Seele, die der Auswahl seiner Lebensthemen entsprechen. Es ist nicht notwendig, die Ahnenreihe Jahrhunderte weit zurückzuverfolgen. Mit der von mir entwickelten Methode einen Einblick in das Elternhaus zu nehmen reicht völlig aus. Schon damit gelingt es, die individuelle Lebensthematik herauszukristallisieren.

Generell geben uns Rückführungen einen gewissen Aufschluss über den Stand der Dinge im jetzigen Leben. Einiges, das wir diesmal zu erlösen versuchen, hat seine Wurzeln in dem einen oder anderen früheren Leben.

Es sei deutlich gesagt, dass Experimente mit der Rückführung zu anderen Leben auch Gefahren bergen. So kann eine Reizüberflutung durch Eindrücke, die in einer Rückführung auf den Betreffenden einstürmen können, Konfusion auslösen. Diese fällt eventuell so stark aus, dass es für den Therapeuten schwierig wird, den Klienten wieder auf seine Basis im Hier und Jetzt zurückzuführen. Man sollte also mit diesen Methoden nicht herumspielen. Es ist wichtig, einen guten Therapeuten zu wählen, mit dem man vertrauensvoll in diese Rückführungen einsteigen kann.

Die andere Dimension

Die dem Erdenleben gegenüberliegende Seite ist die andere Dimension, das Nirwana oder auch Himmelreich genannt. Wir wechseln so oft die Seiten, bis wir das große Ziel, die Meisterschaft der Seele, erreichen. Die andere Dimension ist der Rastplatz, wohin die Seele sich wendet, wenn ihre Zeit auf der Erde für dieses Mal abgelaufen ist.

Tod, Abschiednehmen und Trennungen gehören wie die Geburt und neue Begegnungen zum irdischen Kreislauf. Und das Rad der Wiedergeburt dreht sich bis zur Vollendung der Buddhaschaft immerfort.

In jeder Lebenszeit lernen wir mit den Facetten des Abschieds umzugehen. Für ihren endgültigen Austritt aus dem Körper hat jede Seele ihren individuellen Abflug, und im Augenblick des Übertritts erfährt sie ihr spezifisches Nahtod-Erlebnis. Nicht alle Seelen sind sich des Austritts aus dem Körper bewusst. Manche versuchen im Körper wieder Platz zu nehmen und aufzustehen, um ihre täglichen Aufgaben zu verrichten. Es dauert eine ganze Weile, bis sie gewahr werden, was passiert ist. Sie werden noch einige Zeit die Nähe des Körpers suchen. Auch mit dem Umfeld, Partner, der Familie versuchen sie Kontakt aufzunehmen. Manchmal gelingt das – wenn die adressierten Personen das Gefühl haben, dass noch jemand im Raum anwesend ist.

Bei weit entwickelten Seelen kommt es auch vor, dass sie sich zeigen können, vor allem wenn der Tod so plötzlich eintrat, dass keine Zeit für eine Verabschiedung war. Aus Kriegszeiten wird berichtet, dass verletzte Soldaten im Augenblick ihres Todes, als ihre Seele den Körper verließ, vor dem geistigen Auge geliebter Menschen auftauchten, um sie zu trösten und sich zu verabschieden.

Menschen, die eine Nahtod-Erfahrung infolge eines Unfalls oder einer Krankheit erlebt haben, berichten von dem Energiestrahl, der ihnen an der Grenze zur anderen Dimension entgegengesandt wurde. Sie tauchten für eine Weile durch eine Art Lichtstrahl oder Energietunnel ins Himmelreich ein. Andere, die sich nur schwer trennen können, aber trotzdem den Schritt über die Schwelle getan haben, werden von Begleitern – manche sagen, Engeln – sanft an der Hand genommen und in die andere Dimension geführt.

Hier erleben alle Seelen eine Zeit der Rast, der Rückschau, der Aufarbeitung, inwieweit sie ihre Lebensthemen erfüllen konnten. Einige wandern erst noch in Räumlichkeiten, die denen auf der Erde entsprechen. Sie bauen sich ihre Erdenwelt noch einmal auf, weil sie es nicht verwinden können, davon Abschied nehmen zu müssen. Dort finden sie Personen vor, die sie treffen möchten, werden versorgt, aufgenommen und langsam bereit, endgültig Abschied zu nehmen und in die Phase der Aufarbeitung einzutreten. Das heißt, sie akzeptieren jetzt ihren körperlichen Tod.

Nach vollbrachtem oder unerlöstem Lebensthema treffen die Seelen auf Helfer, mit denen sie den Bilderzyklus ihres Lebens anschauen und besprechen. Sie erfahren in sich und natürlich von den Helfern Verständnis für die versäumten Erlösungs-Kreuzpunkte im Erdendasein. Dies geschieht in einer vollkommen liebevollen Atmosphäre ohne jede Schuldzuweisung oder Verurteilung. Lediglich die bewusste Schau und das Annehmen der Realität sind für die Seele wichtig. Während dieser Schau eröffnet sich das jeweilige Bild wie in einem dreidimensionalen Kino als scheinbare Realität, und da Zeit keine Rolle spielt, ist es auch nicht von Bedeutung, wie lange die Seele sich für die detaillierte Betrachtung Zeit nimmt.

So etwas wie die Hölle existiert in der anderen Dimension nicht wirklich. Unerfüllte Seelen werden bei der Bilderschau erkennen, wie sie sich in ihrem Erdenleben verhalten haben. Die Seelen kreieren dann einen Bereich, in dem sie mit ihrer Aufarbeitung beginnen. Der Schmerz, das Gefühl des Versagens und das Schuldgefühl treiben sie auf eine Ebene, die sie wiederum wie in einem Film für sich selbst kreieren. Dort durchläuft jede Seele dann ihre selbst gewählte Leiderfahrung, die unserer Vorstellung von der Hölle ähneln kann.

Die Seele betreibt ihre Läuterung so lange, bis sie Stück für

Stück auf höhere Ebenen gelangt. Daher erahnen diverse Religionen einen Ort wie den Hades – die Unterwelt.

Auf wieder einer anderen Ebene rasten die Seelen, bis sie erneut beschließen, ein weiteres Leben auf der Erde zu beginnen. Bevor sie auf unseren Planeten zurückkehren, bekommen sie, wenn sie das wollen, Berater zur Seite, um mit ihnen die Lebensthematik für das nächste Leben abzustimmen. Hierbei hat die Seele die freie Wahl.

Viele Seelen hegen nach ihrem Ableben den Wunsch, Verwandte, Freunde, Partner, die vor ihnen das Zeitliche gesegnet haben, zu treffen. Dies ist in der Form möglich, wie sie diese früher kannten. Manchmal erscheinen sie aber auch jünger oder in einer anderen Gestalt. Je nachdem, welches Aussehen sich die Seele gewählt hat. Bei solchen Begegnungen finden weitere Lernprozesse statt. Probleme, die Seelen als Eltern mit den Kindern oder umgekehrt hatten, werden nun ausgeräumt.

Angesichts der Tatsache, dass Seelen anderen Seelen bei deren Lebensthematik helfen und für diese Hilfe mit ihrem Leben auf der Erde stehen, ist dies keine Aufarbeitung wie beim Jüngsten Gericht. Vielmehr findet eine friedliche Bewusstmachung statt. Danach entscheiden die Seelen, ob sie einander für weitere Lebensthematik-Erlebnisse zur Verfügung stehen. Einige Seelen freuen sich auf eine Wiedergeburt, in der es zu einer weiteren Begegnung – innerhalb einer Familie oder als Liebes- und Ehepaar – kommen wird.

Manche Seelen verbinden sich in der anderen Dimension zu Seelengemeinschaften, die dort, wie auf der Erde, miteinander zu tun haben. Diese Gemeinschaften treffen eine Art Abmachung zur gegenseitigen Unterstützung ihrer spirituellen Entwicklung. Sie erleben abwechselnd Beziehungen als Freunde, Partner, Kind oder Eltern, sodass sie im Laufe der Erdenleben alle Aspekte miteinander erfahren. Jede Seele hat für ihre Entwicklung alle Facetten zu erleben, alle erdenklichen Blickwinkel, sei es als Kind, Vater, Mutter, als Mann, Frau, sind Teil der Ausbildung. Die Seelen treffen im einen Leben in Afrika, im nächsten in Europa aufeinander; ein anderes Mal kann es sein, dass die Gemeinschaft in Tibet wiedergeboren wird. So wechselt sie in jedem Leben die Lebensverhältnisse und in freier Wahl die Rollen.

Die einzelne Seele begibt sich nach der Aufarbeitung des letzten Lebens, das heißt nach dem Durchlaufen der Reinigungsebenen, in einen Erlebnisbereich, den wir hier auf Erden als Nirwana oder Himmelreich bezeichnen. Sie kreiert sich ihr Himmelreich so, wie sie es sich in ihren kühnsten Träumen erhofft hat. In dieser Erlebniswelt wird alles wahr, was man sich wünscht. Durch die Lüfte zu fliegen ist hier keine Kunst, auch kann man über Klippen springen oder unter Wasser gehen und trotzdem atmen.

Landschaften werden gewählt, die den schönsten Teilen der Erde gleichen oder diese in völlig verrückten Farben zeigen. Alle nur erdenklichen Ideen sind hier möglich. Die Seelen machen freien Gebrauch davon, in sämtlichen Schattierungen.

So rastet die Seele, und irgendwann kommt ihr die Idee zu einer weiteren Reise auf den Planeten Erde. Im nächsten Moment zeigt eine Bilderflut die offenen Lebensthemen und die dazu passenden Eltern, zu denen sich die Seele, je nach Themenwahl, hinführen lassen kann. Oft erscheinen in dem Augenblick für die Wahl der Lebensthemen auch Helfer, um der Seele beizustehen. Ist die Wahl dann getroffen und sind die entsprechenden Eltern dazu ausgesucht, geht es auch schon los und die Seele verlässt die andere Dimension, um sich auf der Erde erneut zu inkarnieren.

Nun nimmt die Seele auf der Erde ihren neuen Platz ein. Sie vergisst dabei alles Erlebte aus der anderen Dimension und beginnt von vorne, mit der Geburt, dem Leben als Kind und Erwachsener bis zum erneuten Abflug in die andere Dimension.

Der Kreislauf der Wiedergeburt wiederholt sich so oft, bis alle Lebensthemen erlöst sind und die Seele so weit gereift ist, dass sie den Quantensprung in ihre Buddha-Natur schafft. Damit ist der Erdenzyklus beendet, er wird nur um ein weiteres Leben bereichert – um das Leben als Meister und Buddha, der andere Seelen errettet oder aufweckt.

Für alle, die sich dem Tod und der Reise in die andere Dimension nur mit Angst nähern können, möchte ich an dieser Stelle sagen, dass wir keine Angst vor der anderen Dimension haben müssen. Auch nicht vor einer Art Jüngstem Gericht. Es geht immer um Bewusstsein, und egal wie ein Mensch seine Entscheidungen im Leben getroffen hat, er wird in der anderen Dimension mit Liebe aufgenommen. Wenn die Stunde des Todes gekommen ist und wir sterben, erfahren wir im Augenblick des Loslassens eine unheimliche Freude, eine unfassbare Liebe, die absolute Freiheit und Glückseligkeit, einen gar köstlichen Frieden, der mit nichts vergleichbar ist, was uns auf Erden begegnen kann.

Menschen, die auf Erden so genanntes Böses oder Schlechtes getan haben, erleben die Konsequenzen dafür im Erdenleben und in der anderen Dimension. Bei der erneuten Wahl vor der Reinkarnation werden Lebensthematiken, die auf unrühmliche Art auf Erden abgeschlossen wurden, oft gleich noch einmal gewählt, um dann bewusstere Entscheidungen treffen zu können.

Den Tod als endgültiges Erlöschen gibt es nicht. Die Realität ist, dass wir nur die Fronten wechseln, solange wir uns auf der Evolutionsspirale vorwärts bewegen. Auch nach dem erwachten Leben in Meisterschaft begeben wir uns nicht in eine endgültige Ruhe, sondern in eine weitere Dimension, die mit der Dualität von Erdenleben und anderer Dimension nichts mehr zu tun hat. Leben ist also ein ewig währender Zustand, der lediglich seine Form ändert.

Menschen, die durch Katastrophen, Unfälle oder Verbrechen

einem plötzlichen Tod anheim fallen oder im Krieg umkommen, können letztendlich als Seele dadurch nicht verletzt werden. Das betreffende Ereignis ist ein Teil ihrer Transformation.

Die Buddha-Natur

Der köstlichste Zustand, den ein Mensch erreichen kann, ist der der Erleuchtung, nichts ist mit dem vergleichbar. Die Seele ist in der totalen Stille angekommen, und doch vibriert in ihrem Innern ein Energierad, das sich in Ewigkeit gleichmäßig dreht. Es ist eine Energie, die nach außen strahlt, wie bei einer brennenden Lampe. Der Angekommene sendet Licht ins Dunkel, wo immer er sich aufhält, die Energie wirkt automatisch und erhöht den Energielevel der Menschen, die mit ihm in Berührung kommen.

Die Menschen bemerken diese Radiation nur teilweise. Die Energie des Erwachten ist darauf ausgerichtet, den Menschen auf der Körper-, Geist- und Seelenebene zu Wachstum und Transformation zu verhelfen.

Bei der Reise auf der Evolutionsspirale einem wahren Meister zu begegnen ist ein großes Geschenk. Im Verlauf unserer Bewusstwerdung nähern wir uns dadurch schneller dem Tempel der Buddhaschaft.

Aus den Jahrhunderten der großen Zen-Meister wird berichtet, mit wie viel Kreativität sie dies taten. Wenn zum Beispiel ein Interessierter mit vielen Fragen zu einem Meister kam, konnte es passieren, dass er dem Suchenden eine Tasse mit Untertasse in die Hand drückte, so lange Tee einschenkte, bis das Getränk über den Rand lief und schließlich über die Untertasse auf den Boden verschüttet wurde. Völlig verdattert blickte der Fragende daraufhin in die Augen des Meisters, der aber keine Miene verzog.

Auf weiteres Drängen bekam er nun die Antwort: »Dein Inneres ist so voll, dass kein weiterer Tropfen mehr hineinpasst. So nützen dir all meine Antworten überhaupt nichts.« Mit diesem Zen-Tipp wurde das Unmögliche erreicht, der Verstand des Fragenden wurde durch die unfassbare Handlung des Meisters angehalten, und damit öffnete sich ein Spalt für spontanes Verstehen und Veränderung. In diesem Moment konnte der Meister mit seinem Werkzeug Hand anlegen.

Genau diese Art der Arbeit fehlt heute oft in der Therapie. Über den Verstand ist es kaum möglich, Einsicht und Veränderung zu transportieren. Wenn der Erwachte in die Hände klatscht, erzeugt das im Energiefeld des Schülers ein erschrecktes Stoppen der Verstandestätigkeit, damit schafft der Meister einen Freiraum, der dann genutzt werden kann.

Der Verstand setzt für einen Augenblick aus und wir befinden uns auf der Ebene des reinen Seins. Hier begegnen sich die Seelen und Energiefelder, Informationen tauschen sich in Lichtgeschwindigkeit aus. Das erwachte Energiefeld vermittelt auch auf diesem Weg Lektionen.

Mehr und mehr öffnet sich das Geist- und Seelesystem beim Suchenden und dank reichlichen Übens der Meditation ruht der Verstand. Meditation ist ein praktischer Schnellschlüssel für die Arbeit an den Erlösungsthemen. Schritt für Schritt wird Verstehen in neue Handlungsweisen umgesetzt. Das ist mit der Homöopathie vergleichbar, bei der die Energie-Information über eine Trägersubstanz weitergegeben wird.

Viele Meister gründen dafür eine Mysterienschule, eine so genannte Sangha, um das Phänomen der Energie-Übertragung für den Wachstumsprozess der Menschen zu nutzen. In diesem Energiefeld, auch Buddha-Feld genannt, wird mit Vorträgen, Übungen und Meditationen an der Transformation gearbeitet. Jeder Wissensdurstige, der über die Schwelle der Mysterienschule tritt, hat die Chance, als Schüler aufgenommen zu werden und so der Gemeinschaft der Sangha beizutreten. Die Zen-

Meister alter Schule hatten dafür gewisse Auswahlverfahren. War der Suchende erst einmal aufgenommen, musste er strenge Verhaltensregeln befolgen. An solchen Plätzen gelang es den Meistern, viele Menschen in die Buddhaschaft zu geleiten.

Bei der Wahl des Meisters hatte der Suchende häufig viele Hürden zu überspringen. Wahre Meister sind eher selten, so genannte Meister oder große Gelehrte findet man häufiger. Seelen, die den Menschen vorgaukeln, die Erleuchtung in der Tasche zu haben, und sie dann hypnotisierend in ihr eigenes Energiefeld ziehen, gab es zu allen Zeiten zuhauf. Der Suchende hat die Qual der Wahl, und manchmal sitzt er dabei einem Quacksalber auf. Damit ist eine Extrarunde auf der Evolutionsspirale vorprogrammiert. Aber auch das gehört dann zur Lebensthematik dieser Seele. Für den Reifeprozess kann auch ein Missgriff die richtige Entscheidung sein.

Große Gelehrte sind meist Verstandesmenschen. Sie kennen die spirituellen Wahrheiten aus Büchern, können sogar oft jede Zeile rezitieren, sind aber von der integrierten Erfahrung meilenweit entfernt. Trotzdem interpretieren sie die Worte der Meister nach Gutdünken. Dabei wirken sie auf die Suchenden oft manipulierend und unterdrückend ein und spielen ihre Macht aus.

Das ist nach dem Ableben vieler auf der Erde wandelnder Meister geschehen, die nach einigen Jahren als Religionsgründer in die Geschichte eingingen. Deren Wahrheit wurde von den großen Gelehrten zu Schriften zusammengefügt, die in weiten Teilen den Worten des Meisters völlig widersprachen. Es entstand eine Form religiöser Unterdrückung, die in vielen Religionen bis in die heutige Zeit fortbesteht.

Die Menschheit ist aufgefordert, dieses Joch abzuschütteln. Sie kann jederzeit direkt mit dem Göttlichen in Kontakt treten. Jeder Mensch ist selbst dafür verantwortlich, seine freie individuelle Verbindung aufzubauen und sich davon tragen zu lassen.

Es gibt nach wie vor genügend Meister auf diesem Planeten. Einige haben Mysterienschulen aufgebaut, andere reisen umher und geben an bestimmten Orten Diskurse, Satsangs oder Darshans oder halten mehrtägige Seminare ab.

Wenn Sie diese Zeilen inspirieren, folgen Sie einfach Ihrer Intuition, und Sie werden auf Zeichen, Menschen, Bücher oder Tipps stoßen, die Ihnen den Weg weisen. Mit einer gehörigen Portion Mut und Eigeninitiative werden Sie sich öffnen und wichtige Informationen für Ihren Lebensweg bekommen.

Mit der Wahl, die Illusion zu beenden, befinden wir uns auf der Ebene von Anerkennung, Verkündung und Beispielfunktion. Dies sind die drei Stufen des Erwachens und der Demonstration. Anerkennen und Akzeptieren der inneren Realität, ins Außen treten, damit die Menschen darauf aufmerksam werden, und ab jetzt als leuchtendes Beispiel voranschreiten. Wir leben unsere Buddha-Natur.

Das ist also das ferne Ziel, auf das wir alle hinarbeiten. Alle Seelen, die auf der Erde weilen, bewegen sich dorthin. Nur das Wachstumsstadium ist individuell völlig verschieden. So ist auch die Situation unseres Planeten regional unterschiedlich. Alle Seelen müssen sich, wo immer sie sich inkarniert haben, mit den von ihnen gewählten Lebensthemen auseinander setzen. Das meint nicht, dass die reicheren Länder nichts zu lernen hätten oder nur die ärmeren Teile der Welt ihre Lebensthematik so fristen müssen. Jede Seele hat ihre persönlichen Erlösungsaufgaben an dem Ort zu erledigen, den sie ausgewählt hat.

Das heißt auch nicht, dass die Zustände so bleiben müssen, wie sie im Augenblick sind, im Gegenteil, die gesamte Menschheit ist für den Zustand der Welt verantwortlich. Es gilt neue Entscheidungen zu treffen, die ihre Auswirkungen auf das kollektive Bewusstsein, die Wahl der Werte im Umgang miteinander haben.

Die Mehrzahl der Menschen akzeptiert die Verhältnisse auf

der Welt so, wie sie sind. Die merklich unterschiedlichen Zustände nimmt man zwar wahr, aber man hält es nicht für nötig, für genügend Veränderung zu sorgen. Es gilt nach wie vor das Leistungsprinzip. Wer es schafft, genügend Macht anzusammeln, dem wird das Recht zu bestimmen zugesprochen. Die Werte, die dies unterstützen, fördern das Konkurrenzdenken, und nur der Gewinner bekommt die besten Karten. Für jeden Menschen ist es wichtig, nicht zu den Verlierern zu gehören. Man wiegt sich gerne in Sicherheit und versucht eine satte Zufriedenheit zu erzeugen und auszustrahlen. Dass dabei viele aus dem Raster fallen, wird oftmals nicht wahrgenommen.

Da erst ab einer höheren Stufe des Bewusstseins ein Miteinander in Gleichberechtigung, Liebe und wechselseitiger Unterstützung möglich ist, haben wir so lange mit dieser Diskrepanz zu tun, bis immer mehr Menschen den Weg der Erhöhung des Bewusstseins beschreiten.

Da viele Menschen äußerst kurzsichtig sind, reicht ihr Bewusstsein oft nicht über den eigenen Tellerrand oder Gartenzaun hinaus. Und da ihnen der Blick dafür meist fehlt, können sie auch nicht erkennen, dass alle Ebenen zusammenhängen.

Übernehmen wir also Verantwortung, entscheiden wir uns für Werte, die das zu installieren helfen, was dem Höchstmöglichen entspricht, was die Menschheit in Liebe und Gleichberechtigung vereint.

An diesem Punkt sind Sie auf dem besten Weg, Ihre Lebensthemen zu ergründen und auch Ihre Berufung und Vision zu erkennen und umzusetzen. Viele Menschen können mit Visionen nichts anfangen, haben aber Träume und Ziele. Auf dem Weg zur wahren Berufung sollten wir die Träume, die uns vorschweben, mit allen Mitteln verwirklichen. Damit erfüllen wir unser Sein.

Verbinden Sie sich in Gedanken, Worten und Taten mit Ihren Träumen, suchen Sie eventuell Gleichgesinnte und setzen Sie Ihre Vorhaben um.

Wer bin ich?

Körper, Geist und Seele

Der Mensch besteht aus Körper, Geist und Seele. Der **Körper** ist der stoffliche Leib. Leider haben die Menschen ihrem eigenen Körper viele Jahrhunderte lang nicht die Aufmerksamkeit geschenkt, die ihm gebührt. Durch religiöse Verirrungen wurde der Wahrheitssuchende oftmals zur Kasteiung des Körpers gedrängt. Manchmal wurde dies sogar zur höchsten spirituellen Disziplin ernannt. Doch es war ein Irrweg zu glauben, den Körper zu quälen bedeute das Bewusstsein anzuheben. Der Körper und das Bewusstsein bilden ein organisches Ganzes. Der Körper ist das Zuhause der Seele, und das Haus der Seele gilt es gesund zu erhalten und gut zu behandeln. Der Körper steht der Seele Tag und Nacht permanent zur Verfügung. Für den großen Dienst, den er damit der Seele erweist, müssen wir ihm durch größte Aufmerksamkeit und Liebe danken.

Der Körper als solches ist ein Mysterium. Wenn wir in dieses Mysterium hineinschauen, blicken wir in ein Wunder der Natur. Die Nahrung, die wir zu uns nehmen und die so in den Magen gelangt, wandelt der Körper in Bewegung um.

Nur zu oft pflegen wir Menschen jedoch so lange einen ungesunden Ernährungsstil und Lebenswandel, bis der Körper darauf mit Krankheit reagiert. Auf diese Weise antwortet der Körper auf die Behandlung, die wir ihm angedeihen lassen.

Wir sollten unserem Körper größtmögliche Aufmerksamkeit schenken und uns über seine Funktionen genügend Wissen aneignen. Denn wir dürfen nicht vergessen: Der Körper ist das Zuhause unseres Bewusstseins. Wenn die Blume des Bewusstseins erblüht, werden wir sie über den Körper mit aller Kreativität nach außen tragen.

Der **Geist** ist die Kraft, die den Körper in Bewegung setzt. Er hat seinen Platz ganz nah bei der Seele. Der Geist ist sehr empfindlich und dient uns als Puffer, um das, was uns bewegt, nach außen zu tragen und das, was uns widerfährt, als Schock oder Trauma aufzufangen und im Körper-Geist-Seelesystem zu verarbeiten.

Die **Seele** entscheidet die Lebensthemen. Sie ist der Wandler zwischen den Welten. Im Laufe ihrer Evolution transformiert die Seele die Lebensthemen, bis sie nach Erlangung der Meisterschaft in eine weitere Dimension aufbricht.

Körper, Geist und Seele sind über die sieben Chakren miteinander verbunden. Die Chakren sind Energiezentren, über die Informationen in die Körper-, Geist- oder Seelenebene getragen werden. Im gesunden Zustand befinden sich Körper, Geist und Seele miteinander in Einklang und steht der Mensch in seiner Kraft und Berufung.

Bei Schwierigkeiten auf den einzelnen Ebenen wird die Notfrequenz erweitert, sodass beispielsweise Probleme auf der Körperebene auf den Geist überspringen oder umgekehrt. Dazu benutzt das System die Chakren. Der Mensch hat folglich die Aufgabe, wenn auf einer der Ebenen etwas nicht stimmt, für Gesundung zu sorgen.

An diesem Punkt angelangt, macht er sich auf die Suche nach Hilfe, da er gemerkt hat, dass er ohne Unterstützung von außen nicht gesunden kann. Nun führt ihn der Weg meist zum Arzt, Priester, Therapeuten, oder es fällt ihm ein Buch in die Hände, das ihn auf Zusammenhänge aufmerksam macht. Auf jeden Fall gilt es jetzt, den Augenblick für ein Innehalten und eine Rückschau zu nutzen, um wieder zur gesunden Mitte zurückzufinden.

Wenn wir die Herausforderung solch einer Krise annehmen, können wir uns viel Leid ersparen. Viele Menschen verschließen sich leider den Hinweisen ihres Körpers und den Erlebnissen, die ihren Geist durcheinander bringen. Die einfachste Lösung erscheint dann, alles nach außen zu projizieren und den Spiegel gerade nicht für das persönliche Wachstum zu nutzen.

Wir können, wenn eine Krankheit ausbricht, die Ebenen über die Chakren wechseln. Die Chakren nehmen nur zu gerne vermehrt Energie von außen auf, und diese können wir ihnen zuführen. Ich selbst arbeite in meiner Praxis, in Krankenhäusern und Seminaren mit der tibetischen Energie-Medizin *Reiki*. Als zusätzliches Hilfsmittel wurden mir die Chakra-Gymnastikübungen, die 7 tibetischen Reiki-Übungen von »oben« durchgegeben. Über beide Themen habe ich Bücher geschrieben: das Basiswerk *REIKI – Mehr Energie, Gesundheit und Wohlbefinden durch die heilende Kraft der Hände* und *Das REIKI Praxisbuch mit den neuen 7 tibetischen Reiki-Übungen.*

Wenn Menschen sich begegnen, begegnen sich auch deren Chakren. Sie beginnen in aller Stille miteinander zu kommunizieren. Wer darin geschult ist, spürt den anderen Menschen über die verschiedenen Chakren. Die sieben Chakren schwingen in der Aura. Die Aura ist ein Energiefeld, das jeden Menschen umgibt.

Um die Lebensthemen zu bearbeiten, suchen sich die Menschen meist unbewusst andere Menschen als Spiegel aus, die von ihrer Seite mit ihrem Sein den Prozess der Transformation unterstützen. Das muss nicht heißen, dass dies immer in Harmonie geschieht, zumeist sind es sogar stürmische Zeiten, die uns drängen, hinter die Kulissen der Probleme und Schwierigkeiten zu blicken.

Die Lebensthemen haben ihren Platz auf den Ebenen von Körper, Geist und Seele im Bereich der verschiedenen Chakren. Den Chakren sind bestimmte Lebensthemen zugeordnet. Wenn also Unstimmigkeiten auftreten, werden sich diese auf der Körperebene in dem Bereich festsetzen, in dem auch die entsprechende Thematik in den Chakren angesiedelt ist. Das heißt, in einem Fall von Mobbing etwa wird das System im Bereich des Solarplexus, des dritten Chakras, anfällig. Personen, die gemobbt werden, klagen nicht selten über Magengeschwüre oder ähnliche Krankheitsbilder.

Die Auren der Menschen begegnen sich und bilden ein neues Energiefeld. In diesem Energiefeld wirken die Kräfte aller Menschen, die an der Begegnung beteiligt sind. Die Chakra-Energien mischen sich. In Sekundenschnelle checken die Energien im Begegnungs-Energiefeld ab, was die zwei oder mehr Menschen miteinander zu tun haben, und welche Funktionen sie bei der Bearbeitung welcher Lebensthemen einnehmen. Das läuft in Windeseile ab, sodass die Mitwirkenden es überhaupt nicht bewusst mitbekommen. Was immer in den Bruchteilen von Sekunden über das Begegnungs-Energiefeld entschieden wird, setzen die Beteiligten miteinander um.

Genau auf diese Weise entscheiden sich Paare in gewissen Situationen füreinander. Auch hier kommunizieren die Energiefelder und Chakren. Je nach Fokus und Lebensthema signalisiert das Energiefeld ein Ja oder Nein für ein Austesten der Partnerschaft. Ist ein Ja gefallen, lassen sich die Partner aufeinander ein, und zwischen ihnen entsteht ihr Energiefeld der Partnerschaft, die Schnittmenge ihrer persönlichen Energiefelder. Im Partnerschafts-Energiefeld sind alle Erwartungen, Emotionen, Dinge enthalten, die Reibung erzeugen oder Glück verheißen. Die Paare beginnen mithilfe dieses Energiefelds sich aneinander zu reiben, und in ihrer Mitte entsteht sinnbildlich ein Kristall. Dieser Kristall ist das Produkt der erfolgreichen Transformation der Lebensthemen, die beide miteinander bearbeiten.

Dieser Kristallkörper wird also mit der puren Energie der Liebe von beiden gespeist, die wie mit einer Nabelschnur mit ihrem Energiekörper und dem Kristallkörper verbunden sind. Ein Energieaustausch findet statt. Die zwei Betreiber dieses kleinen Kraftwerks erfahren eine ungeheure strahlende, lichte Energieform über diese Nabelschnur.

Wenn Sie nun meinen, das sei reine Fantasterei von mir, so darf ich Sie darauf hinweisen, dass dieses Phänomen des Energiefelds messbar ist und auch nachgewiesen wurde.

Diese Erfahrung ist mit das Großartigste, das wir Menschen miteinander zu erleben imstande sind. Sie ist Teil eines Erfahrungsbereiches, der auch die Erinnerung an die Einheit mit dem Ganzen und die Erfahrung der Einheit des Ganzen in der anderen Dimension sowie das Erlebnis in der Gebärmutter der Mutter, nachdem die Seele im Diesseits gelandet ist, beinhaltet.

Alle Menschen sind auf der Suche nach diesem heiligen Gral. Die Gewissheit der Rückkopplung in die andere Dimension und ein Anflug von Wissen, das erspürbar als Emotion gespeichert ist, tragen die Menschen aufeinander zu. Deshalb suchen sie trotz vieler vergeblicher Bemühungen immer wieder nach einer innigen partnerschaftlichen Beziehung.

Zwei Wesen, die die höchste Form des Miteinanders erarbeiten, schaffen eine Verbindung in Gestalt einer Acht. Auf diesem Grad der Entwicklungsleiter bedarf es nicht mehr vieler Worte und auch keines Haschens nach sexueller Vereinigung. Es ist eine neue Form entstanden, ein Energiefeld, in dem die beiden in stiller, meditativer Kommunikation miteinander verbunden sind. Alle Menschen, die einem solchen Paar begegnen, fühlen sich gesegnet.

Wir werden also über die Körper-, Geist- und Seelenebene zueinander hingezogen und, bis wir die höchste Ebene erreichen, auch immer wieder voneinander abgestoßen. Das ist das Pendel der Entwicklung, das fortwährend aufeinander zu und voneinander weg führt. In diesem Schwingen transformieren wir Stück für Stück.

Wenn wir die Gesamtheit unseres dreiteiligen Wesens vorausschauend gesund erhalten wollen, müssen wir für jede Ebene gesunde Handlungsweisen erarbeiten. Um auf der Körperebene bis ins hohe Alter gesund und fit zu bleiben, können wir wissenschaftlich untermauerte Tipps in unser tägliches Handeln integrieren. Das A und O der Vitalität heißt Entspannung, Meditation, stressfreie Bewegung und ausgeglichene biologische Ernährung.

Wenn Lebensfreude und Humor zu kurz kommen, deutet dies auf Disharmonie in der gewählten Lebensform hin. Bringen Sie mehr Spaß in Ihr Leben, trauen Sie sich was! Erzeugen Sie in sich das Gefühl der Freude! Erwecken Sie die Sinne jeden Tag aufs Neue, öffnen Sie die Fenster, strecken Sie sich, machen Sie die 7 tibetischen Gymnastikübungen! Als selbstverantwortliche Wesen, die wir nun mal sind, obliegt es unserer Intelligenz, unsere Vitalität zu steigern.

Die Seele ist der Chef der Dreieinigkeit Körper, Geist, Seele – dessen, was wir ein ganzheitliches menschliches Wesen nennen. Die Seele ist die Trägersubstanz dessen, das nie stirbt, das seit der Aufspaltung des Ganzen, seit der Möglichkeit, uns auf der Erde zu reinkarnieren, auf der Evolutionsspirale unterwegs ist.

Das Ego

Das Gegenteil des wahren Selbst ist das Ego. Es ist wie eine Maske, die dem Menschen ab der Geburt übergestülpt wird. Das Ego ist eine Illusion. Die Gesellschaft prägt die Menschen mit diesem Scheinsein, damit sie nach ihrem Maßstab funktionieren. Einmal in das Hamsterrad integriert, fällt es dem jungen Menschen schwer, sich nach der Wahrheit zu strecken. Es gehört eine gehörige Portion Mut und Intelligenz dazu, den Mainstream zu verlassen und sich auf die Suche nach dem eigentlichen Sein zu machen.

Die Seele lässt sich wie gesagt auf der Erde bei den Eltern nieder. In dieser Zeit ist das Kind noch mit der anderen Dimension verbunden. Doch dann fangen die Eltern und das Umfeld an, das Kind zu konditionieren, es wird programmiert. Es soll sich in eine bestimmte Richtung entwickeln. Die Eltern wünschen sich, dass das Kind ihre Träume erfüllt. Schule und Kirche tun das ihre dazu, dem Kind das Leben zu »erklären«.

Das Kind wird von seinem authentischen Sein wegmanipuliert und beginnt die Anforderungen der Gesellschaft und Eltern zu erfüllen. Hierbei wird schon dem Kleinkind durch Liebesentzug gezeigt, was es heißt, in einer kargen Ödnis aufzuwachsen, wenn man nicht dem Status quo entspricht.

Die Lebensweichen werden gestellt und das Kind wird in gewisser Weise dazu prädestiniert, eine Puppe an den Strängen der gesellschaftlichen Maßstäbe zu werden. Bis zu einem Drittel des Lebens investiert die Gesellschaft – über Schule, Religion und Ausbildung – in den Aufbau des Egos eines Menschen. Was danach von dem Menschenkind übrig bleibt, hat nichts mehr mit dem unschuldigen Wesen von einst zu tun. In das Ego werden Wünsche und Ambitionen gepflanzt und dadurch wird ein Wettstreit entfacht, der den Menschen dazu treibt, immer und überall der Beste sein zu müssen. Damit ist dem Menschen der Blick auf das wahre Sein, das wahre Leben verwehrt. Kampf und Krampf sind vorprogrammiert.

Wer erfahren will, wer er wirklich ist, muss sein Ego demontieren. Alles, was die Gesellschaft erzählt, gilt es zu hinterfragen. Nur Sie selbst, meine werten Leser, haben den Schlüssel zu Ihrem Innern und können somit erkennen, wer Sie sind und wohin die Reise gehen soll! Ab diesem Augenblick beginnt die wahre Reise in die Glückseligkeit.

Kinder sind auf allen Erdteilen gleich unschuldig, sie wissen zunächst nichts von der Vormachtstellung, die sich in den verschiedenen Staaten und Religionen bildet. In den Ausbildungsstätten der Welt läuft das jeweilige Erziehungsprogramm.

Man trichtert uns ein, du bist ein Mohammedaner oder ein super Christ, oder ein Amerikaner, oder ein deutscher Arier. Man trichtert uns ein, zu etwas Auserwähltem, Besonderem zu gehören – ob auf politischer oder religiöser Ebene – oder zu einer Rasse mit Vormachtstellung, die aufgefordert ist, über die Welt zu herrschen. Aberwitzige Ideologien weisen den anderen gerne die Position der Unterdrückten und Ausnutzbaren zu.

Die Schulsysteme haben größtenteils versagt. Wenn in Deutschland die Bildungsminister nach einer Pisa-Studie noch mehr Disziplin und Leistungsdruck fordern, stellen sie sich wieder in die gleiche alte Ecke. Wo bleiben neue Experimente? Wer nicht wagt, der nicht gewinnt!

Die Schule der Zukunft wird vollkommen anders aussehen. Die Priorität des neuen Systems liegt dann nicht mehr nur auf der Vermittlung von Wissen, sondern von Werten, Wahrheit und Weisheit. Nicht aufgesetzter Gehorsam und Disziplin werden gefördert, sondern alles, was die Intelligenz schärft.

Wie der Zufall es wollte, traf ich vor kurzem bei einem Wochenendseminar eine Dame, die als Lehrerin an der Wartburg-Grundschule in Marburg arbeitet. In dieser Schule wird seit 25 Jahren weitgehend so innovativ gearbeitet wie oben beschrieben. Mittlerweile besuchen Delegationen aus der ganzen Welt die Wartburg-Grundschule, um von diesem »Modellprojekt« zu lernen, das auch bereits von den dänischen Kleinschulen übernommen wurde. Als ich die Kursteilnehmerin fragte, wie denn die Resonanz in Deutschland ausfalle, antwortete sie mir: »Von staatlicher Seite interessiert sich niemand dafür, das Wartburg-Modell auch an anderen Orten aufzubauen.«

Selbstverständlich stehen im Lehrplan der Wartburg-Schule auf das jeweilige Alter der Schüler zugeschnittene wichtige Themen wie die Zusammenhänge der Evolution der Seele, Liebe, Schicksal, Erlösung der Lebensthemen, Meditation, Visionssuche, Beruf/Berufung sowie Bewusstseinsschulung, die die Kinder in ihre Mitte bringt.

In der Zukunft wird der Erziehungsauftrag ganz bewusst mehr in der Lebensgemeinschaft der Generationen liegen. Diese werden eine neue Wohnform annehmen. Die Kinder sieht man nicht mehr nur als Teil der Kleinfamilie an. Die Gemeinschaft wird erkannt haben, dass Kinder, die Zukunft der Menschheit, von allen getragen werden sollten. Die genetischen Eltern erfahren eine Entlastung durch die älteren Gemeinschaftsmitglieder.

Hier geht es dann nicht mehr darum, ein Ego aufzubauschen, sondern vielmehr eine gesunde Basis zu schaffen, auf der die Kinder wie ein Baum tiefe Wurzeln in die Erde entwickeln und dadurch die Äste weit in den Himmel strecken können.

Doch zurück zum augenblicklichen Zustand.

Ohne die Auseinandersetzung mit dem Ego werden wir uns nicht bewusst, in welchem Konkurrenzkampf wir um die tollsten Positionen, die schönsten Partner, größeren Autos, Villen, Landschaften und Kontinente stecken.

Das Ego zittert ständig vor Angst. Es kann sich nicht in Richtung Realität bewegen, denn sonst müsste es sich der Tatsache stellen, dass alles, für das es hier auf Erden kämpft, mit dem Tod einfach vorbei ist. Wir können nichts mitnehmen. Wir werden keinerlei Spuren hinterlassen. Auch das als Zeichen unseres Ruhms in Stein Gehauene wird im Laufe der Jahrhunderte zerfallen.

Wir erahnen diese Realität und nehmen trotzdem all unsere Kraft zusammen, um den Schein nach Möglichkeit vierundzwanzig Stunden am Tag lang aufrecht zu halten. Dies kann man sehr gut beobachten bei Menschen, die sich vollkommen unter Kontrolle und zum eigenen inneren Sein wie nach außen eine dicke Mauer aufgebaut haben. Wenn man ihnen in die Augen schaut, sieht man nicht die Seele, sondern nur noch die Fassade, das Ego.

Bei meiner therapeutischen Arbeit in Krankenhäusern und in meiner Praxis begegnen mir sehr oft Klienten, die der stetige Kraftaufwand für den Erhalt ihrer Fassade nach außen so viel Energie kostet, dass sie schließlich krank werden. Hinter der Maske lugt das verhinderte Sein hervor und ist doch nach wie vor ängstlich darauf bedacht, den Schein zu wahren.

Es sind nur wenige Stunden am Tag, in denen diese Menschen sich entspannen können und nicht vom Joch des Ego erdrückt werden. Die Rede ist von der traumlosen Tiefschlafphase, in der wir uns am besten regenerieren können. Wer über einen längeren Zeitraum hinweg nicht in diese Phase sinkt, wird sich des Morgens zumeist wie gerädert fühlen. Menschen, die sehr stark mit ihrem Ego beschäftigt sind, schlafen oft sehr schlecht, sodass diese wichtige Vitalisierungsphase entfällt. Doch nur in dieser Phase können wir wie gesagt den täglichen Egodruck für kurze Zeit abschalten. Deshalb sollten wir uns den täglichen Tiefschlaf wirklich gönnen.

Die gleiche Tiefenentspannung erleben wir bei der Meditation. Der Denkapparat wird ausgeschaltet, sodass man die Aufmerksamkeit vollständig in der Gegenwart hält.

Ein anderes kraftvolles Mittel zur Energiegewinnung ist eine liebevolle Sexualität. Wenn wir uns ohne moralische Schuldgefühle dem Sex vollkommen und von Herzen hingeben, dann scheint die Zeit stillzustehen. In uns entsteht eine Energiewelle, die alle Müdigkeit, kränklichen Gefühle und kreiselnden Gedanken durchbricht und für absolute Vitalkraft sorgt.

Die Tantriker haben seit jeher mit der Sexualität und dem Energiephänomen der Verschmelzung der Auren experimentiert. Dabei sind sie auf die einfache Wahrheit gestoßen, dass die Verschmelzung der Körper und Herzen der einfachste und schnellste Weg zum Sich-eins-Fühlen mit dem göttlichen All-eins-Sein ist. Im Kamasutra und in ähnlichen Büchern stehen die Wahrheiten, mit denen wir experimentieren können. So mancher Interessierte hat versucht, Hingabe mithilfe der Bilder zu üben. Doch die Macht des Verstandes hindert viele Paare daran, den absoluten Höhepunkt auf diese Art zu genießen.

Deshalb empfiehlt es sich auch hier, mit der Technik der Meditation zu arbeiten. Sobald während der sexuellen Vereinigung Gedanken auftauchen, werden diese einfach losgelassen. Dann lassen wir auf ganzer Ebene los und geben uns unserer inneren Energiewelle und der des Partners einfach hin. So lässt es sich mit Leichtigkeit dem Höhepunkt entgegenfliegen. Wer das bis dahin noch nicht erlebt hat, wird danach staunend in den Armen des Geliebten liegen.

Leider sitzen uns die alten kirchlichen und gesellschaftlichen Konditionierungen noch tief in den Genen und Knochen, sodass es vielen sogar in der heutigen aufgeklärten Zeit schwer fällt, die Sexualität so frei, ungeniert, natürlich und ungehemmt zu genießen, wie der liebe Gott sie für uns erdacht hat.

Erleben Sie das Eins-Werden immer wieder aufs Neue, lassen Sie sich darauf ein, üben Sie es. Verwenden Sie den Schlüssel oder Weg zur Egolosigkeit, der Ihnen am nächsten liegt. Das was Sie in den Minuten erfahren, lassen Sie immer mehr in Ihrem Leben Platz nehmen. Machen Sie es zu Ihrer ganz persönlichen Lebensart und inneren Disziplin. Bei allem, was Sie tun, ob Sie arbeiten, spazieren gehen, die Sonne genießen oder an einem schönem Wasserfall sitzen. Nach einigen Monaten werden Sie sich selbst in einem anderen Licht sehen. Ihre Umwelt wird auf Sie anders reagieren, an Kreuzungen der Entscheidung werden Sie das Gesündere wählen. Vielleicht finden Sie sogar Ihren Traumpartner und Ihren Traumjob.

Menschen, die in Unfälle verwickelt wurden oder großer Gefahr ausgesetzt waren, berichten, sie hätten in Augenblicken größter Not auf einmal eine innere Energie erfahren, die ebenfalls der Egolosigkeit entspricht. Wenn wir plötzlich dem Tod oder gefahrvollen Situationen ins Auge sehen – etwa vor einer Schlange stehen, die im aufgerichteten Kopf die Giftzähne blinken lässt –, das sind die Momente, in denen unser Sein nicht mehr vom Verstand gesteuert, nicht mehr vom Ego dominiert wird. Da ist spontanes Handeln aus dem egolosen Zustand angesagt. Menschen, die solche Situationen überlebten oder vergleichbare Erlebnisse – zum Beispiel Klettern an abgrundtiefen Felswänden oder Besteigen der höchsten Gipfel – hinter sich haben, erzählen, sie seien fast schon süchtig danach, derartige Grenzerfahrungen immer wieder zu machen, um erneut den Kitzel oder den Moment des egolosen Handelns zu erleben.

Wann immer wir einen Einblick in unser wirkliches Selbst bekommen, arbeitet dieser Lichtblick in unserem Innern. Wir entwickeln das, was die Amerikaner *true face* nennen, das wahre Gesicht. Das, was sich herausschält aus den vielen Gesichtern, die aufzusetzen wir von der Gesellschaft gelernt haben und im Lebenskampf wiederum der Gesellschaft zeigen. Die tausend Gesichter, wenn wir mit den Familienangehörigen sprechen, der Partnerin, im Beruf dem Vorgesetzten gegenübertreten oder den Angestellten unser Chefgesicht zeigen. Diese vielen Gesichter zeigen nicht unser wahres Gesicht, es sind die Masken, die uns erlauben, ein möglichst glattes Leben zu führen. Doch nur das wahre Gesicht eines Buddha ist das Gesicht, das nach allen Seiten die wahre Authentizität zeigt. Mit dem, was wir Buddha-Natur nennen, mit unserem wahren Gesicht, helfen wir allen Menschen, denen wir begegnen, selbst zu ihrem wahren Gesicht, der Buddha-Natur, zurückzufinden.

Suchende auf dem Weg, die Geschmack am Einblick in ihre Seinswelt gefunden haben, stoßen in Schriften und anderen Medienberichten darauf, dass es Seelen gibt, die es zur Erlangung der Meisterschaft vorziehen, in einsamen Gegenden wie dem Himalaya zu meditieren. Doch diejenigen, die sich in die Höhlen dieses gewaltigen Gebirges aufmachten, mussten erfahren, dass alles, was in ihren Köpfen herumspukte, auch an diesen Meditationsplätzen nicht abzuschütteln war. Um an der Erleuchtung zu arbeiten, ist es nicht nötig, besondere energetische Plätze dieser Erde aufzusuchen. Es kann aber hilfreich sein.

Was wir in der Meditationshöhle an Wahrheiten in uns finden und verankern, wird uns in Form verschiedener Feuerproben auf dem Marktplatz wieder begegnen. Wir werden uns der Herausforderung stellen müssen, ob die meditative Stille Bestand hat.

Doch nur allzu oft fallen die Wahrheitssuchenden auf sich selbst herein. Sie meinen den Erleuchtungsmoment zu erleben. Dabei merken sie nicht, dass sie die Energie von anderen Menschen aufgesogen haben oder die Meditationsenergie nur dazu nutzen, ihr Bewusstseins- und Energielevel für eine gewisse Zeit auf ein höheres Quantum zu heben. Dadurch wurden zwar das Verständnis und die Energie erhöht, aber die Umsetzung und Integration in den Alltag für ein neues Sein und Handeln ist noch nicht vollzogen.

So manches Mal müssen die Suchenden also für den Quantensprung noch gehörig nachsitzen. Viele wurden an dieser Stelle des Weges von der Ego-Falle heimgesucht und mussten am Ende bitter erfahren, dass sie anstatt Erleuchtung zu finden, ihrem Ego auf den Leim gegangen waren.

Das innere Schatzkästchen mit den zu transformierenden Lebensthemen und seine Boykotteure und Abwehrmechanismen gaukeln hier sehr leicht ein fortgeschrittenes Stadium auf der Evolutionsspirale vor. Das ist der gefährlichste Moment im Leben des Suchenden, da ihm das spirituelle Ego einen Riesenstreich spielt. Das spirituelle Ego ist eine maßlose Erhöhung der eigenen Person, eine absolute Fehleinschätzung der Realität. Leider sind viele Leute in diesem Bewusstseinsstadium stecken geblieben. Wer dem spirituellen Ego anheim gefallen ist, hat noch nichts gewonnen. Im Gegenteil, er ist weiter von der Wahrheit entfernt als der Mond von der Sonne. Das spirituelle Ego ist die größte Feuerprobe. Ein altes Sprichwort sagt: »Je höher wir steigen, desto tiefer können wir fallen.« Nur selten gelingt es einem Menschen, diese Hürde ohne einen geistigen Führer zu meistern.

Es geht nicht darum, an einer künstlichen Persönlichkeit zu feilen, um sie mit Orden zu dekorieren, sondern es geht um die

Transformation der Lebensthemen. Wenn wir uns um Transformation bemühen, müssen wir der Persönlichkeit ade sagen.

Die Persönlichkeit ist eine Art Maske, die uns hindert, mit dem Innersten und mit dem Ganzen, dem Göttlichen in vollkommenem Kontakt zu sein. Eine Maske kann nie die Wahrheit sein, die Maske gaukelt etwas vor, sie ist ein Schein, eine Lüge. Wenn wir nicht aufpassen, begegnen uns Menschen mit derart ausgeklügelten Persönlichkeiten auch noch im Namen Gottes.

Um dies alles zu erkennen und auf dem Pfad der Wahrheit zu bleiben, ist es wichtig, dass wir uns immer wieder mit der Wahrheit im Innern verbinden und mit unserem Bewusstsein darauf achten, nicht den Verlockungen der Gesellschaft, der Bequemlichkeit, der gefüllten Geldbeutel etc. zu verfallen.

Natürlich hat Persönlichkeit und das Darüber-Hinauswachsen zur Wahrheit mit der Transformation zu tun. Das Lebensthema vieler Menschen ist zunächst die Schaffung eines Imperiums. Hier geht es nicht um die Frage, was in der Berufung liegt, sondern darum, mit welchem Bewusstsein wir im Leben handeln.

Diese Worte richten sich vor allem an die Personen, die in ihrem Leben vor einer Richtungsentscheidung stehen. Denn manchmal können wir uns eine Extrarunde auf der Wachstumsspirale sparen, wenn wir rechtzeitig merken, dass nicht alles, was wir von der Gesellschaft vor die Nase gehalten bekommen, mit der Erlösung unserer persönlichen Thematik zu tun hat.

Bevor wir uns die gesellschaftlichen Gegebenheiten überstülpen lassen, sollten wir anfangen uns zu fragen: Wer bin ich eigentlich? Was will ich hier im Leben? Woher komme ich? Wohin gehe ich? Was sind meine Aufgaben? Was ist meine Berufung?

Wenn Sie sich diese Fragen stellen, werden Sie automatisch auch zu Ihrem Schatzkästchen geleitet. Und so Sie die Fragen aufrichtig in die Tiefe stellen, wird hier über die innere Stimme und über das Außen eine Kommunikation stattfinden. Denn manchmal verbindet sich das Innere und das Äußere zu einer Einheit der göttlichen Schöpferkraft. Wir merken dann geradezu zwangsläufig, in welche Richtung wir uns bewegen sollen.

Wenn alle Menschen dies beherzigen, haben wir es nur noch mit Personen zu tun, die in ihrer Kraft stehen. So hat man das Gefühl, am Ziel der Reise, zu Hause, bei sich selbst, im Einklang mit dem Ganzen angekommen zu sein.

Aber bitte werden Sie jetzt nicht zu einem Heiligen, der mit seinem perfektionistischen Geist alles absolut hundertprozentig unter Kontrolle haben möchte, sodass nichts daneben gehen darf, keine Fehler entstehen. Es geht um Totalität, total bei allem zu sein, mit der ganzen Aufmerksamkeit – aber nicht um totale Perfektion. Diese hat immer etwas Krankes.

»Heilige« oder perfekte Menschen tragen nach wie vor eine Maske. Sie tun so, als ob sie es geschafft hätten, und zeigen gern mit dem großen Zeigefinger in die Luft oder auf Menschen, die ihrem Perfektionismus nicht Genüge tun. Denn wer immer über die Schiene des Heiligen an Sie herantritt, versucht mit einem gewissen Aufwand und einer Manipulation etwas von Ihnen zu ergattern. Er will Sie in eine gewisse Haltung führen, um Ihnen über Energie oder auch über Hilfswerke, die er für seine Energieerhöhung aufbaut, Kraft zu rauben. Wenn Sie diesem Kontrolldrama begegnen, wissen Sie sofort, was ich meine.

Ein Zen-Meister, der eine Situation total erfasst, weiß, wann es nötig ist, eindeutig in Schranken zu weisen, und er zeigt es mit klarer Ausdruckskraft. Das ist das authentische totale Sein, das aus der Authentizität der inneren Mitte entspringt.

Die Heiligen und Perfekten werden sich dagegen entweder im lauwarmen Bereich aufhalten, immer mit der Maske des Liebevollen, Mitfühlenden und Zaghaften, oder als aggressive

Kritiker versuchen, den Gegenüber einzuschüchtern. Aber dahinter verbergen sich unerledigte Wut, zurückgehaltene Aggressionen und vor allem auch Machtinteressen.

Wir müssen uns auf unsere Intuition verlassen und aus dieser heraus sofort erkennen, von welcher Ebene der Gegenüber agiert. Gleichzeitig gilt es das eigene Handeln auf versteckte Ego-Schatten abzuklopfen. Dies geschieht in Sekundenschnelle.

Wenn diese Ebene abgehakt ist, sammeln Sie Ihre Kraft und stellen Sie sich dem Außen. Und denken Sie daran, zur Totalität gehört es, im Leben klipp und klar den eigenen Standpunkt zu vertreten und gegebenenfalls auch mal richtig auf den Tisch zu klopfen, Rückgrat zu zeigen. Ein Mensch, der mit einem Energieschwall aus dem Bauch heraus völlig klar sein Thema in den Raum stellt, hat seine eigene Schönheit. Wenn wir uns dem Leben so in vollkommener Unvoreingenommenheit stellen, erfahren wir unglaubliche Kostproben des frei fließenden Tao.

Jeder muss seine eigene Energiequelle finden. Was auf dem Weg für den einen gesund erscheint, kann den anderen in die Krankheit führen. Das Wachstum der Menschen verläuft völlig individuell. So können die Seelen auch nur bedingt in die Fußstapfen eines Buddha oder Meisters treten. Ab einem gewissen Moment muss man auf dem Weg zur Meisterschaft seinem persönlichen ungespurten Pfad folgen.

Ein moralischer Mensch sucht nach Regeln, an die er sich halten kann, mit denen er sich sicher fühlt. Er braucht die klar ersichtliche Route, auf der er sich, wie auf einer Autobahn, bewegen kann. Er stiert nach Regeln, die aus längst vergangenen Zeiten aufrechterhalten werden.

Ein Suchender, der mit Meditation experimentiert und hiermit erfolgreich im Hier und Jetzt lebt, richtet sich spontan nach den Anforderungen, die die Gegenwart an ihn stellt. Ein der Moral verpflichteter Mensch versucht mit vorgefertigten Rezepten auf die Gegenwart zu reagieren. Aber nur das Spontane, das sich dem Augenblick in voller Aufmerksamkeit stellt, befindet sich mit seiner Energie am richtigen Platz.

Sind die Altlasten abgeworfen, tut das befreite Sein unglaublich gut, man fühlt sich wie neu geboren. Im Innern wächst das Gefühl von Freiheit, Liebe und Freude, man spürt den Draht zum göttlichen Einssein.

Die Gefahr, auf das Ego hereinzufallen, ist nun größtenteils gebannt. Wir wissen jetzt, dass das Ego eine listige Angelegenheit ist. Es kann in zwei entgegengesetzte Richtungen wirken. Der Kleingeist nutzt das Ego in der einen Richtung, um Bescheidenheit vorzugaukeln. Der, dessen Ego Bescheidenheit ausstrahlt, hat den gefährlicheren Part der Medaille, da er so zurückhaltend, hingebungsvoll und dienend wirkt. Doch dahinter stecken oft Feigheit, Arglist und Machtgier.

Das Leben tropft ab an dieser bescheidenen Haltung, der Betreffende traut sich nicht, mit Lebenskraft und Temperament die Lebenssäfte fließen zu lassen. Man wähnt sich zwar auf der sicheren Seite des Lebens, aber in Wirklichkeit bringt man nicht den Mut auf, seine Lebensthematik auch nur annähernd zu transformieren. Man lässt dem inneren Samen keine Chance zur Blüte. Aus dem »kleinen« Ego heraus entwickelt sich das Leben eher roboterhaft nach festen Regeln. Das Schema ist der Boss und es lässt keine wirkliche Begegnung mit dem Leben zu. Auf dieser Ebene funktioniert der Mensch hauptsächlich über den Verstand. Er versucht so viel wie möglich an Informationen und Wissen zu sammeln und in sein Schema einzubauen; dadurch wirkt er nach außen flexibel und spontan. Und trotzdem entwickelt sich das Leben für ihn immer mehr zu einem stehenden Gewässer mit einer fauligen Duftnote.

Ganz im Gegensatz zum Handeln aus der gesunden Mitte, aus der Mitte der Medaille. Es ist ein Handeln in Bewusstheit. Um beim Bild des Wassers zu bleiben: Der Zustand entspricht dem des fließenden Gewässers, dem Fluss. Ein Fluss ist immer neu. Man kann nicht zweimal in denselben Fluss steigen, weil es sich jedes Mal um anderes Wasser handelt. Und so sind auch die Antworten auf das Leben in einer gesunden Haltung immer wieder neu – weil die Dinge nicht in einem Schema entschieden werden, sondern aus der Spontanität im Angesicht der Situation, die sich ergibt.

Die andere Seite der Medaille ist das aufgeblasene, aufgeblähte Ego, das sich für etwas ganz »Besonderes« hält. Es ist geradezu krankhaft darauf bedacht, überall im Mittelpunkt zu stehen, von allen geliebt zu werden, an allen Fronten zur Spitze zu gehören oder zumindest so zu tun, falls ihm das nicht gelingt. Ein solcher Mensch lässt um sich herum kaum Platz für andere.

Die Anziehungskraft eines überspannten Egos ist oftmals verblüffend. Ein Mann mit einem solchen Ego wirkt äußerst anziehend auf die Frauenwelt, da der »Chip« für Familiengründung und Aufzucht des Nachwuchses im Biocomputer der Frau getriggert wird. Dieser Chip im Körper-, Geist-, Seelesystem einer Frau hat solch eine Kraft, dass es einer großen Bewusstheit bedarf, auf ein so schillerndes Ego nicht hereinzufallen.

Umgekehrt wirken Frauen mit der Ausstrahlung der Siegerin wie ein Magnet auf Männer, die sich an dem Dominanzgebaren und dem Energieraub der Frau oft die Zähne ausbeißen. Auch auf der Beziehungsebene gilt das Spiegelbild als richtungsweisend für die Erlösung der Lebensthematik.

Wenn zwei solche Superegos aufeinander treffen, werden sie nach einer kurzen Zeit, in der sie den Himmel auf Erden miteinander erfahren, sich bis aufs Messer bekriegen. Ein stetiger Machtkampf ist vorprogrammiert, den keiner von beiden gewinnen wird.

Liebhaber mit aufgeblähtem Ego können Ihre Partner nicht wirklich befriedigen. Der Sexualität fehlt das liebende Element. Partnerschaft kann sich dort nur auf niedrigem Level abspielen.

Nur die im eigenen Selbst erzeugte Energie dient dem Hineinwachsen in eine egolose Liebesbeziehung – und natürlich die in Harmonie verschenkte Energie, die von einem zum anderen fließt.

Es gehört große Achtsamkeit und Reife dazu, die Stufen der Weiterentwicklung in Liebe miteinander hinaufzusteigen. Es ist eine gewaltige Herausforderung, mit dem Partner die Hürden der Wachstumszeit so zu überspringen, dass jeder seine Selbstachtung nährt und trotzdem mit allem gegenseitigen Respekt, Hand in Hand, die Sprünge gewagt werden können.

Ich möchte noch einmal feststellen, dass eine wunderbare Art der Beziehung möglich ist, in der zwei Wesen in der Energieform einer Acht miteinander verbunden sind. Keiner der beiden braucht etwas vom anderen, jeder ist völlig unabhängig. Sie teilen ganz einfach ihre Liebe in der eben beschriebenen Weise. So entsteht zwischen den beiden ein Kraftfeld mit der köstlichen Energie der liebevollen Verschmelzung.

Wenn Sie diesen Weg zu beschreiten wagen, werden Ihre Schwächen hochgespült, Sie werden eine Zeit voller konfliktreicher Situationen zu bewältigen haben. Aber das Ergebnis lohnt die Mühe. Die beste Art und Weise, damit umzugehen, ist, die Energie nach innen zu wenden und sich selbst zu fragen: Was geschieht mit mir? Was habe ich daraus zu lernen? Und sich danach beim Partner für seine Spiegelfunktion zu bedanken, dafür dass er Ihnen hilft, einen weiteren Quantensprung vorzubereiten.

Das »Besondere« ist wie gesagt eine Illusion. Doch wer mit diesem Problem zum Therapeuten kommt, kann leicht in die nächste Falle tappen. Er wird mit den Möglichkeiten des Seins vertraut gemacht und wählt als nächste Daseinsform eventuell die des Bescheidenen. Gewöhnlichkeit heißt nun das neue Zauberwort, und deshalb wird der Klient mit aller Inbrunst der Gewöhnlichste aller Bescheidenen.

Er steckt im gleichen Spiel wie vorher – nur mit umgekehrten Vorzeichen. Das Ego kennt viele Schnippchen und Tricks. Es bedarf einer eindeutigen Entscheidung und unbeugsamer Disziplin, das Ego zu transformieren.

Die Auseinandersetzung Beruf – Berufung kann ebenfalls vom Ego überschattet sein. Dabei ist es gleichgültig, wie die individuelle Passion aussieht: ob man ein guter Handwerker sein oder die Menschen bekochen möchte; oder ob man ein Musiker, Maler oder Komponist werden will. Wenn die Berufung so angegangen wird, dass nur das zählt, was man als Erfolg und bare Münze daraus bezieht, dann ist man noch nicht an die egolose Art der Berufung herangekommen.

Es ist der innere Samen, der uns antreibt, die Blüten hervorzubringen. Das kann der Wille zum Erfolg und zu finanziellem Reichtum alleine auf gar keinen Fall bewirken. Die wenigen Menschen, denen es gelungen ist, trotzdem ein riesiges Vermögen anzuhäufen, leben in ihren Palästen und Villen nicht unbedingt im glückseligen Zustand. Sie fühlen sich zumeist allein, vom Umfeld ausgeschlossen, und das, was sie um sich herum geschaffen haben, lässt in ihnen keine wirkliche Freude aufkommen. Derjenige jedoch, der aus einem inneren Beseeltsein letztendlich auch zu finanziellem und materiellem Reichtum gelangt, ist in dieser Umgebung glücklich, liebevoll und großzügig.

Sogar die großen Welteroberer hatten am Ende ohne Ausnahme das Gefühl, mit leeren Händen dazustehen. Am Ende ihrer Tage mussten Sie erkennen, dass sie nichts mitnehmen konnten. Wenn einen lediglich der Wille zum Erfolg durchs Leben trägt, fühlt man sich irgendwann wie in einem Gefängnis eingesperrt. Zum richtigen Leben, der Lebenskraft und den Lebenssäften, besteht keinerlei reale Verbindung mehr.

Eine Gesellschaft, die hauptsächlich auf Leistungsdruck und Erfolg aufbaut, gebärt auf Konkurrenzdenken programmierte Menschen, die meistens das Gefühl haben, nie so gut zu sein, wie sie sein sollten. Der daraus entstehende Minderwertigkeitskomplex erzeugt ganz eigene Arten von Ego-Blüten, die oft in Depressionen und Neurosen enden.

Das Ego ist eine Fiktion und nicht selbständig lebensfähig. Die Fiktion des Egos kann die Menschen sogar in den Wahnsinn treiben, weil sie der Realität kaum noch Beachtung schenken. Egos, die es trotz stärkster Bemühungen nicht geschafft haben, an die Spitze vorzudringen, sind oft so voller innerem Druck, dass sie sich ein Ventil suchen, um ihrer »Größe« Ausdruck zu verleihen. Dieses liegt nicht selten im kriminellen Bereich. Durch einen gelungenen Coup auf sich aufmerksam zu machen befriedigt dann so manch frustriertes Ego.

Die Menschen haben große Schwierigkeiten damit, ein Nichts zu sein, ohne Titel und ehrenhafte Anerkennung der Gesellschaft. Dabei liegt genau darin das größte Glück, das authentische Sein.

Letztendlich geht es darum, das Negative und das Positive gleichermaßen fallen zu lassen. Hierfür eignen sich am besten Meditationstechniken.

Haben wir die innere Stimme erst einmal vernommen und Vertrauen in sie gefasst, sind wir in Taten, im Handeln frei von allen Ego-Spielen. Wir können uns dazu beglückwünschen, die wahre Freiheit gefunden zu haben. Wir brauchen keinerlei Bestätigung mehr von außen, sondern hören auf unsere innere Stimme und leben das, was sie uns rät. Das geschieht in kleinen wie in großen Dingen, gleichgültig ob sich die Frage stellt, was es zu Mittag geben soll, oder ob wir einen Ausflug in die Berge oder an einen See unternehmen oder den Partner anrufen sollen; oder ob es gilt, die richtige Entscheidung für die Berufung zu treffen.

Im Egobereich gehen die Menschen so miteinander um: Jeder gibt jedem etwas mit auf den Weg als Anerkennung, damit er selbst jede Menge Streicheleinheiten für sein eigenes Ego bekommt. Es ist eine Art Kuhhandel. Je höher das Bewusstsein steigt, desto leichter erkennt der Suchende dieses törichte Tun und hört damit auf. Gleichzeitig fällt das Ego einfach ab, lässt der Erfolgsdruck nach und ebenso der Ehrgeiz, der Erste sein zu müssen.

In diesem Moment fängt das Leben erst richtig an, wir spüren das unbändige Gefühl der Freiheit, das uns tanzen und singen lässt. Es ist ein solcher Segen, unter denen zu sein, die an diesem Punkt angekommen sind! Das ist der Start ins richtige Leben, das Göttliche nimmt in uns Platz. Wir werden eins mit der göttlichen Energie und sind dadurch immer zur richtigen Zeit am richtigen Ort.

Ein weiteres Kennzeichen für das Ego sind die Wünsche. Die Wünsche, die aus dem Ego kommen und uns beschäftigt halten, uns nicht entspannen lassen. Es ist wie ein inneres schwarzes Loch, das wir mit noch so viel Kraft auffüllen können, ohne jemals Befriedigung zu finden. Dahinter steckt die Angst vor der inneren Leere. Wenn man am Abgrund dieser Angst steht, klammert man sich an alles, was einen davon abhält hinunterzufallen. Das ist die Angst des Egos vor dem Sterben.

Wünsche führen zu Besitzgier, und die Besitzgier treibt die Erdenbürger an, immer mehr materielle Güter anzuhäufen. So bleiben sie im Innern hohl; ihr Herz ist ummauert von ihrem Besitz und die Seele kann sich nicht erfüllen. Kinder schnappen vieles unbewusst auf, und so wie die Dinge laufen, entwickeln sich die Gesellschaften nur langsam vorwärts. Das Ego verhindert, dass wir wachsen, dass wir unsere Themen erlösen.

Wenn wir merken, dass es so nicht weitergehen kann, haben wir gleichzeitig das Gefühl, dass wir den Weg in die Unsicherheit nehmen, nachdem wir das Ego losgelassen haben. Das ist verständlich. Wir wurden ja so aufgezogen, in diese Bahn gelenkt, und jetzt wird uns plötzlich klar, dass wir in einer Sackgasse stecken.

Trotzdem packen einige mit dem Mut der Seele, die ans Licht will, die Veränderung an. Sie verzichten auf jede Form von Sicherheit, um an das reine Sein zu gelangen. Doch so wie wir dem Licht entgegenstreben, strebt das Licht uns entgegen. Das Gefühl für das Licht ist nun stärker und wir stehen auf, auch wenn wir alleine sind, wir übernehmen die Verantwortung. Wir gehen mit einer neuen Entscheidung der Sonne, der Bewusstheit entgegen. Denn wo Bewusstheit ist, kann kein Ego sein.

Dunkelheit zeigt nur die Abwesenheit von Licht. Doch sobald wir nur unsere kleine innere Kerze anzünden, bringen wir schon Licht ins Dunkel. Dieser kleine Schein dringt nach außen in die Welt, und die Menschen nehmen ihn wahr und lassen sich davon inspirieren.

Wir sind mitten im Abenteuer, im wirklichen Leben angekommen. Auch wenn dieser Weg voller Gefahren und Unsicherheiten zu sein scheint, werden wir nie wieder zurück ins Grab des Egos steigen. Der Weg führt von jetzt ab direkt ins Licht. Wir scheuen nicht das Risiko, denn nur das Risiko ermöglicht den Gewinn, das Feiern aus Herzenslust, das Singen und Jubilieren. Die zuvor in Angst und Sorgen gebundene Energie wird frei und verbindet sich zu einem Tanz mit dem göttlichen Sein.

Der Verstand

Der Verstand ist wohl der am meisten überstrapazierte und überbewertete Teil des Körper-Geist-Seelesystems. Der Verstand oder Denkapparat ist aus seiner ursprünglichen Rolle herausgefallen. Anders gesagt, die Konditionierung, das Ego, bewirkt, dass der Verstand überstrapaziert wird.

Die Menschen versuchen über den Denkapparat alle Themen des Alltags zu steuern, zu planen und zu behandeln. Der Verstand hat aber eigentlich eine andere Funktion, er soll Thematiken ab einem bestimmten Punkt hilfreich zur Seite stehen.

Der Aufgabenbereich des Verstandes ist an sich relativ klein und dient der Seele dazu, einen gewissen Teil des Lebens erfolgreich zu bewältigen.

Nehmen wir zum Beispiel an, wir bereiten eine Festivität vor. Am besten und natürlichsten ist es, mit der Intuition die Dinge auszusuchen, durch die das Fest wunderschön wird. Wenn der Rahmen einmal klar ist, können wir den Verstand für die Details nutzen. Die Art des Festtagskuchen ist intuitiv festgelegt, nun braucht die Schokoladentorte Zutaten, und diese Zutaten wählen wir mit dem Verstand aus. Sobald sie auf dem Merkzettel geschrieben stehen, kann der Einkauf beginnen. Nun wird der Denkapparat ausgeschaltet. Wir kaufen die Dinge, die auf dem Zettel stehen, und backen anschließend mithilfe des Verstandes, des Backbuches oder der Intuition einen wunderbaren Kuchen.

Sehr schön beobachten lässt sich die Funktionsweise des Verstandes auch am kollektiven Bewusstsein. Es gibt Gegenden auf der Erde, in denen die Menschen älter als anderswo werden. Im indischen Teil von Kaschmir liegt eine Region, in der die Menschen zwischen 130 und 150 Jahre alt werden. Trotz des hohen Alters sind die Leute noch so energiegeladen wie in unseren Breiten junge Männer mit 25. Daneben haben sie bis zu ihrem Tod eine jugendliche Ausstrahlung und sehen jung aus, sie entsprechen also nicht dem Bild, das wir von alten Menschen haben. Diese Menschen leben im No-Mind-Status. Sie kümmern sich nicht im Geringsten um das Thema Alter. Für sie ist es ein Genuss, den täglichen Kreislauf geschehen zu lassen: die kleinen Dinge im Leben, wie Tee kochen, ihn aus einer Tasse schlürfen und dabei die Landschaft betrachten. Es geht bedächtig zu in dieser Gegend. Arbeit in unserem Sinne gibt es nicht.

Ganz anders bei uns im Westen. Hier hat der Verstand unter den Menschen die übereinstimmende Meinung bewirkt, bis zu einem gewissen Alter sei es in Ordnung, auf der Erde zu verweilen, und danach sei es an der Zeit, die Reise in die andere

Dimension anzutreten. Diese Übereinkunft ist so stark, dass sie wirkt. In den Gegenden, wo diese kollektive Energie zu Hause ist, sterben die Menschen im Alter von ca. 70 Jahren.

Auch in Italien kennt man einen Ort, an dem die Menschen um die 100 Jahre alt werden. Wissenschaftler, die dem Phänomen auf den Grund gegangen sind, meinen, das liege zum einen an der mediterranen Küche und zum anderen an dem jugendlichen Charme, den die Älteren sich erhalten haben. Wie sie auf eine köstliche, kindliche Weise miteinander kommunizieren würden, erhalte einfach jung. Doch am wichtigsten ist: Sie haben bewusst oder unbewusst alle beschlossen, nicht mit 70 Jahren zu sterben.

Es gibt eine schöne Geschichte von George Bernhard Shaw, der im Alter von 70 Jahren London verließ und sich auf die Suche nach einer Ortschaft begab, in der die Menschen über 100 Jahre alt wurden. Seine Freunde und Bekannten konnten es kaum fassen, sie drangen auf ihn ein: Wie kannst du deine Freunde verlassen und die Gesellschaft, die dir so viel Hochachtung zollt. Doch George Bernhard Shaw war ein Kaliber von Mann, der sich auch gegen Freunde und gesellschaftliche Gepflogenheiten stellte und nicht scheute, alleine seinen Weg zu gehen.

Er fand den Ort, wo die Menschen tatsächlich für gewöhnlich nicht vor Erreichen des hundertzwanzigsten Lebensjahres starben. Er ging extra über den dortigen Friedhof, um zu überprüfen, dass seine Informationen stimmten. An diesem Ort ließ er sich nieder und lebte noch sehr lange, er schaffte die 100 Jahre spielend. Diesen Freigeist hatte die Intuition an den Platz der Jugendlichkeit geführt.

Normalerweise haben wir es mit solchen verstandesmäßigen Vereinbarungen und zusätzlich mit der Konditionierung zu tun. Beide beeinflussen die Psyche, sodass gegebenenfalls Körper, Geist und Seele bereit sind, die Augen frühzeitig auf Erden zu schließen. Fortschrittliche Forscher haben entdeckt, dass der

Körper eigentlich weit über 200 Jahre alt werden und sich sogar in dieser Zeit immer wieder in Regenerationsphasen verjüngen kann.

George Bernhard Shaw hat bei seiner Wahl des Wohnorts dem Verstand den richtigen Platz, den Platz des Dieners und nicht den des Bestimmenden, zugewiesen.

Je weiter wir hinter die Kulissen unseres Seins blicken, desto mehr erkennen wir die Zusammenhänge von Körper, Geist, Seele. Und nachdem wir mit verschiedenen Meditationstechniken experimentiert haben, wird uns auch klar, dass der Verstand tatsächlich nur der Diener der Seele ist.

In der Schule lernen wir leider nach dem Motto «Ich denke, also bin ich«. Dies führt dazu, dass die Menschen sich mit ihren Gedanken derart stark identifizieren, dass sie sich mit jedem einzelnen Gedanken eins fühlen. Dadurch beschäftigt sich der Denkapparat permanent mit irgendwelchen Gedanken. Denn wenn ein Gedanke aufgetaucht ist, folgen sogleich zwei oder drei Nebengedanken, denen sich der Verstand anschließend zuwenden möchte. Eins ergibt das andere, und so driftet ein kleiner Gedanke ab in einen Gedankenwust, der oftmals nur schwer zu beenden ist. In Wirklichkeit soll der Verstand uns nur zu Diensten sein und sollen wir uns, je selbständiger und freier wir werden, aus der Konditionierung des »Ich denke, also bin ich« herausschälen.

Der Verstand wird oft als Hamsterrad der Konditionierungen entlarvt. Am Tage, das heißt zwischen Aufstehen und Zubettgehen und meist auch kurz vor- und hinterher, befindet sich der Verstand in erhöhter Alarmbereitschaft. Er kann jederzeit anspringen und ist zumeist nur sehr schwer wieder zu stoppen. Einmal in Gang gekommen, rotiert er im Kopf und gibt so schnell keine Ruhe mehr. Deswegen ist es wichtig, sich zu entspannen oder Entspannungstechniken zu lernen.

Wir sollten im Laufe des Tages immer wieder Phasen einplanen, in denen wir uns bewusst entspannen. Das heißt, zunächst auf der Körperebene darauf zu achten, alle Muskeln zu lockern, denn danach kann der Verstand leichter entspannen. Das höchste der Gefühle ist die totale Entspannung. In dem Augenblick, wo man sich dem Loslassen hingibt, erlebt man eine dem Buddha ähnliche Erfahrung.

Auch hier gilt, Übung macht den Meister. Wir fangen mit der Entspannung da an, wo es uns am leichtesten fällt. Wir gehen von außen nach innen. Wir beginnen mit dem Körper, wir entspannen ganz bewusst die Muskeln. Bitte achten Sie darauf, dass Sie auch die Halsmuskeln loslassen und Rückenmuskulatur, Bauch, Arme, Beine sowie den Anus und im Schrittbereich alles lockern.

Falls Ihnen das schwer fällt, machen Sie vorher ein paar Lockerungsübungen. Schütteln Sie einfach den ganzen Körper tüchtig durch. Eine weitere Hilfe ist die Atmung. Sie können als Atemübung die Arme leicht seitlich nach oben in die Luft strecken und dabei tief bis in den Unterbauch einatmen. Dann lassen Sie die Arme nach unten durchschwingen, gehen in die Knie und atmen kräftig aus. Wenn Ihnen dabei ein paar Töne entweichen, so ist das der kompletten Entspannung nur förderlich. Wiederholen Sie diese Übung, bis Sie eine deutliche Veränderung in Ihrem Körpergefühl wahrnehmen.

Die Übung können wir im Sitzen, Stehen oder Liegen durchführen. Lassen Sie dabei im Innern das Gefühl von Ewigkeit aufkommen. Ewigkeit ist zeitlich unbegrenzt. Wechseln Sie dabei in ein relaxtes Ein- und Ausatmen über. Nun lassen wir alle Spannung los. Es gibt keine Hast, jegliche Zweifel und Ängste fallen einfach ab.

Es ist wichtig, die Ursache der Spannung zu kennen. Spannung bedeutet den permanenten inneren Drang nach Schutz, Sicherheit und Aufgehobensein. Spannung bedeutet, keine Zufriedenheit zu erfahren im Augenblick des Hier und Jetzt, aus Angst vor dem Morgen für die Sicherheit zu kämpfen und nach Möglichkeit materielle Güter zu horten. Spannung entsteht aber auch aus der Gewissheit, in der Vergangenheit mit Situationen nicht sorgsam umgegangen zu sein. Es ist das Wissen um die nicht genutzten Möglichkeiten und die Angst, sie auch weiterhin nicht zu nutzen.

Erfahrungen, die nicht durchschritten wurden, beschäftigen uns in Gedanken. Nur wer das Leben mit Leidenschaft und Intensität in die Hände nimmt und die Gelegenheiten beim Schopf packt, mutig durchs Leben schreitet, kann mit der Vergangenheit abschließen. Dann fällt es leicht, in die Zukunft und darauf zu vertrauen, dass man zur gegebenen Zeit die richtigen Entscheidungen treffen wird. Andernfalls hängen die ausgesparten Erfahrungen sogar als Energiemerkmale in der Aura herum. Dadurch schrumpft die Lebensenergie noch zusätzlich.

Der erste Schritt auf dem Weg, das Leben nach der inneren Wahrheit zu gestalten, ist die Entspannung. Wo immer im Körper sich Spannungen festgesetzt haben, können Sie nun mit den Händen liebevoll darüberstreichen, die Stellen leicht massieren und so ein inneres Loslassen bewirken. Atmen Sie zu diesem Punkt tief ein und lassen Sie dann die Spannung mit dem Ausatmen los. Sprechen Sie dabei mit Ihrem Körper, das unterstützt die Selbstheilung. Sagen Sie ihm beim vorsichtigen Streicheln, dass er jetzt alles loslassen kann. Gleichzeitig fühlen Sie sich in Ihrem Innern aufgehoben. Bitte vergessen Sie dabei die Füße nicht.

Wiederholen Sie diese Übung die nächsten Tage und beobachten Sie Ihren Erfolg. Nach kurzer Zeit werden Sie sich wesentlich wohler in Ihrem Körper fühlen und wird sich Ihr Verhältnis zu den Dingen des Lebens verändern. Vom Kopf bis zu den Zehenspitzen sind Sie nun intensiver mit ihrer Lebenskraft verbunden. Ihre Energie reicht jetzt bis weit in die Aura, und Sie können alle Alltagsaufgaben vitalisiert und erfrischt in Angriff nehmen.

Sie werden feststellen, dass auch der Denkapparat, der Verstand, jetzt aufgehört hat, Sie mit Gedankengängen zu traktieren, und dass diese Gedankenstille einen ganz wichtigen Teil Ihrer Entspannung darstellt. Sozusagen als Begleiterscheinung des körperlichen Loslassens hat der Verstand Ihr Sein aus der festen Umarmung entlassen und Sie in den Zustand der Ruhe gebracht.

Hier trifft die Entspannungsübung auf die Meditation. Wenn Sie merken, dass Ihnen die Übung gut tut, dann wiederholen Sie diese am besten täglich. Besonders wertvoll finde ich sie in der Mittagspause oder nach Feierabend. Als weiteren Bonus bringt die Stille uns in Kontakt mit der Intuition und deren Sprachrohr, der inneren Stimme.

Intuition – die innere Stimme

Die Intuition oder innere Stimme ist der direkte Draht zur Wahrheit, zum höheren Selbst, dem göttlichen Weg. Die innere Stimme ist ein Instrument, das uns immer zur Verfügung steht.

Obgleich viele Menschen bezweifeln, dass es Eingebungen wirklich gibt, und deshalb die innere Stimme fast nicht wahrnehmen können, erfahren sie diese dennoch manchmal sehr deutlich und unüberhörbar. Da die Reizüberflutung aus dem Verstand permanent die Wahrnehmung belegt, ist hin und wieder ein kräftiges Aufwacherlebnis vonnöten.

Der Intuition begegnen wir dabei im Zusammenspiel des Inneren mit dem Äußeren. Das sind die Kreuzungspunkte auf dem Lebensweg, die uns eine Sackgasse aufzeigen. Es sind die Punkte, wo die innere Stimme in Zusammenarbeit mit der innewohnenden Schöpferkraft das Äußere anzieht und so Gelegenheiten für Veränderungen schafft. Die Lebensthemen drängen zur Erlösung.

Wenn der Mensch sich weigert, diese Kreuzungspunkte zu

sehen, handelt das Körper-Geist-Seelesystem und lässt ihn auf das Nebengleis der Probleme, Leiderfahrungen, Krankheiten oder Unfälle fahren. Dann wacht die Seele durch solche Schockerlebnisse vielleicht auf und erkennt, dass der Augenblick für eine Auszeit gekommen ist. Es gilt dann, den Daseinsweg kritisch zu betrachten. In diesem Moment kann Wachstum stattfinden.

Leider verstehen viele Menschen in wichtigen Augenblicken nicht, was die Uhr geschlagen hat. Sie drehen sich lieber nach wie vor auf dem Entwicklungskarussell im Kreis und ziehen dadurch weitere Schocks an.

Wer die Verbindung zwischen Ursache und Wirkung erfahren und verstanden hat, merkt, dass es bestimmte Gesetzmäßigkeiten gibt, die man bei Quantensprüngen auch aktiv anwenden kann. Nun beginnt die bewusste Aufarbeitung der Seelenreise.

Für die Intuition offen zu sein fällt uns nicht in den Schoß. Es ist ein tägliches Bemühen, den Verstand im Zaum zu halten, der wiederholt die Oberhand im System zurückzugewinnen versucht. Verschiedene Meditationstechniken und Therapiemaßnahmen können da weiterhelfen. Bleiben Sie offen für die innere Stimme. Je öfter wir mit der Intuition experimentieren, desto mehr wächst das Vertrauen in die innere Stimme.

Einziges Handicap ist dabei, den Unterschied zwischen Verstand und Intuition zu spüren. Aber auch Fehlgänge sind erlaubt. Wichtig ist nur, sich selbst danach keine Bestrafung oder Schuldgefühle aufzubürden. Nehmen Sie es gelassen und freuen Sie sich darauf, auf dieselben Fehler nicht noch einmal hereinzufallen. Belohnen Sie sich für wichtige Achtsamkeitsmomente, in denen Sie sich bei alten Handlungsweisen ertappen. Bleiben Sie bewusst und vertrauen Sie Ihrer inneren Stimme.

Je mehr Sie üben, desto eindeutiger wird die Stimme hörbar. Desgleichen ist es hilfreich, hin und wieder ein Fazit zu ziehen. Werden Sie sich darüber klar, welche Handlungen und Handlungsweisen Ihren Entscheidungen entsprechen. Wer es gewohnt ist, seine Entscheidungen mithilfe der Intuition zu treffen, lernt auch damit umzugehen, wenn er im Nachhinein feststellt, dass er einer Verstandesentscheidung aufgesessen ist.

Die besten Handwerker, Sportler, Manager oder die prämierte Putzkolonne bestätigen eines: Das effektivste Handeln geschieht nicht aus dem Verstand heraus, sondern aus der in der Intuition geborenen Entscheidung und aus der in Gedankenstille ausgeführten Handlung.

In Amerika geben Konzerne viel Geld dafür aus, ihre leitenden Manager mit der Entscheidungsform der Intuition bekannt zu machen. Eine schöne Nebenwirkung dabei ist, dass viele der Werte im zwischenmenschlichen Umgang ebenfalls von dem veränderten Verhalten profitieren. Menschen, die aus der Intuition heraus ihr Leben führen, achten auf Menschlichkeit, Teamgeist, Wohlstand für alle und liebevoll erhöhte Energie in der Kommunikation. So wird bei den Menschen in allen Lebensbereichen das innere Feuer der Transformation entzündet.

Die Eingebungen, die uns auf der inneren Kinoleinwand entgegenflimmern, zeigen zum einen die kleinsten Nebensächlichkeiten – etwa die Frage, was man einkaufen soll, ob man abends ins Theater, Kino oder Fitness-Studio gehen, einen Freund besuchen oder einen Spaziergang unter dem herrlichen Sternenhimmel machen will. Die großen Eingebungen enthalten Informationen über zukünftige Aktivitäten und können richtungsweisend für das weitere Leben sein. Wir schlagen eine neue, gesunde, positive Richtung ein. Inspirationen fliegen uns für jegliche Themen zu.

Wir haben die Pflicht, ständig achtsam zwischen störenden Gedanken und unserer inneren Stimme zu unterscheiden. Die inneren Bilder erweisen sich als richtungsgebend und manchmal auch als Warnung, zum Beispiel heute bei diesen eisglatten Straßen nicht mit dem Auto zum Skifahren in die Berge fahren, sondern lieber einen Saunatag einzulegen. Wenn die Intuition Ihnen rät, es ist ein Wellnesstag angesagt, dann gönnen Sie Ihrem Selbst eine Ruhepause.

Wenn wir auf der Lebensreise so weit sind, die Intuition wahrzunehmen, erfahren wir, dass die innere Stimme auf diverse Arten mit uns in Kontakt tritt. Die Intuitionsenergie drängt uns beispielsweise, morgens beim Brötchenholen eine Zeitung mitzunehmen, und darin springt uns ein bestimmter Artikel für das wichtige Entscheidungsthema ins Auge. Dieser Artikel liefert wertvolle Anhaltspunkte, daraufhin beschließen wir, abends einen Vortrag zum Thema zu besuchen. Auf diesem Vortrag erhalten wir weitere richtungsweisende Informationen, und am nächsten Tag treffen wir bei einer U-Bahnfahrt »zufällig« jemanden, der uns genau auf das Thema anspricht.

Indem wir diesen Augenblick der Schicksalskreuzung wahrnehmen, uns auf das Gespräch einlassen und weiteres Wissenswerte über eine Gruppierung erfahren, schickt uns die Energie an den Ort, wo wir mit Gleichgesinnten in die lang ersehnte Teamarbeit eintreten können. So finden wir etwa den Weg zur neuen Arbeitsstelle, die diesmal unserer Berufung hundertprozentig entspricht.

Wir alle haben solche Schnittstellen schon erlebt. Je mehr Vertrauen wir in die Richtigkeit der »Zufälle« setzen, umso mehr schwimmen wir mit dem Energiestrom, der uns im richtigen Moment zu den passenden Dingen führt. Auch in unseren Träumen, des Nachts oder tagsüber, kann die innere Stimme in Form von Bildern zu uns sprechen. Wagen wir vertrauensvoll die ersten Schritte, dann kommt uns die göttliche Existenz mit großen Schritten und sichtbaren Geschenken entgegen.

Die Intuition ist keine Halluzination oder Sinnestäuschung, sondern ein »Computerprogramm«, das der Seele erlaubt, ihr Wachstum nach oben auf der Evolutionsspirale voranzutreiben. Die innere Stimme ist das Sprachrohr der göttlichen Energie.

Die Menschheit wird sich dessen immer mehr bewusst und wird, mithilfe der vielen mutigen Seelen, die sich von ihrer inneren Stimme vertrauensvoll anleiten lassen, auf eine höhere Bewusstseinsebene gehoben.

Mit dem erweiterten Bewusstsein akzeptieren wir eindeutige Wegweiser und die Tatsache, dass die daraus sich ergebenden Fügungen Teil der Realität sind. Jetzt können wir die Hintergründe des Mysterienspiels verstehen. Es führt in das spirituelle Erwachen. Wir können nun mit der kosmischen Energie im Rücken unsere Vorstellungen und Intentionen Schritt für Schritt erfüllen. Der Energielevel ist erreicht, der uns hilft, die innewohnende Schöpferkraft so einzusetzen, dass wir Konkurrenzdenken, Kontrolldramen und Energiewettkämpfe zwischen den Menschen nicht mehr benötigen.

Diesen Prozess muss jeder Mensch für sich alleine durchmachen. An die Stelle der Unsicherheit tritt das Vertrauen. Auf diese Kraft können wir uns in dunklen Stunden besinnen. Von ihr getragen, gelangen wir wieder auf ein höheres Energieniveau. Mit der Sicherheit, die wir daraus gewinnen, entdecken wir die innere Quelle der Kraft. Wir akzeptieren die Realität des Seins. Der hohe Bewusstseinslevel wird jetzt kaum noch verlassen und zieht weitere synchronistische Fügungen an. Suchende Seelen finden diese Quelle und lassen sich gerne von ihr inspirieren.

Fühlen Sie sich von Ihrer Intuition abgeschnitten? Erleben Sie gerade einen Moment, in dem Sie im Schlamassel sitzen und nicht wissen, was Sie gegen die fortwährende Gedankenflut unternehmen sollen, ist die Energie blockiert und auf einem äußerst niedrigen Level angelangt?

Versuchen Sie auch in diesen Augenblicken, sich durch innere Sammlung der wirklichen Realität bewusst zu werden, dann wird sich Ihre Energie langsam wieder erhöhen. Lassen Sie die Kraft in den Energiebahnen den Rücken entlang bis zum Scheitel hochklettern.

Eine wichtige Lernerfahrung stellt die geistige Disziplin dar. Jetzt ist der Zeitpunkt gekommen, sie unbedingt anzuwenden. Lassen Sie keinerlei weitere Energie-Entgleisung zu. Bleiben Sie in Ihrer inneren Mitte, der eigenen Kraftquelle, und laben Sie sich an ihr, ruhen Sie sich aus, sodass Sie jeglicher Thematik kraftvoll gewachsen sind. Wenn es auch am Anfang ungemein schwierig ist, doch wer nur eine Minute lang die geistige Disziplin wahrt, nutzt die tolle Chance, an seiner Thematik zu arbeiten.

Als Übung empfehle ich Ihnen die 7-Tibeter-Gymnastikübungen aus meinem Buch, *Das REIKI Praxisbuch mit den neuen 7 tibetischen Reiki-Übungen* mit der Übungs-CD und der Musik von »Haindling«.

Hier werden die Chakren, die in einer Linie vom Wurzelchakra bis zum Kronenchakra liegen, mit den Übungen aktiviert und können so das gesamte Körper-Geist-Seelesystem vitalisieren. Danach fühlen Sie sich auf allen Ebenen gestärkt und haben grünes Licht für Ihre weitere Erlösungsarbeit.

Die Übungen unterstützen auch das so genannte Dritte Auge, das uns mit der Intuition verbindet. Das Dritte Auge ist das Zentrum des sechsten Sinns, in dem wir zu Recht die übersinnlichen Kräfte vermuten. Wir alle besitzen mediale Fähigkeiten, wir müssen nur mit dieser Veranlagung experimentieren. Damit lassen sich die Informationen der Aura lesen.

Um bewusst durchs Leben zu gehen, können wir die Kunst des sechsten Sinns schärfen, indem wir täglich seine Anwendung trainieren. Wir sollten ihn ruhig für Alltagsentscheidungen einsetzen. Es reicht nicht, nur ab und zu eine Inspiration zu haben oder einen intuitiven Treffer zu landen. Es gilt, sich im Innern bewusst dieser Thematik zu öffnen. Achten Sie besonders auf Ahnungen, Bilder und Eingebungen.

Je mehr wir uns auf die Intuition einlassen und den Eingebungen folgen, umso vertrauter werden wir mit dieser Chance der Wegfindung. Von Mal zu Mal wird klarer werden, wie exzellent der Mensch von der inneren Stimme geleitet wird.

Den sechsten Sinn in Einzelsitzungen anzuwenden ist meine Spezialität. Wenn ich mich auf den Klienten einschwinge, entsteht eine direkte Verbindung zu den in der Aura und den Chakren gespeicherten Informationen. Diese führen schnurstracks zum inneren Schatzkästchen, in dem die Erlösungsthemen ruhen. Nun fällt es mir leicht, mit dem Klienten die Befreiung und Transformation seiner Themen zu entwickeln.

Sämtliche Seminare, die ich in verschiedenen Städten und hier in München im Gesundheitszentrum halte, plane und entwickle ich ebenfalls mithilfe der Intuition. Genauso erscheinen mir mögliche Buchtitel auf der inneren Bildfläche. Und ich lasse mich im privaten Bereich von der inneren Stimme lenken. Ich habe mit der Intuition hervorragende Erfahrungen gemacht.

Bei der Arbeit mit der Intuition wird eine seriöse Beratung nie die Grenze des freien Willens des Klienten übertreten. Genauso lehnen verantwortungsvolle Therapeuten es ab, die Gedanken des Klienten zu manipulieren. Sie zeigen ihm vielmehr die Realität auf, die Chance, gesündere Entscheidungen zu treffen und Alternativen zu finden. Außerdem wird der Klient an seinen sechsten Sinn herangeführt, sodass er Intuition und innere Stimme auf seinem weiteren Entwicklungspfad für sein geistiges Wachstum nutzen kann.

Die unredlichen Versuche mancher spirituellen Quacksalber, Menschen zu beeinflussen, lehnen verantwortungsbewusste Therapeuten grundsätzlich ab. Ein Therapeut, der mit dem sechsten Sinn arbeitet, kennt das Gesetz von Ursache und Wirkung und lässt sich niemals dazu hinreißen, dieses Naturgesetz zu übertreten.

Es obliegt dem Suchenden und sogar dem Kranken, einen Therapeuten auszuwählen, dessen wirkliches Streben der Einsicht und Wahrheit, dem Verständnis und der Weisheit gilt. Entscheiden Sie diese Frage mit Ihrer Intuition.

Falls Sie sich jetzt fragen, wie Sie die plötzliche Intuition denn spüren können, dann möchte ich darauf antworten: Achten Sie auf eine Art Glanz, der den Weg, das Bild der Entscheidung oder die Wahl eines Urlaubsziels oder ein Jobangebot einhüllt. Dieser Glanz zeigt sich meist eher als Gefühl denn in Form eines Lichteffektes.

Auch hier gilt: Übung macht den Meister. Man kann ja ein Spiel daraus machen, überall den stimmigsten Platz zu erfühlen oder zu erschauen. Ob im Lieblingslokal oder in der Disco, versuchen Sie vom Timing her immer genau im richtigen Augenblick an der richtigen Stelle zu sein – auch bei der Begegnung mit Menschen, vielleicht entpuppt sich am Ende sogar jemand als Ihr idealer Lebenspartner.

Mir selbst wie auch Seminarteilnehmern und Lesern meiner Bücher ist es schon passiert, dass man in eine Buchhandlung geht, in eine bestimmte Ecke gleichsam gezogen wird und hier der Blick dann genau auf den Buchtitel trifft, der für den Augenblick Wissenswertes bringt. Es ist sogar schon vorgekommen, dass Buchkäufer völlig andere Bücher im Sinn hatten und dann aber, wie magnetisch angezogen, das 7 Tibeterbuch in der Hand hielten.

Auch während wir mit der Fernbedienung quer durch die Fernsehkanäle zappen, kann es passieren, dass uns plötzlich Antworten entgegenflimmern, für die wir uns schon lange interessieren. Genauso nehmen wir manchmal eine Zeitung in die Hand, blättern darin und stoßen auf einen Artikel oder eine Buchrezension, die genau das ansprechen, wonach wir gerade suchen. Schicksalhafte Begegnungen ergeben sich bisweilen nur, weil sich in gewissen Momenten zwei Augenpaare treffen. So sind wir alle miteinander verbunden, und in wichtigen Augenblicken treffen synchronistische Ereignisse zusammen, die Lebenswege verändern können.

Auch wenn wir nach solchen Erfahrungen manches gerne forcieren würden oder auf Momente warten, die uns den Partner fürs Leben bringen sollen, werden wir dann doch irgendwann gewahr, dass alles im Leben, auch das Erlernen von Geduld oder das Nichtverstehen, Botschaften beinhaltet und Gelegenheiten für unser persönliches Wachstum bietet. Es ist nachvollziehbar, dass wir über Hindernisse wenig erfreut sind und uns im Innern dagegen wehren. Doch es gibt eine höhere Instanz, unser höheres Selbst, das die Bedeutung solcher Hindernisse erkennt und uns sanft in die nächste Entwicklung drängt. Auch die Extrarunden auf der Evolutionsspirale oder die Sackgassen auf dem Weg haben ihre Berechtigung und eigene Bedeutung, denn sie stoßen uns mit der Nase nochmals auf Themen, die eventuell noch nicht vollständig erledigt sind.

Je höher der Energielevel ist, auf dem die Kommunikation läuft, umso mehr können wir uns den Eingebungen und Aussagen der Mitmenschen öffnen und diese über unser intuitives Verstehen und unseren Verstand in unser System einordnen. Wo immer sich offene Fragen melden, werden wir von intuitiven Bildern und dem stetigen Strom von Fügungen geleitet. Dies zieht einen synchronistischen Lauf hinter sich her.

Wenn wir im Freundeskreis und bei der Teamarbeit mit Kollegen die Energie nicht in Kontrolldramen verlieren, sondern unterstützend erhöhen, werden wir den Spielball der Energie wechselseitig auf hohem Niveau halten und damit den Prozess der spirituellen Entwicklung für alle Beteiligten auf höchster Ebene gestalten.

Mir hat es in schwierigen Zeiten immer geholfen, mich eine Weile zurückzuziehen, nach innen zu gehen und meinen inneren Energiepegel anzuheben – den Fluss für neue Eingebungen wieder zu starten, um dann in aller Ruhe zu verrichten, was notwendig war.

Sehr hilfreich ist hier wiederum die Meditation, indem man etwa (bei jedem Wetter) kleine Spaziergänge an der frischen Luft unternimmt. Wer diese Hilfe einmal kennen gelernt hat, wird nie wieder so tief sinken, dass er sich bei einer Talfahrt nicht irgendwann daran erinnert, welch große Hilfe die Meditationstechniken doch sind.

Mit der Erhöhung der persönlichen Energieschwingung mittels Meditation steigt der Energielevel erneut in den Null- oder Plusbereich. In diesem Augenblick haben Sie schon den wichtigsten Schritt zu Ihrer Rettung getan und sich wieder auf die Bergfahrt begeben.

Wann immer das Gefühl auftaucht, eine innere oder äußere Führung wäre für die Entscheidungsfindung unumgänglich, werden wir mit der Bewusstseinstechnik der Energieerhöhung arbeiten, indem wir uns einfach innerlich mit Liebe, Kraft und Gleichmut füllen. Durch den so gefundenen Frieden im Körper und in der Aura stellen wir wieder eine Verbindung mit unserer Intuition her. Der Verstand wird dabei in die ihm gebührende Ecke verwiesen. Ab diesem Zeitpunkt werden wir nur noch Entscheidungen treffen, die dem Level entsprechen, auf dem wir uns praktisch bewegen wollen.

Wir können die Intuition auch abfragen. Sprechen Sie zu dieser Informationsebene, fragen Sie sie. Nach einigen Sekunden wird Ihnen die Antwort über Ihre innere Stimme zuteil. Dem sechsten Sinn können Sie nur vertrauen, wenn Sie zum Zwecke der Wegfindung immer wieder in allen möglichen Situationen mit ihm experimentieren. Nach einer Weile merken Sie, wie stimmig seine Antworten sind. Dies ist ein sehr erhabenes Gefühl, und wir sollten uns dankend vor dieser Gabe verbeugen.

Seit vielen Jahrhunderten haben die Menschen Hexen und Orakel in ihrer Mitte, an die sie sich wenden, um Zuspruch für ihre Handlungsweisen und Hinweise für ihr weiteres Vorgehen zu erhalten. Mit diesen Hilfsmitteln – therapeutische Ratschläge, Kartenlegerinnen, Tarot, I Ging, Runen, Engelskärtchen, Handlesen, Pendelarbeit etc. – können wir uns der Intuition nähern. Es ist also möglich, von außen dem Erkennen der inneren Wahrheit auf die Sprünge zu helfen. Diese Hilfsmittel gestatten Einblicke in Vergangenheit, Gegenwart und Zukunft. Auch hier werden die Energiefelder, die Auren, das kollektive Bewusstsein und das Überbewusstsein angezapft.

Die Wahrheits- und Wegfindung wird über zwei Medien, in diesem Fall über den Tarotleger und die Tarotkarten, vollzogen. Das Medium und der Ratsuchende stimmen sich kurz ein, bitten alle Helfershelfer in der anderen Dimension um einen Moment der Klarheit und darum, ihre Energie mit einfließen zu lassen. Das ist sozusagen ein kleines Gebet zum lieben Gott. Die Verbindung vom Kartenleger in die andere Dimension und zur Aura des Ratsuchenden wird hergestellt. Dann beginnt der Klient seine Bewusstwerdungs-Reise mithilfe des Tarots. Die Antworten der Tarotkarten und des Kartenlegers können mit ihrem bedeutenden transformatorischen Wert zu wichtigen Durchbrüchen, einer erweiterten Wahrnehmung und mehr Klarheit führen.

Für das, was den Ratsuchenden am meisten beschäftigt, halten die Karten wichtige Hinweise bereit. Diese werden vom Kartenleger erkannt und dem Klienten vermittelt. Das Tarot hat nichts mit Religion zu tun, sondern mit Wahrheit. Es dient zur Weg- und Wahrheitsfindung. Man kann den Umgang mit Tarot, I Ging etc. auch lernen und dann, falls die Intuition einmal verschüttet ist, diese Instrumente zu Hilfe nehmen.

In meinen therapeutischen Einzelsitzungen lege ich gerne zur Gesprächsrunde noch eine Tarotkarte hin, um dem Klienten die Gelegenheit zu bieten, auch über das Bild seinen Lernpfad zu erhellen. Die Trefferquote liegt bei 100 Prozent. Alle Klienten, denen ich empfehle, eine Karte zu nehmen, ziehen genau die Karte, die das widerspiegelt, was wir gerade in der Erlösungsarbeit durchschaut haben.

Kindheit, Erwachsenenzeit und Alter

Das Leben kann man in drei Phasen unterteilen: Kindheit, Erwachsenenzeit und Alter. Die Kindheit ist die Phase, in der wir von der anderen Dimension mit unseren Lebensthemen unterm Arm auf dem Weg zu unseren Eltern und in das ausgewählte Umfeld sowie die betreffende Zeitschiene sind, die wir ebenfalls benötigen, um unsere Lebensthematik in den folgenden Jahren zu transformieren. Dort bekommen wir die Prägung und Konditionierung, die wir für diese Aufgabe brauchen.

Diese Jahre erscheinen, auch im Rückblick, mitunter noch unendlich lang. Von der Geburt bis zum Schritt ins selbständige Leben dauert es bei den Menschen doch recht lange. Fast 20 Jahre muss man sich dem Willen anderer unterordnen.

Auf der Erde inkarnieren sich Generationen von Seelen, die genau diese, auch in den entlegensten Winkeln der Welt stattfindenden Geschehnisse als Lebensthematik für die Transformation brauchen. Trotzdem entbindet das niemanden von der Verantwortung, die eigenen Handlungsweisen zu überprüfen und darüber zu meditieren, wie in Teams und Gruppenarbeit die Weiterentwicklung der Problembereiche der Menschheit vorangebracht werden könnte. Deswegen sind auch alle Initiativen für ein besseres Schulsystem, eine gemeinschaftliche Erziehung der Kinder und neue gesellschaftliche Formen des Zusammenlebens voll und ganz zu unterstützen.

Es sollten eigens Universitäten dafür entstehen, die die Entwicklung der Gesellschaft im Auge behalten und neue Vorstellungen von Umgangs- und Lebensformen für alle Erdenbürger entwerfen. Diese Universitäten sollten in allen Teilen der Welt dafür Sorge tragen, dass Professuren für die gesellschaftliche Fortentwicklung entstehen, die vorrangig Experimente und Entdeckungen für die Menschheit in neue Lebensformen umsetzen.

Auf diese Weise werden ungeahnte Experimentierfelder entstehen, in denen das Neue probeweise gelebt werden kann. Was sich als nützlich erweist, kann dann in den Schulen gelehrt werden, sodass in den Menschen der Mut wächst, sich für neue Wege einzusetzen. Mit staatlicher Unterstützung und privatem Sponsering wird es der Menschheit gelingen, wunderbare Ergebnisse in diesen Projekten zu erzielen, die dann weltweit Anwendung finden können.

Die Kindheit trägt das Erdenwesen im Lauf der Jahre ins Erwachsenenleben. Das ist die Zeit, die Lebensthemen als Berufung, Spiegelerfahrungen und als Transformationsarbeit anzunehmen und zu bewältigen.

Als Erwachsene vollziehen wir die Arbeit, für die wir auf die Erde gelangt sind. Beim einen sind das Erfahrungen, die diese Seele erleben möchte – etwa den Mount Everest zu besteigen oder die Welt im Segelboot zu umrunden. Andere haben kräftig an ihren Lebensthemen zu feilen. Wieder andere erreichen das Klassenziel nicht, sie lernen erst in einer der nächsten Reinkarnationszeiten, um was es für sie auf der Welt geht.

Für einige Seelen endet die Erdenzeit in Frustration, Depression, Todessehnsucht, Selbstmord. Diese Seelen vermeiden die Auseinandersetzung mit ihren Lebensthemen vehement und versuchen nicht, hinter die Wände ihres Schatzkästchens zu blicken. Das hat zur Folge, dass sie die Thematik ihres Lebens nicht in die Transformation bringen, sondern lediglich in höchstem Grade schreckliche Gefühle und Seinszustände auslösen. In einer nächsten Chance, in einem nächsten oder übernächsten Leben, schafft diese Seele dann vielleicht die Transformation auf eine höhere Ebene.

Nur wenige Menschen haben den Mut, ihre Grenzen zu sprengen und ins Ungewisse zu springen. Die meisten beharren auf festen Grenzen, die sich durch die Jahre eingeschliffen haben und ihnen nur einen bedingten Bewegungsspielraum erlauben. Darüber hinaus wagen sie kaum einen Schritt in neue

Dimensionen. Ihre Seele ist also eingegrenzt in das System, das die Lebensthematik in ihrem inneren Schatzkästchen vorgibt. Genau das ist die Transformationsarbeit – dies zu erkennen und dann die Entscheidung für die Transformation zu treffen. Danach gehört ein eiserner Wille dazu, die neuen Entscheidungen und Handlungsweisen durchzusetzen und auszuführen.

Bestimmte alte Handlungsweisen einzuschleifen ist ein Teil des Egos, das auf seinem Thron sitzt und sagt, es ist nicht an mir, sondern an den anderen, für Veränderung zu sorgen.

Dann gibt es Menschen, die von klein auf nur ein Ziel im Auge haben, dieses Ziel verfolgen, vom Umfeld darin unterstützt werden und irgendwann den glorreichen Platz auf dem Siegerpodest erreichen. Dort angekommen, spüren sie, was es für ein Gefühl ist, kraftvoll den eigenen Weg gegangen zu sein. In den folgenden Jahren könnte das eine oder andere Erlebnis sie veranlassen, in irgendwelchen Hintergründen neue Zielvorgaben zu finden. Damit meine ich, das eine Lebensthema kann erfüllt sein, aber da ist noch mehr im Füllhorn der Erlösungsthemen. Nachdem er auf dem Siegerpodest stand, wird der Betreffende also noch weiteren Aufräumarbeiten begegnen.

Wieder andere Menschen leben ein eher tristes Dasein, schauen, dass sie gut unterkommen, einen möglichst gleichmäßigen Lebensrythmus finden, eine Familie gründen, Kinder großziehen und dann gemütlich die späteren Jahre im Lehnstuhl verbringen. Menschen, die sich für die »Ausdauer in der Gleichförmigkeit« entschieden haben und den geraden Weg leben, können damit glücklich und zufrieden bestehen. Auch das kann ein Lebensthema sein. Vermutlich liegen aber eher bestimmte Dinge im Schatten. Diese Seelen schaffen es wahrscheinlich nicht, sich an die Transformation ihrer Thematik zu machen. Auch hier gilt: Was man in diesem Leben nicht schafft, erreicht man in einem anderen. Neue Chance – neues Glück.

Wenn wir nun auf das Alter zu sprechen kommen, so erntet jeder, was er gesät hat. Für den einen bedeutet das Krankheit bis in den Tod, für den anderen ein freiwilliges Ausscheiden aus dem Leben. Wieder andere haben ihr Glück gefunden und leben ihre Berufung und Visionen, oder aber sie haben den finalen Countdown geschafft, befinden sich in ihrer Meisterschaft und beenden dieses Leben als erleuchteter Buddha.

Das Alter ist keine Krankheit und muss auch nicht bedeuten, dass man langsam die Energie aushaucht und im Laufe der Jahre immer kraftloser durch die Welt blickt. Das Alter ist gewissermaßen die Krönung des Lebens. Wenn wir unsere Themen transformiert haben, können wir einfach genießen – in einer Weise, die weder der Jugend noch dem jungen Erwachsenen gegeben ist. Es sind die kleinen Dinge, der innere Frieden, die Liebe für die Welt, die Menschen, für sich selbst, die jetzt zählen.

Rundherum zufrieden heißt nicht inaktiv sein, es bedeutet vielmehr, was immer wir dann machen wollen, auch zu tun. Ob das ein Tänzchen in der Disco ist oder eine schöne Wanderung; ob wir ein Bild malen, die neueste Videoproduktion fertig stellen oder uns dem Lebenspartner platonisch oder sexuell hingeben möchten; ob wir einen guten Witz erzählen, herzhaft lachen, mit Humor die jüngeren Seelen auf ihrem Weg begleiten wollen. Es sind die Jahre des entspannten Zurücklehnens und glücklichen, liebevollen Miteinanders und vielleicht der Chance, die erreichte Weisheit an Interessierte weiterzugeben.

Wenn dann die Zeit gekommen ist, in die andere Dimension überzuwechseln, so wird dies in freudiger Erwartung auf eine neue aufregende Erfahrung geschehen. Die Seele verlässt mit einem Schwupp den Körper, um die Köstlichkeit der anderen Dimension zu erfahren.

Ich erkenne meine Lebensthemen

Kontrolldramen

Eine ganz ausgezeichnete Gelegenheit, die eigenen Lebensthemen zu erkennen, bieten die zwischenmenschlichen Kontrolldramen. Der Begriff »Kontrolldramen« stammt ursprünglich von J. Redfield und C. Adrienne und bezeichnet Kommunikationssituationen, in denen Menschen in der Täter- oder Opferrolle Machtspielchen betreiben, um auf diese Weise anderen Energie zu rauben. Ziehen Sie doch einmal einen Strich unter all Ihre Erlebnisse und schauen Sie sich genau an, wie Sie mit Ihrem Umfeld in Kontakt treten, wie Sie sich in der Welt behaupten, wie Sie mit der Umwelt kommunizieren, welche Familienstrukturen Sie in ihre Kommunikationsmöglichkeiten gebracht haben.

Anhand der nachfolgenden Zeilen können Sie sich selbst und Ihre Kommunikationsweise einordnen und auf diese Weise feststellen, welcher Art ihre »Problemzonen« in diesem Bereich sind. Schwierigkeiten in der Kommunikation leiten uns in Kontrolldramen, und diese Dramen wiederholen wir so lange mit allen Menschen, die uns begegnen, bis wir irgendwann so weit sind, mit offenen Augen etwas dazuzulernen. Dann wenden wir uns nach innen in unser Schatzkästchen, um die Reise in die Transformation zu beginnen.

Kontrolldramen begegnen uns in der Ausgangsfamilie, Partnerschaft, Ehe, der Beziehung zu Kindern, im Berufsleben,

Freundeskreis oder Vereinsleben. Kontrolldramen erleben wir ebenso beim Einkaufen, im Straßenverkehr, bei Spiel, Sport und Spaß, auf Reisen und beim Alleinsein.

Wenn wir alleine sind, wenden wir die Kontrolldramatik gegen uns selbst an und boykottieren so unsere innere Kraftquelle. Alleine fühlen wir uns oft abgespalten und einsam. Wie viel würden wir nicht dafür tun, um ein bisschen mehr Aufmerksamkeit von anderen zu bekommen. Wir lassen zu, dass die Konditionierungen und Themen im Schatzkästchen unserem Sein Grenzen setzen. Und solange wir diese Grenzen nicht hinterfragen, können sie unsere Vitalkraft auf 35 Prozent und die Lebenslust auf 25 Prozent senken. Dabei wollen die Grenzen uns eigentlich lehren, über die Einsamkeit hinauszuwachsen und weitere Kontrolldramen aufzuspüren.

Machen Sie sich auf den Weg der Selbsterkenntnis, decken Sie Ihre persönlichen Kontrolldramen auf, fangen Sie an, in ihrem Leben aufzuräumen und Überholtes hinauszuwerfen. Dulden Sie keine Minute länger ein Grau in Grau gefärbtes Leben. Fangen Sie an zu tanzen, lieben Sie sich selbst und lassen Sie die Lebensenergie dabei hochsteigen.

An der Ursprungsfamilie und der Partnerschaft oder Ehe lassen sich unsere Verhaltensweisen am deutlichsten ablesen. Hier können Sie am leichtesten ansetzen und neues Handeln trainieren.

Der Bereich Arbeit und Berufung wird ebenfalls von Kontrolldramen bestimmt. Auch auf diesem Gebiet können wir mit der Bewusstwerdung und der Entscheidung für andere Handlungsweisen ein wesentlich gesünderes Energiefeld für uns selbst und alle Beteiligten schaffen. Wir bleiben dann entweder im selben Arbeitsbereich und erleben ein erfüllteres Miteinander; unsere Energiereserven bleiben erhalten und werden nun durch die Teamarbeit oder Partnerschaft eher aufgefrischt denn auslaugt.

Oder aber wir beenden, nachdem wir alle therapeutischen

Mittel ausgeschöpft und erkannt haben, dass der Gegenüber keinerlei Veränderung will, die Beziehung im privaten Bereich sowie am Arbeitsplatz. Es gilt zu begreifen: Wenn wir selbst unsere Hausaufgaben gemacht haben und nun die Zusammenhänge besser verstehen, haben wir uns selbst gegenüber auch die Verpflichtung und Verantwortung, aus einer ungesunden Beziehungsstruktur auszusteigen. Dann ist es an der Zeit, in gesündere Handlungsweisen hineinzuwachsen. Das bedeutet, wir dulden keinerlei diktatorische Handlungen vom Partner oder Arbeitgeber bzw. Kollegen mehr. Erst wenn wir klar und deutlich eine Grenze ziehen, die auch vor der Konsequenz der Verabschiedung nicht Halt macht, helfen wir uns selbst, in eine gesunde Position zu gelangen und damit unseren Energiehaushalt wieder auszugleichen. Auf diese Weise geben wir dem Gegenüber ganz deutlich zu verstehen: So geht es nicht weiter, vielleicht ist eine andere Art des Umgangs möglich, doch diese muss erst gemeinsam erarbeitet werden. Wichtig ist natürlich auch, den eigenen Kontrollmechanismen auf die Spur zu kommen.

Indem wir dem Gegenüber Grenzen setzen, hat er nun die Chance, selbst nachzudenken und seine Kontrolldramen vielleicht zu durchschauen. Durch dieses Stoppzeichen wird er entweder seinerseits die Beziehung beenden oder aber in gesunde Handlungsweisen zurückfinden. Falls das nichts hilft, ist es an uns, Adieu zu sagen.

Wir tragen also immer die Verantwortung, für unsere Wahrheit einzustehen und nur noch gesunde Handlungsweisen in der Kommunikation zuzulassen. So erleben wir bei diesem Thema einen Quantensprung.

In diesem manipulativen Spiel gibt es vier verschiedene Persönlichkeitstypen: das Opfer, den Distanzierten, den aggressiven Kritiker sowie den Unberechenbaren.

Der **Opfertyp** ist passiv und allem gegenüber negativ eingestellt. Für ihn sind immer die anderen an allem schuld. Er flüchtet sich gerne in psychische oder körperliche Krankheiten.

Der **Distanzierte** ist unnahbar und erwartet stets, dass die anderen auf ihn zukommen. Auf diese Weise holt er sich aus seinem Umfeld Energie.

Der **aggressive Kritiker** sucht ständig bei anderen nach Fehlern, um sie sofort lautstark anzuprangern. Er bezieht seine Energie aus der Angst vor einer Bloßstellung, die er dadurch in seinem Umfeld erzeugt.

Der **Unberechenbare** ist impulsiv und geht keinem Streit aus dem Weg. Mit seinen unerwarteten zornigen Ausfällen wirkt er auf sein Umfeld einschüchternd.

Wer sich diese Verhaltensweisen einmal bewusst gemacht hat und an seine eigene Energiequelle angeschlossen ist, hat es nicht mehr nötig, andere zu kontrollieren oder ihnen Energie zu rauben.

Leid, Krankheit und Probleme

Das, was wir normalerweise als Gleichlauf der Dinge oder Gang des Lebens oder Leben in einem gesunden Gefühl bezeichnen, kann hier und da empfindlich aus der Balance geraten. Dann passiert es, dass wir aus allen Wolken fallen, in unserer Harmonie gestört werden. Das Körper-Geist-Seelesystem antwortet darauf mit Disfunktion oder Entgleisung und macht so darauf aufmerksam, dass das bis dahin gültige Gleichgewicht zerstört ist.

Die Harmoniestörung kann auf einer der drei Ebenen oder auch auf allen stattfinden und erfolgt zumeist in einem Wechselspiel von Innen und Außen. Die Seele strahlt mit den im inneren Schatzkästchen verborgenen Lebensthemen Energien aus, ohne dass dies uns bewusst ist. Dadurch zieht sie im Innen wie im Außen negative Geschehnisse an. Diese werfen den

Menschen in gewisser Weise aus dem Tritt oder aus der Bahn. Die erste Ebene, die angesprochen wird, ist entweder die innere, indem man sich psychisch unwohl fühlt, oder die äußere, indem die Seele durch Partnerschaftsprobleme, Mobbing am Arbeitsplatz, einen Autounfall oder Ähnliches plötzlich mit Problemen konfrontiert wird.

Nun können wir versuchen, die Lebensthemen unter den Tisch zu kehren, und so einigermaßen über die Hürden der inneren und äußeren Geschehnisse springen. Der Großteil der Menschheit tut genau das, er versucht so schnell wie möglich den alten Status quo wieder herzustellen, um das Gewohnte weiterzuleben. Dadurch erzeugen die Menschen jedoch einen negativen Energiestrom, der, falls noch nicht alle Ebenen berührt sind, von einer Ebene auf die andere springt. Die Seele gibt ein Signal an die Geist- und die Körperebene. Die Symptome werden immer stärker, bis wir entweder schwer erkranken oder bewusst anfangen, uns mit der Erlösung der Lebensthemen zu beschäftigen. Wenn wir das nicht tun, wiederholt das System weiter entsprechende Erlebnisse, die uns aufwecken sollen, damit wir uns endlich auf neue Weise mit den Dingen auseinander setzen.

Viele uneinsichtige Menschen, die auf ihrem Stand auf der Evolutionsspirale verharren, segeln ihr Boot mit fest umklammerter Steuerpinne über Jahre hinweg direkt in den Abgrund. Sie lassen sich von keinerlei Erlebnissen oder Schocks auf eine neue Spur bringen, sie halten bis in die letzten Sekunden ihres Lebens unverändert Kurs auf das Ende zu.

Allen Menschen widerfahren irgendwann Geschehnisse, die ihnen helfen, einmal einen Strich unter ihr bisheriges Leben zu ziehen und in eine neue Dimension aufzubrechen. Wenn wir uns dann auf dem Weg der Selbsterkenntnis vorantasten, sollte uns bewusst sein, dass stets alle drei Ebenen, also Körper, Geist und Seele, bei der Bearbeitung berücksichtigt werden müssen.

Lediglich aus Verletzlichkeit heraus anzufangen, auf Kissen einzuprügeln und die Wut herauszuschreien, reicht nicht aus. Irgendwann wird uns klar, dass wir auch eine psychische, seelische Komponente in uns tragen. Diese Seite muss ebenfalls an der Erlösungsarbeit beteiligt sein. Amokläufer zum Beispiel lassen zwar die aufgestauten Dinge in Form einer Explosion heraus, sind aber von den seelisch-geistigen Aspekten ihres Bewusstseins völlig abgeschnitten. Bevor es so weit kommt, sollten wir lieber unser Thema bewusst bearbeiten und gegebenenfalls therapeutische Hilfe in Anspruch nehmen.

Es können sich zahllose Schicksals- und Rückschläge ergeben, doch Seelen, die den Transformationsweg im Leben bewusst einschlagen, kommen damit auch ein gehöriges Stück weit voran.

Je weiter wir uns auf den Evolutionsweg einlassen, umso besser merken wir es, wenn bestimmte Warnlämpchen zu glühen beginnen, und können uns, indem wir sofort zu neuen Handlungsweisen greifen, so manche Probleme oder Krankheitssymptome ersparen.

Je stärker wir uns bemühen, unser gesamtes Wesen zu heilen, desto mehr werden wir aus dem Reigen der Lebensthemen geführt und dem Punkt der Meisterschaft näher kommen. Das ist der Augenblick, in dem das Ego in die Einheit aufsteigt. Das Ich-Streben ist erlöst, die Abgrenzung hat ein Ende, die Seele erlebt sich als Teil des Ganzen und begreift, dass wir alle eins sind und alles im Kleinen wie im Großen wirkt. Die Verantwortung für die eigene Seele und für das Wohl des Ganzen wird eins. Da wir in der Schule keine Informationen über diese Themen erhalten, achten Sie, liebe Leser, bitte sehr genau darauf, welcher Methode der Selbsterkenntnis Sie sich verschreiben. Bei manch einem ist zwar vielleicht auch mal der Umweg über eine »falsche« Methode notwendig, aber wer finden will, wird es auch tun.

Erbe, adlige Herkunft, Lottogewinn und Reichtum

Die Masse der Menschen schielt öfter Richtung derer, mit denen es der liebe Gott »besser« gemeint hat. Das sind »Auserwählte«, die ihr Geld im Schlaf verdienen oder im Hochadel aufwachsen und dadurch mit einem gewissen Reichtum gesegnet sind. Diese Menschen registrieren sehr wohl den Neid der vielen anderen und fühlen deren Blicke auf sich ruhen, wenn sie sich in der Öffentlichkeit zeigen. Und dann gibt es die wenigen Auserwählten, die einmal einen Lottogewinn abgeräumt haben, und nicht zu vergessen die Promis aus Film, Funk und Fernsehen oder dem Sport, die zum Teil einen unglaublichen Reichtum anhäufen können.

Die Menschheit braucht anscheinend Leute, zu denen sie aufblicken kann. Dadurch wird die Hoffnung genährt, auch irgendwann einmal dazugehören zu können. Die Prominenten dienen uns als Traumbild für Dinge, die der Normalbürger nicht erreichen kann. Zeitschriften und andere Medien sind die Multiplikatoren solcher Träume.

Es tut uns gut, wenn wir Blaublütige oder Prominente in fadenscheinigen Situationen erleben und sehen, dass diese Damen und Herren auch nur mit Wasser kochen und für ihre Transformation teilweise hanebüchene Episoden durchschreiten müssen. Das »gemeine Volk« weiß, dass in diesen Kreisen nicht alles Gold ist, was glänzt. Trotzdem fliegen den Promis oftmals die Herzen zu. Wenn wir jedoch die Bessergestellten näher betrachten, können wir sehr gut die Lebensthemen entdecken, die zu diesen »Glücklichen« gehören.

Streitigkeiten um Erbschaften beschäftigen die Gerichte zur Genüge. Es gibt kaum eine Familie, die sich nicht über Erbstreitigkeiten entzweit. In den Familien, wo ein größeres Erbe zu erwarten steht, inkarnieren Seelen, die ihren Weg nur zu einem geringen Teil aus ihren eigenen Händen heraus erarbeiten müssen. Durch diese Situation baut sich in ihrem Innern eine Egostruktur auf, die den Betreffenden das Gefühl vermittelt, ihnen stehe das Erbe völlig zweifelsfrei zu und sie seien gewissermaßen über die anderen Menschen erhoben, weil sie sich Dinge leisten können, die anderen nicht so einfach zugänglich sind.

Wie wir an diesen Zeilen unschwer ersehen können, ergibt sich daraus eine gewisse Problematik, die es der Seele schwer macht, auf der Wachstumsspirale voranzukommen. Egomanes Verhalten und Familienzwist und damit verbunden die Schwierigkeit, in die eigene Berufung zu finden – das sind die Hürden, die spiegelbildlich die Lebensthemen für diese Menschen darstellen. Die betreffenden Seelen haben diese Thematik gewählt, weil sie über eine vermeintlich leichtere Lebensweise in die Selbstschulung finden wollen.

Adlig Geborene unterscheiden zwischen reichem und verarmtem Adel. Der reiche Adel hat mit ähnlichen Hürden zu kämpfen wie die Seelen, denen ein großes Erbe in den Schoß fällt. Sie finden nicht über Hungerjahre in ihre Thematik, sondern dadurch, dass sie im Prinzip schon alles haben. Sie lassen sich aus diesem Überfluss entweder bis an ihr Ende in Leichtigkeit tragen, oder es treten Schicksalsschläge ein, die ihr Ego zurechtstutzen, sodass sie ebenfalls über Leid, Krankheit oder andere Probleme in die Transformation gelangen.

Für viele Menschen ist ein Lottogewinn der große Traum. Die Vorstellung vom erquickenden Leben danach hindert die Menschen eventuell daran, an ihrer Berufung zu arbeiten. Die wenigen Glücklichen, die einen hohen Betrag beim Lotto gewannen, haben zum Teil die Aufgabe, das, für was sie sich entschieden haben, mit diesem Geld zu erreichen. Der Quantensprung wird bei so einem Glücksfall unterstützt.

Der Großteil der Lottogewinner kämpft damit, die dramatischen Veränderungen zu bewältigen, die mit dem Gewinn ins Haus stehen. Sie können den Sprung in eine glücklichere Zukunft nicht vollziehen, da ihre Transformationshürden ihnen das Geld unter den Fingern zerrinnen lassen. Die Lebensthemen werden in diesen Fällen oft nicht erkannt. Viele der glücklichen Gewinner sind nach einer Weile vom Verlust gebeutelt, sehr unglücklich und sogar selbstmordgefährdet. Jene allerdings, deren Transformation darin liegt, den Gewinn in ihre Berufung umzusetzen, können ihren entscheidenden Durchbruch erringen.

Reichtum und Wohlstand gilt es weder als schlecht zu verdammen noch als das einzig Wahre im Leben hervorzuheben. Das Leben aus dem Überfluss heraus ist ein Grundrecht der menschlichen Seele. Zu der Anstrengung der Menschheit, mit neuen Werten eine gesündere und glücklichere, für alle erquickende Zukunft zu gestalten, gehört auch, dass alle in Wohlstand leben. Das will heißen, dass alle genügend zu essen und ein gutes Dach über dem Kopf haben und so in Liebe und Freiheit miteinander kooperieren können.

Das Maß ist voll

Irgendwann reicht es, man hat die Nase voll, es ist Zeit, den Bettel hinzuschmeißen. Es fallen einem Sprüche ein wie: »Alles hat einmal ein Ende« und »Jetzt ist Schluss«.

Wenn Sie bereits einmal so reagiert haben, dann wissen Sie, wie gut diese emotionale Handlung Ihrem Sein tut. »Das Maß ist voll« heißt, uns reicht es mit all den Situationen, die wir uns zur Erlösung der Lebensthemen geschaffen haben. »Das Maß ist voll« meint, bis hierhin und nicht weiter. Es wird eine neue Grenze gesetzt. Das ist ein Entschluss, mit dem endlich eine lange Zeit des Haderns, der Schicksalsschläge, der Krankheit oder anderer Probleme beendet wird.

Wer diesen Schlusspunkt setzt, kommt an eine Wegkreuzung, die einen neuen Weg für die Seele bereithält, nämlich den Weg der gesunden Entscheidung. Alle bisherigen Entscheidungen haben die Seele an einen dramatischen Endpunkt gebracht, wo sie entweder unter der Last zusammenbricht oder aber endlich aufsteht und lauthals verkündet: Das Maß ist voll.

Wenn Sie sich nun fragen, was mit dem Maß genau gemeint ist, so kann ich darauf nur antworten: Das betrifft jedes individuelle Thema, mit dem Sie in der Spiegelung der Außen- und Innenerlebnisse konfrontiert sind. Die Treibkraft des Themas ist die Erlösung, die Sie zur Transformation drängt. Das können Familien-, Partnerschafts- oder Berufsthemen sein, alle erdenklichen Themen können für den Umschwung genutzt werden.

»Das Maß ist voll« ist ein so kraftvolles Mantra, dass es sich lohnt, diese Worte an diesem Punkt öfter zu wiederholen, damit wir keinerlei anderen Gedanken mehr Raum lassen. Bitte spielen Sie nichts herunter, um danach ins gewohnte Boot zurückzusteigen. »Das Maß ist voll« heißt, mit aller Achtsamkeit und mithilfe der Wut im Bauch jetzt wirklich für einen Umschwung zu sorgen.

Das hat nichts mit aggressiven Handlungen zu tun, sondern mit dem inneren Prozess des Menschen, seine Thematik im Schatzkästchen endlich zu sehen und sich ihr zu stellen. Die neuen Entschlüsse werden gefasst und klar und eindeutig ausgesprochen. Doch aufgepasst, einige Menschen verwechseln deutlichen Ausdruck mit Aggression. Lassen Sie sich von Aussprüchen wie »Du bist ja aggressiv« nicht Ihrer Kraft berauben, bleiben Sie bei Ihrer Wahrheit, stehen Sie zu ihr.

Merken Sie sich bitte, alles läuft wunderbar, Sie befinden sich an dieser Stelle am wertvollsten Quantensprung Ihrer Inkarnationsreise. Alle Erfahrungen, die Sie gemacht haben, waren wichtig, damit Sie an diesen Punkt überhaupt gelangen konnten und nun die neuen Entscheidungen treffen und umsetzen.

Menschen, die diesen entscheidenden Punkt der Neugestaltung übersehen, wollen sich lieber fügen und angstvoll im Alten verharren. Sie meinen, alles sei ja gar nicht so schlimm, und alles sei ja so, wie der liebe Gott es will, wir alle müssten schließlich leiden und für irgendwelche Sünden büßen. Diese Menschen haben einen entscheidenden Fehler begangen, sie haben sich von der Angst leiten lassen, anstatt vertrauensvoll das Neue zu wagen.

Bei meiner Arbeit im Krankenhaus begegnen mir sehr oft Patienten, die leider immer wieder diese Schlüsselpunkte des Lebens übersehen haben und damit auch an ihrer Transformation vorbeigeschlittert sind. Diesen Reigen können sie natürlich mit wiederkehrenden Krankenhausaufenthalten weiterspinnen, so oft sie wollen, aber irgendwann ist für dieses Leben einfach Schluss. Es gibt da keine Ausreden oder Schuldzuweisungen an andere. Auch ein »Ich kann nicht« zählt auf dieser Ebene nicht, es ist die Verantwortung des Einzelnen, sich um sein Leben zu kümmern, egal was die anderen denken oder sagen.

Seien Sie nicht feige, stellen Sie sich den Herausforderungen, Sie werden es nicht bereuen. Das Unbekannte, das hinter dieser Absprungmarke wartet, das Unbekannte, das ist das wirklich Interessante, das ist es, für das es sich zu springen lohnt. Hier warten die Köstlichkeiten, die wir nur erleben, wenn wir diesen Sprung wagen.

»Das Maß ist voll« ist eine Zeiteinheit, mit der der jetzige Moment abgeschlossen ist und ein völlig neuer Zeitabschnitt beginnt. Er steht schon vor der Nase, der Mensch muss nur noch durch das Tor des Vertrauens auf ihn zugehen. Wenn wir vor diesem Tor stehen, weiß unser Wesen, wohin es geht. Die innere Stimme jubelt und ruft: Hör' mich, auf geht's, spring endlich. Allerdings machen sich in diesem Augenblick auch Gedanken bemerkbar, die einen im Alten halten wollen, und die Boykotteure, die rund um das innere Schatzkästchen lauern und verhindern, dass Licht ins Dunkel gebracht wird.

Doch verlassen Sie sich auf einen Bereich in Ihnen, der ganz leicht mit der Wahrheit Verbindung aufnehmen kann. Dieser Bereich spricht zu Ihnen mit Ihrer inneren Stimme, sie flüstert nicht nur, sondern schreit Ihnen entgegen! Spring, spring, spring endlich, spring! Du hast schon so oft den falschen Weg eingeschlagen, nun ist es wieder an der Zeit und in deiner Hand, den Sprung zu wagen. Diesmal schaffst du es, spring ins Licht.

Liebe Leser, schließen Sie sich den Reihen der Mutigen an. Glauben Sie nicht, Sie stünden alleine. Alle, die jemals durch das Tor gesprungen sind, stehen energetisch an der Pforte und klatschen Ihnen begeistert entgegen mit der Aufmunterung, sich von Ihrem Vertrauen leiten zu lassen. Hopp!

Nichts ereignet sich zufällig

Mit den Zufällen hat es seine ganz eigene Bewandtnis. Es ist uns allen irgendwie klar, dass es Zufälle im eigentlichen Sinne nicht gibt, und trotzdem sind wir immer wieder erstaunt, wenn der Zufall zuschlägt.

Der Zufall erreicht uns auf dem Parkett möglicher Erlebnisse. Der Zufall begegnet uns in Form von Schicksalsschlägen der positiven oder negativen Art. Dinge können wie ein Wunder an uns herangetragen werden und uns die Chance zum Sprung in etwas Neues bieten, wo wir doch vorher dachten, das wäre nie möglich. Der Zufall erscheint auf der Bildfläche aus den Gegebenheiten, die wir erleben wollen und die unser Energiefeld ausstrahlt und anzieht. Er hängt zumeist mit der Thematik zusammen, in der wir uns gerade bewegen und freischwimmen.

Zufälle können uns wie ein Schlag treffen und veranlassen, den einen Weg zu beenden und einen neuen zu beginnen. Das kann im privaten wie beruflichen Bereich passieren. Manchmal erwischt uns Bruder Zufall genau in dem Moment, wenn wir für eine Veränderung bereit sind. Da bildet sich ein Spalt im Körper-Geist-Seelesystem, der es der göttlichen Kraft ermöglicht anzusetzen. Genau in diesem Augenblick schlägt der Zufall zu und gibt den Anstoß zum Quantensprung.

Im Zusammenspiel mit unserem Sein gelingt es der göttlichen Schöpferkraft, uns dahin zu befördern, wohin sich das Sein des Betreffenden entwickeln möchte. Wenn der »Blitz« einschlägt, stoßen Energien aufeinander, die eine solche Kraft entfachen, dass uns nichts anderes übrig bleibt, als den großen Sprung auf der Wolke der Energie, des Kraftausbruchs zu wagen.

Manchmal treffen wir dabei auf Personen, die unser Leben nachhaltig verändern. Das können Bekannte, Freunde oder Unbekannte sein. Vielleicht steht sogar die große Liebe plötzlich vor Ihnen und verzaubert Sie mit einem Lächeln.

Mir persönlich sind relativ viele Zufälle oder Fügungen passiert. Dazu möchte ich eine kleine Anekdote erzählen: Vor einigen Jahren, als ich das Konzept für mein 7-Tibeter-Buch vorliegen hatte, unternahm ich mit einer Klientin einen therapeutischen Rundgang auf dem Gelände des Tollwood Festival in München. Dabei handelt es sich um ein Festival mit Alternativ- und Konzertprogramm und Gastronomieständen. Ich stand mit der Klientin gerade im indischen Gewürzstand und stöberte in einem Regal nach meinem Lieblingsgewürz, als es plötzlich hinter mir bum machte. Bum und wieder bum, bum schlug irgendjemand auf eine Trommel. Daraufhin drehte ich mich um und entdeckte Hans-Jürgen Buchner von der Musikgruppe »Haindling«.

Ja, was macht der denn da, gibt er eine Performance? Nein, er hatte keinen Auftritt, sondern blickte in den Gewürzstand hinein und schlug dabei auf eine afrikanische Trommel.

Nun hatte ich ja in langen Jahren gelernt, auf Fügungen zu achten und Zufälle als Chancen zu betrachten, an Wegkreuzungen wichtige Informationen zu erhalten. Also wandte ich mich von meinem Gewürzregal ab, ging auf Hans-Jürgen Buchner zu und sagte Hallo.

Bevor ich weitererzähle, muss ich noch ergänzen, dass wir 20 Jahre zuvor uns schon einmal begegnet waren, und zwar in einem Therapie- und Meditationszentrum. Wir waren dort beide übers Wochenende zu Besuch, und zufälligerweise lagen unsere Kojen im Schlafsaal nebeneinander. Wir waren uns auf Anhieb sympathisch und am Schluss unseres Aufenthalts sagte er mir, dass er am darauf folgenden Donnerstag seinen ersten Fernsehauftritt hätte. So war dieses Wochenende für uns beide in gewisser Weise der Beginn unserer Karriere, bei ihm als Musiker und bei mir als Therapeut.

Soviel also zu unserem Treffen vor vielen Jahren. Mittlerweile ist Hans-Jürgen Buchner im deutschsprachigen Raum ein sehr bekannter Musiker, hat viele Preise bekommen, zahlreiche Filmmusiken komponiert, ganz zu schweigen von seinen gelungenen Schallplatten und CDs mit fantastischer Musik und tollen Texten.

Als wir uns auf dem Tollwood Festival in die Augen schauten und einander wiedererkannten, begrüßten wir uns sehr herzlich. Er stellte mir seine Frau vor, die auch im Gewürzladen kramte. Da wurde mir klar, dass er auf seine Partnerin gewartet und sich mit dem Trommeln die Zeit vertrieben hatte. Wir unterhielten uns eine Weile, dann musste er zur Probe für ein Konzert am Abend, und ich wollte ja den Rundgang fortsetzen. Wir verabschiedeten uns, und ich dachte nicht, dass wir uns bald wiedersehen würden.

Einige Nächte später hatte ich dann die Eingebung, für die Übungs-CD der 7 Tibeter sollte Hans-Jürgen die Musik komponieren. Da ich meiner inneren Stimme vertraue, rief ich ihn einfach an, trug das Projekt vor und er sagte prompt zu. So wurde unser gemeinsames Projekt für diese wunderbaren, tibetisch anmutenden Chakra-Heilklänge geboren. Das war sozusagen eine Fügung des Schicksals, die mir die Unglaublichkeit des Zufalls wieder mal vor Augen führte.

Die Momente zu fühlen, in denen eine erhöhte Energiefrequenz zum Tragen kommt, ist eine für die Selbstfindung und Selbstverwirklichung unersetzliche Übung. Dazu ist eine Achtsamkeit und Wachsamkeit notwendig, die nur mit täglichem Training zu erreichen ist. Wir alle kennen diese Situationen mit dem puren Zufall, wir können die Energie des Zufalls als Fügung begreifen. Über die in uns ruhende Schöpferkraft sind wir mit dem Universum verbunden, und die Gedanken und Ideen, die wir aussenden, kommen als Kräfte wieder zu uns zurück und weisen uns als Fügungen den Weg.

Hierfür müssen wir das Vertrauen genauso trainieren wie bei der inneren Stimme. Je besser wir in der Lage sind, den Denkapparat links liegen zu lassen, desto direkter sind wir mit der Energie verbunden, die uns zum Augenblick des Zufalls führt. Wenn es Ihnen gelingt, in dieser Energie zu verweilen, stellen Sie nach einer gewissen Zeit unweigerlich fest, dass Sie sich immer zum richtigen Zeitpunkt am richtigen Ort aufhalten.

Im Ego verhaftete Menschen versäumen leider viel zu oft die Eingebungen der inneren Stimme und die göttlichen Fügungen. Deshalb achten Sie bitte immer darauf, mit Ihrer inneren Stimme verbunden zu sein und die Zeichen der Zeit zu erkennen. Falls Ihnen dies alles völlig fremd erscheint, so üben Sie doch zunächst mit kleinen Dingen wie: Was mache ich heute Abend oder am Wochenende? Welchen Weg nehme ich beim Spaziergang im Wald lieber?

Es macht riesigen Spaß, auf dem neuen Gebiet Erfahrungen und Erfolge zu sammeln. Das motiviert, mit der Intuition, sprich dem sechsten Sinn, den weiteren Lebensweg zu bestimmen. Nach einer Weile werden Sie feststellen, dass auch in Ihrem täglichen Verhalten den Mitarbeitern und Mitmenschen gegenüber sich etwas verändert hat. Da Sie auf Fügungen und die Intuition vertrauen, sprechen Sie mit den Menschen direkter, klarer, setzen Grenzen an wichtigen Punkten und unterstützen an Stellen, wo Sie merken, dass die Energie der Menschen gesteigert werden kann. Sie tragen so zu einem auf allen Ebenen erfolgreichen Miteinander bei.

Falls Sie sich in einem psychisch-körperlichen Tief befinden und von allen Fügungen wie Zufällen abgeschnitten meinen, dann probieren Sie, das Gefühl erhöhter Energie in sich aufkeimen zu lassen. Denken Sie an einen Augenblick, in dem Sie sich so richtig klasse gefühlt haben, und reproduzieren Sie ihn in Ihrem Innern. Mit einem so »künstlich« erhöhten Energiepotenzial können Sie sich selbst an den Haaren wieder aus dem Loch herausziehen. Jetzt sind Sie erneut auf der Energie-Ebene, wo Fügungen sich erweisen und die Intuition Ihnen dies bestätigt.

Jegliches Hadern mit dem eigenen Schicksal ist hier fehl am Platz. Geistige Disziplin ist allerdings vonnöten. Lassen Sie sich nicht herunterziehen, setzen Sie diesen Dingen eine eindeutige Grenze. Wenn sich dies nicht bewerkstelligen lässt, sollten Sie einen Therapeuten aufsuchen, um mit ihm in Ihrem Schatzkästchen nach Ihren Lebensthemen zu kramen. Das könnte für eine Wiederauferstehung in glücklichere Zeiten ganz nützlich sein.

Ich will mich nicht ändern

Kennen Sie diesen Satz, denken Sie auch manchmal: »Was soll das alles, ich will mich nicht ändern«? Da rate ich Ihnen, entspannen Sie sich, lassen Sie alle fünfe gerade sein und entscheiden Sie ein andermal über die Dinge, die im Raum stehen. Wenn Sie so damit umgehen, kann ein Teil in Ihnen relaxen, und dadurch sind Sie wieder offener für Ihre innere Stimme, da der Unmut sich etwas gelegt hat. Jetzt sieht die Welt schon anders aus und Ihnen kommt eher ein Satz in den Sinn wie: »Na gut, schaun wir mal, was denn da Sache ist.«

Irgendwie ist man ja auch neugierig, und sei es nur, weil dieser Zustand schon so oft da war, dass man wirklich von Wiederholungen sprechen kann. Der Moment für einen viel entspannteren Blick hinter die Kulissen ist gekommen. Wenn Sie sich jetzt nach innen wenden und sich fragen »Was ist das denn?« oder zu dem Schluss gelangen »Na gut, dann will ich es jetzt auch mal wissen«, werden in Ihnen Bilder auftauchen. Die innere Stimme wird zu Ihnen sprechen und Sie werden sofort oder in den nächsten Tagen klare Botschaften erhalten.

Auch nächtliche Träume zeigen nicht selten Antworten auf. Wenn allerdings der Satz »Ich will mich nicht ändern« sehr häufig in Ihnen laut wird und Sie mit ihm Ihren Frust und Ihre Wut nach außen, auf andere Menschen schleudern, sollten in Ihnen die Warnlämpchen aufleuchten.

Achten Sie auch einmal darauf, was Sie zu sich selbst sagen, wenn Sie allein sind. Vielleicht Worte wie: »Die anderen sind die Schuldigen und ich hab' immer den Zoff am Hals.« Dann ist es höchste Eisenbahn, dass Sie sich mit Ihren Lebensthemen beschäftigen. Nach Möglichkeit, bevor dieses Nein zu einer Horizonterweiterung auf die Körper-Geistebene übergreift und Sie sich mit größeren Problemen herumschlagen müssen.

Wer mit der Auffassung herumläuft: »Ich behaupte mich im Kampf um mein Sein« und der Aussage: »Wenn jemand was will, dann soll er nur kommen, er wird schon sehen, was er davon hat«, hat bereits damit angefangen, eine Mauer um sich herum aufzubauen und sich in einen scheinbaren Burgfrieden zurückzuziehen.

Der Kontakt nach außen ist in diesem Fall schwer gestört. Er kann nicht mehr als Spiegel genutzt werden, da man die Spiegelbilder nicht wirklich an sich heranlässt. Durch die dicken

Mauern kommt keine Energie herein und kann keine Energie hinaus.

Das Wort Leben ist gleichbedeutend mit dem Wort Veränderung! Bitte meditieren Sie ein bisschen über die Tragweite dieser Aussage.

Energie, die nicht nach außen dringen kann, ballt sich zusammen und bricht im Körper aus. Das geschieht in Form von psychischen Schwierigkeiten oder einer körperlichen Erkrankung bis hin zur unheilbaren Krankheit oder einem schlimmen Unfall.

Dieses »Ich will mich nicht ändern« stoppt den Fluss des Lebens. Dieser Satz baut einen Staudamm, hinter dem sich Energie ansammelt, und wenn das Becken voll ist, sucht sich die Energie willkürlich einen neuen Kanal. Dieser Kanal bahnt sich seinen Weg entweder irgendwie doch in Richtung Lebensfreude, Kreativität und Liebe, oder aber er fließt – leider viel zu häufig – direkt in die Krankheitsebene.

Wenn Sie alle Vorwarnungen in den Wind geschlagen haben, werden Sie erleben, dass Ihr Wesen ganz schön durchgerüttelt wird. Das geschieht wie ein Donnerkeil, und Sie können sich nur noch darüber wundern, wie der Boden unter Ihnen bebt und Ihnen bildlich unter den Füßen weggezogen wird. Das kann durch einen Unfall, Schicksalsschläge oder eine schwere Krankheit geschehen. Der Mensch kann über sein Tun frei entscheiden, doch die Konsequenzen muss ebenfalls ganz alleine er selbst tragen.

Alle Gedanken und alles Tun erzeugen bestimmte Energiefelder, die unbemerkt und auch aus der Entfernung ihr Eigenleben führen und Konstellationen erschaffen, die uns gnadenlos mit den Konsequenzen konfrontieren.

Krebs zum Beispiel ist ein Ausdruck dafür, dass eine Lebensenergie, die nicht normal fließt, sich verselbständigt, sich erweitern will. Die Seele ist auf der Erde, um auf der Evolutionsspirale emporzusteigen. Wenn das nicht geschieht, wenn das

Wachstum stoppt, dann ballt sich die Energie und wächst ins Ungesunde. So ist ein Metastasen bildender Krebs ein drängendes Zeichen, dass die Hürden der Erlösung der Lebensthemen nicht genommen wurden und es nun darauf ankommt – auch wenn das Leben bald in die andere Dimension springt –, noch für eine Auflösung zu sorgen.

Menschen, die den Satz »Ich will mich nicht ändern« jahrelang in sich herumtragen und sich mit Krankheit, Unlust, Frust oder Selbstmordgedanken herumplagen, sollten unbedingt therapeutische Hilfe in Anspruch nehmen. Auch wenn es bei Ihnen erst in Ansätzen anklingt und Sie noch meinen, bei Ihnen sei es ja nicht so schlimm, auch dann suchen Sie bitte therapeutische Unterstützung.

Viel zu oft harren Menschen in Beziehungen aus, die mit Liebe nichts mehr gemein haben, oder lassen sich im Büro von allen mobben. Manche schwelgen in Krankheitsbildern und versuchen, damit Energie von den Mitmenschen zu gewinnen. All diese Personen sollten sich ihrer Eigenverantwortlichkeit bewusst werden und umgehend Hilfe aufsuchen.

In meiner Praxis rate ich Klienten, die »nur« mit Lappalien zu tun haben, mit aller Aufmerksamkeit die Therapiestunden zu absolvieren, damit eine neue Art des Bewusstseins in ihnen Platz nehmen kann.

»Ich will mich nicht ändern« – das ist ein Satz, den Sie aus Ihrem Wortschatz streichen sollten.

Wie hat ein weiser Mann schon vor Jahrhunderten gesagt: »Veränderung ist das Einzige, das sich nicht verändert.« Das will heißen, alles, wohin wir auch schauen, ist Veränderung. Nichts bleibt gleich. Die Jahreszeiten wechseln, der Mensch verändert sich, die Jugendzeit wird zum Alter.

Wenn Ihnen je eine sehr weit entwickelte Seele begegnet, wird sie Ihnen vielleicht mitteilen, dass sie sehr dankbar für die fortwährende Veränderung ist, denn das bedeutet Arbeit an der eigenen Transformation.

Behinderung als Erfahrung

Behinderung hat verschiedene Aspekte. Die Behinderung von Geburt an stellt eine Lernerfahrung der Seele dar. Wir sollten behinderten Menschen großen Respekt zollen, da sie in diesem Leben diese Erfahrung auf der Palette der Lebensthemen gewählt haben. Alle Seelen haben irgendwann eine Behinderung in ihrer Lebenskette zu wählen. Sie ist ein Teil der Seelenmeisterschaft.

Die Behinderung kann auch als Notprogramm auftauchen. Menschen, die sich bewusst oder unbewusst weigern, in die Transformation zu gehen, kreieren sich dadurch diese Lernerfahrung. Die Erlösung der Lebensthemen ist bei ihnen behindert.

Dadurch bleibt der Betreffende im Kreis einer alten Struktur gefangen, die ihm Sicherheit und Halt verspricht. Dabei lässt er wichtige Lebensimpulse aus, die in ein spontanes Handeln führen und damit Fügungen erlauben könnten.

Dieses Einigeln wird so lange aufrechterhalten, bis der Kreis durch einen Schicksalsschlag von innen oder von außen durchbrochen wird. Die Lebensthemen, die dahinter stecken, werden nicht erkannt und falls doch, dann nicht in neue Handlungen umgesetzt. Oftmals haben weder eine therapeutische Beratung oder freundschaftliche Tipps die Chance, diese Seele aus dem Kreis herauszulocken. So zieht der Mensch eine kraftvolle Auseinandersetzung mit seinen Lebensthemen geradezu an. Er wird durch die kommenden Erlebnisse so gebeutelt werden, dass er seinen Transformationsweg wohl oder übel weiter beschreitet.

Eine Spur gewaltiger erscheint die Behinderung, wenn noch ein übersteigertes Ego hinzukommt. Das Ego, das den Menschen daran hindert, bei der Selbsteinschätzung in der Realität zu bleiben. Der Betreffende meint, Hilfe nicht nötig zu haben. Das kann so weit gehen, dass die Seele Tricks und manipulative

Techniken mit Intelligenz paart und das Ganze aus dem Unbewussten steuert. Die Chance einer natürlichen Weiterentwicklung ist dann so gut wie nicht mehr gegeben.

Es bedarf eines mächtigen Zertrümmerungsschlags, um das Ego von Grund auf zu zerstören, damit die bloße Seele im Gefühl des Sterbens eine Neugeburt erfährt. Erst dann wird ein gewaltiger Quantensprung möglich, und wie der Phönix aus der Asche steigt die Seele auf der Evolutionsspirale ein gehöriges Stück nach oben.

Krankheit als Behinderung auf Zeit zwingt zum Nachdenken, Nachforschen. Da der Erkrankte lahm gelegt ist, kann er den bisherigen Weg nicht mehr fortsetzen. Er hat eine Auszeit bekommen, da er durch einen Unfall oder eine Erkrankung bewegungsunfähig geworden ist. Dadurch steigt er für einige Wochen oder Monate aus der Normalität, dem normalen gesellschaftlichen Leben aus. Ein Kranker auf Zeit macht die Erfahrung eines Behinderten, der in der Genesungsphase merkt, wie sehr wir Menschen aufeinander angewiesen sind. Wie schmerzvoll es, auch auf der psychischen Ebene, sein kann, sich nicht richtig bewegen zu können. Als Behinderter ist man vom normalen gesellschaftlichen Leben so gut wie ausgeschlossen. Man hat einen Sonderstatus und es fällt schwer, der Mensch zu bleiben, der man vor dem Ereignis war.

Unfälle passieren nicht, weil wir uns in irgendeiner Form »böse« verhalten haben. Unfälle kommen durch das Zusammentreffen von Zufall und Fügung zustande. Wir werden aus dem Gleichschritt gerissen, um uns letztendlich vor uns selbst zu schützen. Die eigentliche Tragik im Leben ist nämlich die Nicht-Erlösung unserer Lebensthemen.

Unser Lebensplan, dem alles Handeln unterliegt, sendet permanent Signale aus, damit wir die Situationen kreieren, die uns in die Transformation katapultieren. Übersehen wir fortwährend bewusst wie unbewusst diese Tatsache, so erleben wir Augenblicke, in denen wir mithilfe eines Zen-Schlages – die alten Zen-Meister arbeiteten zur Bewusstmachung mit einem Zen-Stock – aufwachen sollen.

Wenn wir über eine Behinderung in die Lernerfahrung eintauchen, macht das nichts, das ist völlig in Ordnung. Wir haben keine Schuld, weil wir etwas nicht kapiert haben, sondern die Behinderung ist nur eine weitere Möglichkeit, über einen noch stärkeren Aufprall von Energien an die Lernerfahrung heranzutreten.

Menschen, die in die Lernebene der Behinderung eintreten und nach der Genesung wieder in die Normalität zurückfinden, sprechen von Dimensionen der Auszeit, die eine ganz eigene Tiefe und Kraft entstehen lassen. Diese Kraft dient ihnen fortan als Berater und Wegweiser. Sie schärft die Sinne und bringt ein neues Maß an Einblick, Überblick und Weitblick. Die Tragik der vorübergehenden Behinderung hat also ihre Grenzen, der Gewinn, den wir daraus ziehen, seine eigenen süßen Früchte. Wir ernten mehr Achtsamkeit und ein bewussteres Handeln.

Auch wenn die Behinderung ein Leben lang anhält, hat das mit der seelischen Entwicklung seine Bewandtnis. Die Seele hat in ihren Lebensthemen einen Grund, die Behinderung anzuziehen und beizubehalten. In der veränderten Lebenslage erfährt der Mensch das Sein aus dem Blickwinkel der Behinderung, und je nachdem wie viel Mut zur Selbstverantwortung er aufbringt, setzt er sich damit auseinander.

Manche Menschen lehnen sich selbst mit ihrer Behinderung völlig ab. Das ist die Folge eines Kampfes, den sie gegen sich selbst führen, eine Art der Selbstbestrafung und Verstümmelung, da sie auf dem Seelenpfad überhaupt nicht mehr vorankommen. Die Verbindung nach außen ist gestört. Diese Seelen haben sich für einen Leidensweg voller innerer Wut, Frust und unterdrückter Aggressionen ohne jegliche Lebenslust entschieden. Manche Menschen versuchen über den Weg in die Selbstverstümmelung die Verantwortung nach außen abzugeben. Sie wollen mit der Gewalt gegen sich selbst Energie von Verwandten, Freunden, Arbeitgebern oder Ämtern gewinnen.

Bei anderen führt die Behinderung, ähnlich wie bei der Behinderung auf Zeit, zu großen Wachstumsschüben, sodass sie gerade mittels dieser Erfahrung den wesentlichsten Schritt in die Transformation erledigen.

Die verschiedenen Arten der Behinderung dienen somit eindeutig dem Zweck, sich seiner selbst im Spiegel der Gesellschaft bewusst zu werden. Die diversen Grade einer Behinderung bedürfen einer individuellen Betreuung vonseiten guter Ärzte, Therapeuten und Mitmenschen. Gesellschaftliche Ausgrenzung bedeutet Wegschauen, Nicht-Respektieren, ein Nicht-Lieben dessen, was ebenfalls zum Ganzen gehört. Der Umgang mit Behinderten bedarf einer hoch entwickelten Gesellschaft, die hinter die Kulissen einer Behinderung blicken möchte und mit der richtigen Therapie die in dieser Erfahrung lebende Seele individuell unterstützt.

Das Zeitgeschehen

Zur Rückkehr aus der anderen Dimension und zum vorher ausgesuchten Elternhaus gehört auch der optimale Zeitpunkt, an dem die Seele in den Körper der Mutter eintritt. Die Zeit im Mutterleib, die Geburt und die Kindheits- wie Jugendjahre fallen in eine Spanne gewisser Lebensumstände, in denen die Eltern mit ihrem Kind und im jeweiligen Umfeld Erfahrungen machen. Diese Erfahrungen haben Auswirkungen auf das Leben des neuen kleinen Erdenbürgers.

Dazu gehören Ort, Land und Kontinent, in denen sich die Seele inkarniert. Sie wird in einem spezifischen materiellen und energetischen Umfeld wiedergeboren, das ihr im Lauf der Jahre die Erlösung der Lebensthemen in Form von individuellen Erlebnissen näher bringt.

Es ist zum Beispiel von entscheidender Bedeutung, ob die Seele in einem Stadtteil aufwächst, in dem es zur Tagesordnung gehört, sich im Streit mit existenziellen Dingen auseinander zu setzen. Sie erlebt auf diese Weise die Auseinandersetzung in Jugendbanden und macht eventuell kriminelle Erfahrungen.

Ganz anders sehen Geschehnisse aus, die in einem reichen Vorort erlebt werden, wo alles friedlich und gemächlich seinen Gang geht, die Menschen Nettigkeiten versprühen und man sich vielleicht eher im langweiligen Oberflächlichen wohl fühlt. Das sind völlig verschiedene Ausgangspositionen, die der jeweiligen Seele für die Bearbeitung ihrer Lebensthemen zugeordnet werden.

Wenn Sie in der Zeit des Zweiten Weltkrieges geboren wurden, haben Sie eine andere Ausgangsposition und andere Erfahrungen gemacht, als eine Person, die in den 70er oder 80er Jahren des letzten Jahrhunderts in Deutschland die Erdenwelt betrat. Doch für Seelenreisende, die in den Kriegsjahren geboren wurden, waren diese schlechten Erfahrungen eine wichtige Ausgangsbasis, um im Erwachsenenalter die verschiedenen Auswirkungen zu spüren, die sie dann zur Erlösung ihrer Lebensthemen brachten.

Gerade Bombennächte, das angsterfüllte Warten in den Kellern, der Verlust des Vaters oder ähnliche traumatische Geschehnisse in der Kindheit prägen das kleine Wesen. So schrecklich diese Ausgangsbasis klingt, so wichtig ist sie doch für die Seele, die sich diese Erfahrungsschiene auferlegt hat. Alle Tätlichkeiten und Gewaltakte, ob als Täter oder Opfer erfahren, haben mit der Vervollkommnung auf der Evolutionsspirale zu tun.

Die Geschichte der Menschheit ist voller übelster Gräueltaten. Die Sogkraft der Macht des Stärkeren im weltlichen wie religiösen Bereich zeigt die Barbarei der menschlichen Spezies in ihrer ganzen Bandbreite. Im Laufe der Jahrhunderte und Inkarnationen spielt jede Seele des Öfteren die Rollen von Opfer und Täter, bis sie eine gewisse evolutionäre Höhe erreicht, sich aus diesem Wahnsinn ausklinkt, endlich verabschiedet.

Auf der Erde finden in jedem Augenblick viele verschiedene Dinge gleichzeitig statt, die oft miteinander verwoben sind. Zum Beispiel lebt im Dschungel des Regenwaldes ein Volksstamm wie vor Hunderten von Jahren, der gleichzeitig von den Bedürfnissen und dem Raubbau anderer Teile der Welt in seinem Lebensraum eingeschränkt, bedroht oder sogar vernichtet wird.

Hier treffen im selben Zeitraum Seelen und menschliche Bedürfnisse aufeinander, die auf verschiedenen Ebenen der Entwicklungsspirale stehen. Es gibt da eine Ebene, die die beteiligten Parteien in ihren gewählten Lebensthemen aufeinander zu- und in die Auseinandersetzung führt. Das ist für jede der Parteien eine ganz individuelle Arbeit.

Die Zeitschiene verbindet die Lebensthemen der einzelnen Personen mit der globalen Lernerfahrung und Entscheidung für ein besseres Leben auf unserem Planeten. Die Zeitschiene ist ein permanenter Prozess, der für den Einzelnen von der Wiege bis zur Bahre Bedeutung hat. Gleichzeitig ist er eine Erfahrung, in der jeder, in dem etwas größeren Zeitraum der Generation, mit den jeweiligen Problemen und Ereignissen konfrontiert wird.

Auch die weltweite Vermischung von so genannten Ausländern und Einheimischen hat Sinn und Zweck, denn sie wirkt verbindend, sodass Erfahrungen und Wissen bis in die hinterste Ecke der Welt getragen werden. Das ist auch Aufgabe der Medien, denen damit eine große Verantwortung in den Schoß fällt. In Deutschland gibt es bereits viele Fernsehsendungen, die sich mit außergewöhnlichen Themen beschäftigen und innovatives Wissen an die Zuschauer weitergeben. So sind wir aufgefordert, unsere Einheit auf der Zeitschiene für die Transformation zu verwenden und damit der Weiterentwicklung des menschlichen Kollektivs zu dienen.

Der Zeitfaktor für die Erlösungsarbeit

Der Zeitfaktor spielt für das Individuum eine große Rolle. Was ihm mit der Wahl der Lebensthemen seinen Platz auf der Erde zugewiesen hat, lässt ihn jetzt mit dem Zeitfaktor X an seiner Thematik arbeiten. Das bewusste Erkennen oder das unbewusste Arbeiten an der Erlösung der Lebensthemen kann schon in frühester Jugend beginnen. Da sind manche Seelen schneller als andere. Zumeist setzt dieser Prozess mit der Pubertät ein, wenn sich der Jugendliche mit seiner inneren Veränderung und seinem kompletten Umfeld kritisch auseinander setzt. Hierbei ist es nützlich, wenn die Eltern von den angesprochenen Dingen eine gewisse Ahnung haben, damit sie ihrem Kind gute Wegbegleiter sein können.

Ist das nicht der Fall, schält sich der Jugendliche aus dem Kokon der Kindheit in die Erwachsenenwelt und begegnet dort dem Spiegel seiner Lebensthematik, der ihn auf seinen weiteren Entwicklungsweg bringt. Dieser Spiegel sind seine Freunde, seine Erfahrungen in der Schule, die Wahl des Ausbildungsweges, die erste Bekanntschaft mit dem anderen Geschlecht und alles, was das Leben ihm nun zeigt.

Der Mensch entwickelt sich weiter, entscheidet über seine Zukunft und folgt diesem Weg. Je nachdem, wie weit er bereit ist, die Vordergründigkeit des Weges zu verlassen und hinter die Kulissen seines Seins zu blicken, erkennt er gewisse Zusammenhänge und schicksalhafte Momente, die ihn anscheinend bei seinen Entscheidungen begleiten oder ihn zu diesen drängen.

Jetzt ist es an der Zeit, mit ganzem Bewusstsein die Hintergründe zu erforschen. Wenn dieser Mensch das Glück hat, eine schnelle Auffassungsgabe zu besitzen und Thematiken schon durch bloßes Erkennen so zu lösen, dass er sein inneres Schatzkästchen neu sortiert, dann rutscht er direkt in seine Berufung und begreift die Dinge, die ihm widerfahren, als Teil seines

Wachstumsprozesses. Durch die Erlösung von Familienthemen findet er die Partnerschaft, die ihm die Unterstützung, Liebe und Freiheit bietet, ein verantwortliches, am gesunden stimmigen Platz stehendes Leben zu führen.

Für Menschen, die ihren Fokus noch nicht auf die Selbsterkenntnis gerichtet haben, verdichtet sich das Geschehen derart, dass im Laufe der Jahre und Jahrzehnte ihre Erfahrungswelt immer wieder in Spannungen verfällt und so lange einen Spannungsbogen aufbaut, bis der Betreffende zu verstehen beginnt, loslässt und Veränderungen einleitet. Schlimmstenfalls wird der Bogen überspannt, sodass die Sehne reißt, dann muss der Betreffende erst großes Leid und Krankheiten erfahren.

Wachstum ist das oberste Gebot, und obwohl der Einzelne vielleicht Jahrzehnte braucht, um diese Wahrheit zu verstehen, konfrontiert sein Lebensweg ihn doch permanent mit Erfahrungen und torpediert so das festgefahrene Sein. Wie viel Zeit darüber vergeht, hängt davon ab, wie lange die jeweilige Seele braucht, um die Erlösungsarbeit zu verstehen und tatkräftig umzusetzen.

Wir heben das innere Schatzkästchen

Sehr viele Menschen wissen nichts vom inneren Schatzkästchen und wollen auch gar nichts davon wissen. Entweder ist das nicht nötig, da für sie nur das Erleben ihres Lebensabschnitts zählt. Oder es sind Menschen, die in ihren Verstrickungen verharren und lieber alle paar Monate oder Jahre den Partner, den Job, die Stadt oder sogar das Land wechseln, weil sie mit dem Umfeld nicht zufrieden sind oder nicht zurechtkommen, oder weil sie irgendetwas anderes dazu treibt.

Sie laufen durch ihr Leben wie Blinde, nur mit dem Unterschied, dass Blinde versuchen, über die verbliebenen Sinne so gut wie möglich zu sehen. Doch die »Boykotteure« und »Wachhabenden«, die rund um das Schatzkästchen Spalier stehen, unterbinden mit aller Macht den Bewusstseinsprozess der Seele. Wenn nötig manipulieren sie sogar über den Denkapparat die Intuition, unsere innere Stimme. Die Gedanken gaukeln uns dann mit aller Kraft vor, was die alten Schattenmuster vorgeben.

Normalerweise sind wir außerstande, dies zu durchschauen. Nur der Wille zur einhundertfünfzigprozentigen Transformation bringt den Durchbruch. Jeder zweite Suchende braucht für diesen inneren Prozess die Unterstützung eines Therapeuten.

Viele Menschen weigern sich, genau hinzuschauen, und bemerken deshalb den Reigen der Wiederholungen nicht. Sie projizieren die Schuld an Unangenehmem nach außen. Diese Seelen beschweren sich häufig über ihren körperlichen, finanziellen, psychischen oder gesundheitlichen Zustand.

Andere haben das Glück, über diverse Hilfsmittel den Weg nach innen zu finden, und stehen dann unerwartet vor einem »Schatzkästchen«. Das ist der Aufbewahrungsort der Lebensthemen. Infolge unserer Auswahl der Themen ist die Schatzkiste verantwortlich für das, was unsere schöpferische Energie in der Welt als Erlebnisse erzeugt, die uns in die Transformation bringen sollen.

Nur sehr mutigen Seelen gelingt es, den Kreislauf bewusst zu durchbrechen, nach Selbsterkenntnis zu streben und damit die Kiste der Lebensthemen ans Licht zu hieven. Das Heben der inneren Schatztruhe erfolgt zumeist bestenfalls »by the way«, das heißt, an der Art, wie das Leben abläuft, erkennen und verarbeiten wir die Thematik und setzen danach mit der Erlösung der Lebensthemen das um, was der Zweck unseres momentanen Aufenthalts auf Erden ist. Wenn unser Sein auf diese Weise zur Blüte gelangt, berühren wir die Menschen in unserem Umfeld allein schon dadurch und sind für sie inspirierend. Wir stehen in unserer Mitte, setzen gesunde Grenzen und geben das in der Transformation Erfahrene auf individuelle Weise an interessierte Seelen weiter.

Zumeist müssen wir jedoch erst einmal den schmerzlicheren Weg zum inneren Schatzkästchen einschlagen. Das liegt daran, dass unser ganzes Erziehungssystem nicht darauf aufgebaut ist, den Menschen zu helfen, die Zusammenhänge des Seins, der Seelenreise auf Erden zu verstehen. So kann auch die Erziehung im Elternhaus nicht richtig greifen, da die wenigsten Eltern von diesen Dingen etwas wissen. Die Schule unterstützt die Seelenreise gleichfalls nicht in dem Maße, wie es eigentlich ihr Auftrag sein sollte. Sie überhäuft die Kinder mit Lerninhalten, die 85 Prozent der Erwachsenen später überhaupt nicht brauchen, denn für solches Wissen ist heutzutage der Computer zuständig. Das heißt, Schule, Ausbildung und Lehrauftrag werden in der Gesellschaft nicht so ausgeübt, wie es zur Erzielung einer gewissen Seelenreife nötig wäre.

Eine wichtige Erkenntnis ist, dass wir Lebensthemen haben, mit denen wir uns auseinander setzen müssen und mit deren Transformation wir das Ziel des jeweiligen Lebens erreichen. Dazu gehört als wesentliches Element der Erkenntnis die Gewissheit, dass jeder Mensch ein inneres Schatzkästchen in sich trägt, in dem die Transformationsschätze liegen, die Themen, die zu erlösen sich der Betreffende schon in der anderen Dimension entschieden hat.

Wenn Menschen nicht automatisch erkennen, was für sie wichtig ist, wo sie entlangzugehen haben, wie ihre Weiterentwicklung auszusehen hat, kommen sie über negative Erfahrungen an ihr jeweiliges Schatzkästchen heran. Sie müssen gewissermaßen über den Umweg negativer Erlebnisse nachsitzen. Schritt für Schritt lernen sie dann zu verstehen.

Wenn wir uns allerdings der Wachstumsprüfung nicht stellen und mit den selbst festgesetzten Grenzen über die Runden zu kommen versuchen, werden uns von außen herangetragene

Geschehnisse nochmals in den Ring schicken. Dem kommt niemand aus, alle Menschen auf der Welt entwickeln ihre Meisterschaft auf der Evolutionsspirale. Früher oder später erleben sie Durchbrüche, leeren so das innere Schatzkästchen und finden in ein friedliches, glückliches Leben. Wer – und das sind viele – keinen Einblick in seine Seelenreise gewinnt, wendet sich am besten an Hilfe von außen.

In meinen therapeutischen Sitzungen und Seminaren finden meine Klienten zur inneren Schatzkiste und erleben ihre Durchbrüche auf der jeweils entscheidenden Ebene. Sie rücken so dem Licht wieder näher. Ich kann jedem, der in einer Sackgasse gelandet ist und sich nicht mehr zu helfen weiß, nur raten, einen Therapeuten aufzusuchen.

Das innere Schatzkästchen kann man sich als Institution vorstellen, die stetig Energie an das Körper-Geist-Seelesystem abgibt, sodass der Betreffende bewusst oder unbewusst tagtäglich seine Entscheidungen danach trifft. Diese Energie-Abgabe erzeugt also ein Energiefeld, dem der Mensch nicht entrinnen kann, dem er sich stellen muss. Das ist so weit ganz normal und jeder Mensch erfährt hier den gleichen Prozess, der völlig selbstverständlich als Leben mit Höhen und Tiefen wahrgenommen wird.

Nun gilt es, das Schatzkästchen zu heben. Wenn der Klient mir gegenübersitzt und mir anhand der Symptome sein aus der Mitte geratenes Selbstbild zeigt, stimme ich mich auf ihn ein, höre den Erzählungen sehr achtsam zu und begebe mich dann in seiner Begleitung auf den Weg zu seiner inneren Schatztruhe.

Dorthin vorzudringen und den Deckel aufzumachen, die innen liegenden Sachen zu begrüßen und neu zu ordnen ist nicht ganz einfach. In jedem Fall gilt es, den Klienten so an der Hand zu nehmen, dass er sich hinzuschauen traut. Es ist also wichtig, ihm zu versichern, dass nichts so schwer wiegend ist, als dass es nicht auch mit einer gewissen Leichtigkeit in die Veränderung gehen kann. Wenn die Menschen an dieser Schwelle ankommen, fällt ihnen ein Stein vom Herzen, da sie jetzt merken, dass die Show der Abwehrmechanismen in keinerlei Relation zum eigentlichen Geschehen steht. Was so lange angstvoll in der Hinterhand gehalten wurde, darf jetzt ganz leicht ans Licht und damit in die Transformation.

Sie werden sich vielleicht fragen, warum es diese Abwehrmechanismen überhaupt gibt? Dabei handelt es sich um ein überkommenes System, das die Menschen in grauer Vorzeit davor schützte, über die Grenze des Bekannten hinaus in die Wildnis vorzudringen, in der überall Gefahren lauerten. Es sind Sicherheitsgrenzen, die uns heute noch daran hindern, dem Leben offen und vertrauensvoll zu begegnen.

Um das Schatzkästchen herum befinden sich zumeist »Minenfelder, Schützengräben, Stacheldrahtverhaue, Soldaten mit schwerer Munition« und sonstige Abwehrmechanismen. Hier liegen die »Leichen« derer, die mit Engagement sich der Schatzkiste zu nähern versuchten, dabei aber in der Schlacht mit den Abwehrmechanismen auf der Strecke geblieben sind. Es sind energetische dunkle Flecken, die aufzeigen, wie viele Situationen für das Wachstum nicht genutzt wurden.

Doch da ich so mancher Mine auszuweichen gelernt habe und nun mit meinen eigenen therapeutischen Instrumenten umsichtig vorgehe, ist es möglich, den Ort des Schatzkästchens zu finden. Ist das geschehen, wird mir auch der zugehörige Schlüssel von der innewohnenden Seele mit großer Freude und Erleichterung ausgehändigt. Endlich kommt jemand, dem es wichtig ist, sich um das Kästchen zu kümmern. Nun ist es ein Leichtes, die Schatzkiste zu öffnen, die Lebensthemen herauszuholen und sinnbildlich auf meinem Tisch im Praxiszimmer auszubreiten.

An dem Punkt angelangt, kann ich mit dem Klienten wunderbar zusammenarbeiten. Die Lebensthemen sind nun für Therapeut und Klient ersichtlich. Sie werden sorgsam nacheinander in die Hand genommen und von allen Seiten betrachtet. Dabei zeige ich Lösungsmöglichkeiten auf oder weise darauf hin, inwiefern sich die einzelnen Themen und Geschehnisse im Leben des Klienten entsprechen. So ergibt sich für den Klienten, in welche Art von Transformation die Reise gehen soll.

Zumeist sind es mehrere Themen, die da auf dem Tisch versammelt liegen, und so bedarf es noch einiger weiterer Sitzungen, um sie, mit dem wichtigsten beginnend, nach und nach zu bearbeiten.

Das Schöne daran ist: Der Klient merkt mit der Reise nach innen zu seinem Schatzkästchen, dass seine Probleme oder seine krankheitsbedingte Hinwendung zum Schatzkästchen nun ein Ende finden. Ab diesem Moment ergreift er die Aufgabe, die gefundenen Lösungen in Handlungen umzusetzen.

Auch hierin wird er begleitet, schon in der ersten Stunde gebe ich ihm Übungen an die Hand, mit deren Hilfe er die alten eingefahrenen Muster stoppen kann, wenn sie sich wieder einmal in den Vordergrund drängen sollten. Er zieht sich dann praktisch am eigenen Schopf aus dem Tal heraus.

Mit etwas Übung können Sie anhand der Dinge, die Ihnen widerfahren, selbst erkennen, welche Lebensthemen in Ihrem Schatzkästchen am Wirken sind. Auch wenn Sie noch nicht alle erkennen sollten, ist es doch sehr hilfreich, mit der Auseinandersetzung zu beginnen und mittels der Dinge, die Sie herauslesen, in Ihre Transformation einzusteigen.

Sie fangen an, sich der Selbsterkenntnis zu stellen, und das, was Sie wahrnehmen, bringt Sie jetzt in die Transformation. Damit eröffnen Sie einen Energiestrom, der Sie mithilfe der Intuition stetig tiefer in Ihre Schatztruhe eintauchen lässt. Wenn Sie dann mit aller Kraft auch Ihre Transformationsaufgaben in neue Handlungen umsetzen, haben Sie wirklich eine ganz große Chance, Ihr Leben vollkommen umzukrempeln. Sie bekommen es in den Griff und manifestieren, nach was Ihnen eigentlich der Sinn steht.

Meine Lebensthemen

Grundsätzlich hängt die Lebensthematik mit meinen Entscheidungen für dieses Leben zusammen. Das bedeutet, die Seele wählt bestimmte Lebensthemen aus.

Es gibt Themen, die rein zum Erleben gedacht sind, der Mensch erfühlt sich im Zusammenspiel seines Seins mit dem Geschehen, das ihn umgibt. Es geht nur darum, die betreffende Erfahrung zu machen, also nicht etwas zu verändern, sondern etwas zu erfahren. Die Frage ist zum Beispiel: Wie fühlt es sich an, mit Reichtum gesegnet zu sein?

Die Antwort ist eine Möglichkeit der Seelenerfahrung, eine Lebensthematik, die die Seele hier auf der Erde erleben möchte. Dies widerfährt ihr dann, wenn sie etwa in eine Familie hineingeboren wird, die gut situiert ist und über genügend Mittel verfügt, dem Kind eine sehr angenehme Kindheit zu vermitteln. Der Jugendliche übernimmt später im Erwachsenenalter mit Sicherheit die Geschäfte des Hauses. Alles läuft in einem wohl behüteten Rahmen, ohne größere Schwierigkeiten, einfach als Erleben dessen, was sich die Seele vorgenommen hat.

Ein anderer Fokus deckt Themen ab, die zur Transformation anstehen. Die Basis für die Transformation ist die absolute Eigenverantwortlichkeit der Seele. Sie hat sich für ihre Thematik in der anderen Dimension noch vor ihrer Inkarnation entschieden. Der Startschuss in die Thematik, die Jugend im Elternhaus, ist der Beginn einer Reise in die Verarbeitung dieser Jahre und in die Erschließung der darunter liegenden Lern- und Transformationsaufgaben.

Um unsere Lebensthematik annehmen zu können, müssen wir die Jahre der Kindheit, Jugend, Ausbildung und des Erwachsenwerdens mit all den Geschehnissen, die wir in dieser Zeit erleben durften oder mussten, als zu uns gehörig akzeptieren und sie tief ins Herz eindringen lassen. Auch wenn dies bedeutet, dass wir diese Jahre aus dem Unbewussten abrufen müssen. Das ist dann nötig, wenn Schmerzen und traumatische Erlebnisse einfach zu stark für unsere zarten Seelen waren und wir sie deshalb verdrängt haben. Ob sie bewusst oder unbewusst, ob voller Missbrauchserlebnisse und Pein oder Krankheit und Behinderung waren – all diese Erfahrungen sind für die Erlösung bestimmter Lebensthemen von Bedeutung.

Diese Jugendjahre dienen unserer Einweisung in die Lebensthematik. Es gilt alle Nuancen der Vergangenheit – Schmerz, Leid, Glück, Liebe, Hass, Wut, Aggression, Verschmelzen, Genährtsein, Leichtigkeit und Glückseligkeit – anzuschauen und als unser spezifisches Vehikel in die Transformationsarbeit zu begreifen.

Wenn wir diese Herausforderung annehmen, werden wir nach Vollendung des Prozesses reich belohnt. Den Raum zu erleben, der sich öffnet, sobald die Themen vollständig transformiert sind, ist der größte Moment einer Seele als Mensch auf Erden. Ab da herrschen völlig andere Bedingungen.

Seelen, die auf der Evolutionsspirale ihre Thematik erlöst haben, erleben, was durch den Quantensprung möglich wurde. Es erfüllt sie mit Staunen und Dankbarkeit, wie schön, ausgeglichen, liebevoll und glücklich das Leben sich nun anfühlt. Menschen, die große Schritte weitergekommen sind, erfahren jetzt, dass sie das Gefundene ganz automatisch nach außen strahlen und in der einen oder anderen Weise manifestieren, um andere daran teilhaben zu lassen.

Das können zufällige kurze Begegnungen sein, bei denen Menschen einen kleinen Eindruck gewinnen, wohin die Reise geht, oder aber reife Seelen geben nun auf ihre Weise, zum Beispiel in Büchern, Filmen, Therapiesitzungen oder Seminaren, das in ihnen Gewachsene weiter.

Es ist vollkommen verständlich, wenn Menschen aus einer schmerzlichen Vergangenheit heraus nicht hinter die Kulissen ihres Daseins blicken wollen oder sich am Wesentlichen vorbeizumogeln versuchen. Das hilft ihnen allerdings im Leben nicht einen Schritt weiter, da wichtiges Wachstumspotenzial abgekapselt und ins Unterbewusstsein eingeschlossen wird. Von dort manipuliert es unser freies Sein dermaßen, dass wir uns tatsächlich, wie Puppen an des Puppenspielers Seilen, quasi ferngesteuert durchs Leben hangeln. Das ist nicht der Sinn des Lebens. Also, Scheuklappen ablegen, Brille auf- oder absetzen und direkt in das wichtige Geschehen blicken. Hier warten Informationen, die den Quantensprung in die Transformation ermöglichen.

Alles Erlebte befindet sich auf der einen Seite der Transformationsmedaille. Transformation bedeutet, auf die andere Seite zu gelangen. Wenn wir in der Kindheit Eltern hatten, die uns schlugen oder missbrauchten, uns ungerecht behandelten oder dergleichen mehr zufügten, wollte unsere Seele mit dieser Erfahrung erreichen, dass wir uns als Mensch aus dem Müllberg schälen und mit der daraus gewonnenen Kraft neue Entscheidungen treffen, die in die Transformation führen. Am Ende, nachdem er sein Thema in seinem Umfeld erlöst hat, wird der hiervon betroffene Mensch in Liebe, Frieden und Freiheit mit seiner Umgebung kommunizieren. Diesen Prozess benötigt die Seele zur Vervollständigung ihrer Reise. Bei anderen Lebensthemen erfährt sie den gleichen Prozess, nur mit einem anderen Inventar.

Wenn wir das Geschehene als etwas annehmen, für das sich die eigene Seele entschieden hat, machen wir einen wichtigen Schritt aus der Sackgasse der ohnmächtigen Tatenlosigkeit heraus und können uns nun aktiv um weitere Erlösung kümmern.

Dabei wird der Betreffende sich eventuell abkapseln und aus der Mitte der Gesellschaft in den Randbereich bewegen, um dann wieder im langsamen Integrieren dessen, was er erfahren hat, verständnisvoll, verzeihend und klarsichtig zurückzukehren.

Der Integrationsprozess manifestiert neues Handeln und

bringt die Seele in ihre Mitte. In die Mitte bringen heißt, in die eigene innere Mitte, zur Intuition, zum höheren Selbst zu gelangen, sodass nun die Seele die Kraft der Erlösung in Einklang mit Körper und Geist für den weiteren Entwicklungsweg nützen kann.

Grundsätzlich fördert der Entwicklungsweg der Seele nicht den Ausbruch von Gewalt unter den Menschen, sondern die Seelen entscheiden sich selbst auf ihrer Entwicklungsreise für das Erfahren von Seinszuständen, die mit Gewaltanwendung und Missbrauch zu tun haben. In der Geschichte der Menschheit hatten Gewalt und Missbrauch seit jeher einen festen Platz im Handeln der Menschen. Es bedurfte vieler Quantensprünge, bis die freie Wahl jeder Seele die Qual dieser Handlungen, ob als Opfer oder Täter, beendete. Das heißt, ab einem bestimmten evolutionären Standpunkt ist die Seele darüber hinausgewachsen oder hat diesen Teil der Evolutionspalette erledigt.

Auf unserem so wunderschönen Planeten inkarnieren allerdings immer noch Seelen, die dieses Thema noch nicht abgeschlossen haben. Erst die Weiterentwicklung jedes Individuums eröffnet die Möglichkeit, dass das Kollektiv Mensch mit großen evolutionären Sprüngen in die Zukunft aufbricht. Der Quantensprung erfolgt nach eigenen Gesetzen ähnlich dem morphogenetischen Feld. Je größer seine Masse ist, desto leichter fällt der Umschwung in gesündere Bahnen.

Wenn dies gelingt, handelt die Seele von nun an aus dem Herzen, ist direkt mit der Intuition, mit Berufung und Vision verbunden, steht mit ihrem Sein in der meditativen Stille und übt sich in gesunden Handlungsweisen, die den so genannten Himmel auf Erden tatsächlich wahr werden lassen.

Der Integrationsprozess ist nun abgeschlossen, die Manifestation läuft auf vollen Touren und der Mensch beteiligt sich im Außen an wichtigen gesellschaftlichen Wertethemen, wird von der Gemeinschaft willkommen geheißen, trifft andere reife

Seelen und entwickelt im Team mit unglaublich viel Spaß und Freude eine neue Gesellschaftsform, die der Menschheit ein wunderbares Zuhause bieten wird.

Fallbeispiele für Lebensthemen

Die Lebensthemen werden in verschiedene Kategorien eingeteilt. Dadurch können Sie, liebe Leser, auf einen Blick die Sparte finden, die Sie betrifft. Die im Folgenden aufgeführten Fallgeschichten sollen Ihnen helfen, Ähnlichkeiten zu Ihren eigenen Themen zu suchen und zu finden.

Falls Sie auf Parallelen zu Ihrer eigenen Thematik stoßen, lesen Sie bitte möglichst unvoreingenommen und ohne Wertung weiter. Nur wenn Sie offen bleiben, können die Informationen Ihre Abwehrmechanismen umgehen und mit dem Thema in Ihrem Schatzkästchen schwingen. So kommt eine energetische Kommunikation zustande, die Informationen aus dieser Schatzkiste direkt in Ihr Bewusstsein aufsteigen lässt.

Wenn in Ihnen auch nur der leiseste Anflug von Übereinstimmung mit einem der hier aufgezeichneten Themen besteht, lesen Sie den Text bitte noch einmal durch und begeben Sie sich anschließend in eine Meditation mit der Phantasiereise auf der beiliegenden CD.

Sie werden eindeutige, klare Antworten und Hinweise für die Erlösung Ihrer Lebensthemen erhalten.

So oft Sie mit einem Thema im Leben nicht klarkommen, nutzen Sie einfach diese Hilfe zur Selbsthilfe, und Sie werden über Ihre anschließenden Quantensprünge überrascht sein!

Familie

1. Geschichte

Ende der 50er Jahre geboren und in gut situierten Verhältnissen aufgewachsen, jedoch in einem Spannungsbogen von mütterlicher Frustration und väterlicher Karriere lebend. So schilderte ein Klient mir knapp seinen Startschuss ins Leben. Der Mutter war es oft zu viel, liebevoll Grenzen zu setzen, und für beide Elternteile war es überhaupt kein Thema, hinter die Kulissen ihres Seins zu blicken. So baute sich ein für den Klienten nur schwer erträgliches Spannungsfeld zu Hause auf.

Dazu kam eine Schulzeit, in der die Lehrer, vor allem in den unteren Klassen, noch die Hauptrolle spielten, ihre Launen und eigenen Unzulänglichkeiten jedoch an den Kindern ausließen und diese sogar schlugen.

Aus diesem Grund verlief die Schulzeit des Klienten nicht allzu erfolgreich. Verständnis und Rückendeckung vonseiten der Eltern erhielt er kaum. Da diese Umstände dem Heranwachsenden schon in frühen Jahren das Vertrauen in Schule und Eltern vergällten, musste er auf sich selbst gestellt nach Lösungen suchen.

Dies gelang dem Klienten, indem er aus sich heraus sein eigenes Leben gestaltete. Über große Hürden und mehrere Branchen konnte er sich sogar eine berufliche Karriere aufbauen. So unterschiedlich seine beruflichen Erlebnisse auch waren, führten sie ihn doch, mit allen wichtigen Lernerfahrungen, in die Transformation, in seine heutige Berufung. Er erfüllte die gestellten Aufgaben stets unabhängig und alleine und hat es am Ende geschafft. In meiner Beratung wollte er Klarheit über seinen Lebenspfad gewinnen.

Erlösungsthema:
Die Seele hat sich in der anderen Dimension Lebensthemen ausgesucht, die diese Familienverhältnisse erforderten. Sie

waren für ihre Wegbereitung wichtig. Zu dieser Geschichte ist zu sagen, dass die Seele lernen wollte, auf sich allein gestellt durchs Leben zu kommen, ohne große Unterstützung von außen, weder von Eltern und Schule noch von Ausbildungseinrichtungen. Damit hat sich die Seele eine sehr große Aufgabe vorgenommen, nämlich aus sich selbst heraus die Welt zu entdecken und erstrebenswerte Werte in Taten umzusetzen. Jetzt ist es für den Klienten an der Zeit, das Erreichte zu genießen.

Kommentar:
Eigenständigkeit und kraftvolles Stehen im All-eins-Sein zu lernen ist für jeden betroffenen Menschen eine harte Schulung. Doch um die Worte der Alchemisten zu gebrauchen, ist das, was dabei herauskommt, nichts weniger als Gold.

Wann immer Ihnen die Transformationsarbeit zu viel wird, nehmen Sie sich eine Auszeit und begeben Sie sich auf die Reise zu Ihrem inneren Schatzkästchen. Sie können auch lediglich die Musik der CD dafür nutzen, aus Ihrem Tal der Kraftlosigkeit wieder heraufzusteigen.

2. Geschichte

Ein Klient erzählte Folgendes: Die Kindheit verlebte er in wohlbehüteten Verhältnissen als mittleres von mehreren Kindern. Von daher hatte die Seele mehr oder weniger ihre Ruhe und konnte relativ problemfrei ins Leben gleiten. Das heißt, die Seele war aufgrund ihrer mittleren Position in der Hierarchie der Kinder in allen Dingen, die mit dem Aufwachsen und der Loslösung vom Elternhaus verbunden sind, weder der Vorreiter noch die Nachhut.

Der Klient hat auch die Schule problemlos gemeistert und ein Studium abgeschlossen, was ihm zu einem guten Verdienst ohne große Anstrengung verhalf. Dann verließ er das Elternhaus, und als ihm eine Erbschaft zufiel, konnte er sich seinen Herzenswunsch erfüllen, im eigenen Haus ein kleines Büro zu eröffnen. Dort muss er relativ wenige Stunden in der Woche für seinen Broterwerb verbringen.

Seine Partnerin arbeitet außer Haus und trägt die Hälfte der gemeinsamen Lebenshaltungskosten. Doch nach vielen Jahren, in denen die beiden mittlerweile auch Kinder bekommen haben, geriet das Ganze plötzlich ins Trudeln.

Da ihm alles quasi in den Mund hineingewachsen ist, hat der Klient langsam den Bogen überspannt und auf einmal geglaubt, er könne nun leben wie ein Patriarch. Obendrein drängten seine eigene Freizeitgestaltung und der Sport Frau und Kinder in den Hintergrund. Die Situation eskalierte und die Familie brach auseinander.

Erlösungsthema:

Diese Seele möchte gern von ihrer Ichbezogenheit zu einem gleichberechtigten Umgang mit ihrem Umfeld. Durch den Schock der Familienauflösung kracht das aufgeblähte Ego irgendwann in sich zusammen. Nun gelingt es dem Klienten in mühsamer Aufarbeitung langsam zu verstehen, worin sein Erlösungsthema beruht.

Er wird von jetzt an nicht nur selbst genügend materielle Güter und Freizeit zur Verfügung haben, sondern auch die Partnerin und die Menschen in seiner Umgebung sind gebührend in das neue Lebenssystem eingebunden. Sein Ziel ist die Abkehr von der Ichbezogenheit und die Hinwendung zu einem partnerschaftlichen Verhalten.

Kommentar:

Wenn auch Sie mit einem solchen Ego zu kämpfen haben, so stellen Sie sich lieber selbst in Frage, bevor Sie das Leben in die Mangel nimmt. Das Sprichwort »Geben ist seliger denn Nehmen« könnte hier sehr gut als Chance genutzt werden.

3. Geschichte

Ein Klient schilderte mir seine Sorgen und Probleme folgendermaßen: Die Familie, in die er geboren wurde, lebte im Alpenraum und trieb nach alter Tradition Landwirtschaft. Doch seine Eltern hatten andere Berufe gewählt.

Der Klient ist allerdings hauptsächlich bei den Großeltern aufgewachsen und hat noch das Ende der kleinbäuerlichen Landwirtschaft miterlebt. Die kleinen Höfe dort haben keine wirtschaftliche Bedeutung mehr, und die meisten mussten im Laufe der letzten 20 Jahre aufgeben.

So erging es auch den Großeltern, ihr Hof wäre nur noch als Nebenerwerbs-Betrieb zu halten gewesen, worauf jedoch verzichtet wurde. Die Trauer und die Erzählungen der Großeltern über das Ende einer Ära haben meinem Klienten den Weg für seinen Berufswunsch eröffnet. Er wählte den Beruf des Almhirten und brach die Schule kurz vor dem Abitur ab.

Nun, im Alter von 40 Jahren, merkte er, dass ihm dieses Leben zu wenig ist. Dass er keine richtige Ausbildung genossen und damit keinen anerkannten Beruf hat, mit dem man ein ordentliches Gehalt nach Hause bringt, hat ihn in eine Krise gestürzt. Diese Lebenskrise reicht so tief, dass er zwar seinen Beruf als Almhirte noch ausüben kann, die Zufriedenheit der vergangenen Jahre jedoch wie weggeblasen ist. Er leidet sehr darunter, ins Abseits geraten zu sein.

Erlösungsthema:
Die Krise brachte den Klienten dazu, sich stärker mit der Frage auseinander zu setzen, was eigentlich seine Lebensthematik ist, was seine Berufung darstellt. In therapeutischen Einzelstunden konnten wir klären, dass er etwas auslebt, das gewissermaßen auf dem Mist der Großeltern gewachsen ist. Das heißt, er ist über die von außen gesteuerte Entscheidung, Bauer werden zu müssen, nun an den Punkt gelangt, wo er über eine Krise erfahren muss, dass er an seiner Berufung vorbeigeschlittert ist.

Sein Thema heißt im Moment: Wie kommt er von der Alm dorthin, wo er seine Berufung findet?

Nicht dass der Weg über die Alm für ihn schädlich gewesen wäre, im Gegenteil, er hat dort wichtige Erfahrungen gesammelt, die er bei der Weiterbildung zum Heilpädagogen ausgezeichnet gebrauchen kann. Er will sich nun seinen Herzenswunsch erfüllen und anstatt mit Kühen lieber mit Menschen kommunizieren. Das stellte sich im Beratungsgespräch heraus.

Kommentar:
Wenn Sie merken, dass in Ihrem Leben eine ähnliche Fernsteuerung vorliegt, so stellen Sie diese in Frage und beschäftigen Sie sich mit Ihren Herzenswünschen! Folgen Sie diesen, es ist nie zu spät!

4. Geschichte

In einem Seminar erzählte mir ein Mann, Anfang 40, seine Familiengeschichte. Seine Mutter war eine unnahbare Frau, die ihn mit dieser Haltung für sein Leben prägen sollte. Er lernte im Alter von etwa 20 Jahren eine Frau kennen, mit der er zwei Kinder zeugte. Seine Frau stellte genau das Gegenteil von seiner Mutter dar, sie wollte ihn verwöhnen und nähren, ihm Kinder schenken und eine Partnerschaft leben, die all das beinhaltete, was ihm in der Kindheit versagt geblieben war.

Allerdings konnte der Klient bei seinem Stand auf der Entwicklungsspirale überhaupt nichts damit anfangen. Im Gegenteil, die Erlösungsarbeit an seiner Thematik hatte noch gar nicht richtig begonnen, er befand sich noch an einem Punkt, an dem er in einer Art Heimzahlungswunsch sich seiner Frau gegenüber genau so verhielt, wie es seine Mutter ihm gegenüber tat.

Heutzutage sieht er das sehr genau und begreift sein Tun. Aber damals konnte er nicht anders, als das Spiel seiner Mutter zu überneh-

men. Das führte nach wenigen Jahren Ehe unweigerlich zur Trennung der Familie, und er begab sich auf die Suche nach einer neuen Frau, die denn auch alsbald in sein Leben trat. Diesmal hatte er sich für das exakte Ebenbild seiner Mutter entschieden. Die beiden bekamen ebenfalls zwei Kinder, der Klient stieß sich aber während dieser Jahre an der Unnahbarkeit seiner Lebensgefährtin regelrecht den Kopf wund.

Tapfer hielt er durch, bis er einsehen musste, dass die abweisende Frau ihm das Leben in der Familie vergällte. Er beendete die Beziehung; wieder einmal war eine Familienerfahrung gescheitert. Er blieb aber in der Nähe wohnen, um seine Kinder regelmäßig sehen zu können. Wenn deren Mutter geschäftlich unterwegs war oder in Urlaub fuhr, versorgte er die Kinder.

Diesmal dauerte es lange, bis er sich wieder einer Frau gegenüber öffnen konnte. Mittlerweile hatte er einige Therapiegruppen hinter sich und seine Vergangenheit so weit aufgeräumt, dass er einiges begriffen hatte.

Der Klient war langsam wieder zu einer neuen Partnerschaft bereit, die dem entsprach, was er sich jetzt für sein Leben vorstellte. Doch der finanzielle Unterhalt für die vier Kinder fiel ihm nicht leicht, obwohl er sich alle Mühe gab und fast Tag und Nacht dafür arbeitete. Das ging so lange gut, bis er immer größere Rückenprobleme bekam und mit Bandscheibenvorfall für eine Zeit lang wohl oder übel eine Auszeit nehmen musste.

Jetzt führte ihn nichts mehr an einem weiteren Wachstum vorbei, er musste sich noch intensiver mit seinem Lebensthema beschäftigen, damit er in seiner Entwicklung tatsächlich dorthin finden konnte, wohin er schon seit längerem tendierte. So fand der Klient den Weg in eines meiner Seminare, in dem es unter anderem auch um sein Thema ging.

Erlösungsthema:

Der Klient hat sich über viele Jahre selbst auf Trab gehalten, indem er der Erlösung seines Themas hinterherlief. Er hatte den Weg gewählt, sich auf verschiedene Beziehungen einzulassen.

Der innere Druck trieb ihn zu zwei Frauen, die ihm jeweils zwei Kinder schenkten, doch er hätte die Erlösung mit Sicherheit auch über einen anderen Weg erreicht.

Der Klient konnte durch den Erlösungswunsch nur diese Richtung einschlagen. Die in seiner Kindheit entstandene energetische Unterernährung und Abkapselung hatten damit zu tun, dass er von der Mutter nicht genügend Liebe, Zuwendung, Freude und Unterstützung erfahren hatte. Sein Lebensthema ist es, das Gefühl des Genährt-Seins zu erleben. Das heißt, erst einmal innerlich an seine Kraftquelle zu gelangen und dann mit einer Frau eine Beziehung einzugehen, mit der er die hohe Qualität der Verschmelzung und Begegnung leben kann.

Was ihn aber von dieser Erfahrung außerdem trennte, war die Tatsache, dass er sich durch diese traumatische Erfahrung des Nicht-genährt-Werdens abgekapselt hatte und vor dem Thema so lange davongelaufen war. Das heißt, er war zwar seit seiner frühesten Jugend auf der Suche nach Erlösung, ist jedoch dabei zumeist beim Lesen von Büchern stecken geblieben. Er hatte sich mit der Situation theoretisch auseinander gesetzt, konnte das aus Büchern erfahrene Wissen allerdings nicht in Handlungen umsetzen.

Am besten wäre es für den Klienten gewesen, er hätte versucht, sich selbst erst einmal so weit kennen zu lernen und aufzuräumen, dass er den Umweg über zwei Frauen und vier Kinder gar nicht hätte nehmen müssen.

Erst jetzt, wo die Kinder teilweise erwachsen sind, ist er bereit, diesen Weg abzuschließen und mit der Erlösung seines Themas in die Art von Sein zu springen, für die er sich schon vor langer Zeit entschieden hat.

Kommentar:
Wenn Ihnen die Geschichte auch nur in Ansätzen bekannt vorkommt, probieren Sie bitte die Tipps in diesem Buch aus.

Passen Sie aber genau auf, wofür Sie sich entscheiden. Sie können sich so viel Zeit, Geld und Nerven sparen, die Ihnen dann für die Dinge Ihrer Wahl zur Verfügung stehen.

5. Geschichte

Oft versteckt sich in den Familienthemen ein monströses Potenzial an Zündstoff, das die Beteiligten überhaupt nicht wahrnehmen. Offiziell herrschen nach außen Ruhe und ein normales Familienleben, doch in der Grauzone kommt es zu Dramen, sexuellem Missbrauch, Misshandlungen oder psychischer Unterdrückung. Gerade Kinder, die sich nicht wehren können, sind nur allzu oft die Opfer. Ein Kind, das seine Eltern ja automatisch liebt, verbiegt sich nach Liebe schreiend, es klammert sich an die kleinsten Krümel vom Tisch der Liebe.

Den Kindern bleibt meist nichts anderes übrig, als das Erlebte zu verdrängen und viele Lebensimpulse zu unterdrücken. Erst im Erwachsenenalter wachen sie langsam auf und müssen aus dem, was sich um sie herum an Geschehnissen entwickelt, langsam und mühevoll ihre Lebensthematik herausschälen.

Eine Klientin, die mit einem Missbrauchstrauma zu mir kam, versuchte ihre Problematik mit gespielter Heiterkeit zu verbergen. In der Aura und im Ausdruck erspürte ich sofort, dass hier etwas nicht stimmte. Ich fragte sie, warum sie zu mir gekommen sei. Sie antwortete, sie fühle sich irgendwie nicht ganz wohl in ihrer Haut, habe permanent Probleme mit Männern und obendrein ein Leiden im Mundbereich, das sie seit einiger Zeit in Atem halte.

Die Männerthematik wiederholte sich in ihrem Leben unzählige Male. Wann immer ein neuer Mann auf der Bildfläche auftauchte, sah sie einen Hoffnungsschimmer, dass sich vielleicht jetzt etwas zum Besseren ändern könnte. Doch jedes Mal erlitt sie Schiffbruch. Die Schwierigkeiten im Mundbereich deuteten einerseits an, dass sie die »Schnauze voll« hatte von dem, was ihr passierte; andererseits auch darauf, dass sie nichts in sich hineinlassen konnte. Das heißt, sie konnte nichts aufnehmen, weil es ihr im Mund wehtat. Das, was das Erleben im Außen ihr bewusst machen wollte, sah sie nicht, und damit konnte sie sich nicht weiterentwickeln. Die Nahrung, die gegessen werden sollte, wurde nicht aufgenommen, und somit die Lernerfahrung nicht gemacht. Dadurch verminderten sich auch die Heilungschancen im Mundraum.

Auf dem Weg zum inneren Schatzkästchen spazierten wir durch einen Irrgarten. Es schien unmöglich, den Schatz zu finden, da die Thematik, die diese Truhe beherbergt, so tief saß und völlig verdrängt wurde. Außerdem versuchte sich der Erlösungs-Abwehrmechanismus zu behaupten, indem er ein Erwachen mit Scheinhinweisen, Verschleierungstaktiken und Vernebelung blockierte.

Erlösungsthema:
Die Klientin hatte schon viele Therapeuten aufgesucht und manche als sehr toll eingestuft, doch ihr Kernproblem war bislang noch nicht einmal angetastet worden. Sie wollte mit Ende 30 noch als Girlie die Aufmerksamkeit der Männer erregen und scheute sich nicht, sich dementsprechend herzurichten. Sie wunderte sich lediglich, dass sie sich als Bienchen zwar auf alle möglichen Blüten setzen konnte, sich dort aber auch viele andere Tierchen niederließen. Was sie eigentlich grundsätzlich vom Leben erwartete, stellte sich nicht ein. Den Lebensgefährten für ein eheähnliches Verhältnis fand sie einfach nicht.

Ich vermutete, dass es in ihrer Jugend ein Missbrauchsverhältnis gegeben haben musste. Trotz dieser Sehnsucht nach einer Partnerschaft und sexuellem Austausch war ein Teil von ihr wie abgeschnitten, war sie nicht imstande, eine wirklich tief gehende Verbindung zu sich selbst und dem anderen herzustellen. Die Sexualität und die Begegnung blieben auf einem sehr oberflächlichen Level, weshalb sie immer wieder die gleiche Sorte Männer anzog. Wie sollte sich da etwas ändern. Nur sie selbst konnte aufwachen, ihre Transformationsthemen erkennen und nach einem gewaltigem Schritt auf der Evolutionsspirale dann in der Lage sein, eine ebenfalls weiter entwickelte Seele anzuziehen oder einzuladen.

Die Klientin räumte ein, dass sie gerade erst von einem Missbrauchsthema in der Familie erfahren hätte. Ihre eigenen Jugendjahre erinnerte sie so gut wie gar nicht. Ein weiteres Indiz, dass hier einiges ins Unbewusste verdrängt worden war. Ihr Verhältnis zur Ursprungsfamilie, zu Mutter und Vater, war stark gestört, von der Entwicklung her konnte also ein Missbrauchserlebnis in ihrer Kindheit passiert sein. Sie hatte Schwierigkeiten, ihren Eltern Grenzen zu setzen. Beide sind Alkoholiker, und die Klientin musste weit von zu Hause wegziehen, damit sie nicht weiterhin permanent von ihnen belästigt wurde.

Um ihre Thematik völlig verstehen zu können, riet ich ihr, in Einzelsitzungen eine Rückführung zu machen, eine Phantasiereise, um an die frühen Jahre heranzukommen. Wenn sie diese Erlebnisse in sich abrufen konnte und alle Emotionen, die da zu fühlen sind, annähme, würde es für sie in Zukunft viel leichter, anders mit sich selbst und mit dem Wunsch nach einem Lebensgefährten umzugehen. Sie bekäme, wenn sie endlich weiß, warum die Dinge sich so ereignen, einen Teil ihrer Lebenskraft zurück. So konnte sie in die innere Mitte, an ihre innere Quelle gelangen. Damit wieder verbunden zu sein heißt, Kraft in sich selbst tanken zu können. Es ist dann nicht mehr so wichtig, im Außen unbedingt einen Nahrungsplatz zu haben.

Für die Klientin galt es, in ihr Urvertrauen zurückzufinden. Ein Teil des Lebensthemas war das Erlösen aus dem Getrenntsein und das Zurückfinden in das Aufgehobensein im Ganzen. Auf diesem Weg lernt die Seele, von der Oberfläche in die Tiefe der Verschmelzung vorzustoßen. Dies erlebt sie, wenn sie den Transformationsschritt gegangen ist, in sich selbst und auch im Außen, mit einem Partner.

Das Trauma des Missbrauchs und das sich dadurch ergebende Verhältnis zu den Eltern wird als dem Lebensweg der Seele zugehörig angenommen. Es war anscheinend nötig, um auf ihrem Transformationspfad einen bestimmten Aspekt zu erlösen. Die Seele erlebt in diesem Leben das Thema Übergriff und Gewalt als in der anderen Dimension gewählten Spiegel ihrer eigenen Habgier und des grenzenlosen Nehmens aus einem früheren Leben.

In ihrem jetzigen Leben entsteht ein Raum, in dem sie erst einmal auf einem Null-Level in Ruhe zu sich selbst finden muss. Deshalb kann sie auch keinen Partner annehmen. Wenn die Klientin dieses Aha-Erlebnis und die dahinter stehenden Kräfte als zu ihr gehörig in ihrem Körper-Geist-Seelesystem liebevoll akzeptiert, kann sich in ihr ein friedlicher Spalt öffnen und es wird möglich, einen Mann zu finden, der zu ihr passt.

In der Therapiestunde führten wir ein Ritual durch, mit dem den Eltern als Statthaltern für die Hilfe, die sie der Klientin auch im negativen Sinne zuteil werden ließen, verziehen und gedankt wurde. Falls die Eltern sich aber weiterhin nicht in einer anderen Weise mit der Tochter verständigen wollen, muss meine Klientin hier eine ganz scharfe Grenzlinie ziehen und jeglichen Kontakt zu ihnen abbrechen.

Abbrechen heißt nicht für immer abzulehnen, sondern offen zu bleiben für eine Veränderung, die bei den Eltern stattfinden kann. Falls das eintritt, ist das gut so, falls nicht, ist es auch gut. Die Seele ist jetzt nicht mehr von der Liebe der Eltern abhängig.

Das durch den Missbrauch gestörte Verhältnis der Klientin zu Männern kann jetzt von ihrer Seite erlöst werden, indem sie sich für eine neue Art des Umgangs mit einem Partner entscheidet. Nach diesem Entschluss wird ein ins Bild passender Partner automatisch irgendwann auf sie zukommen.

Damit verlässt die Klientin die Position des ewigen Fragezeichens und tritt nun ihrem Alters- und Reifegrad entsprechend in die Kommunikation mit der Außenwelt ein. Das innere Zittern um den wirklichen Platz im Leben hört einfach auf.

Kommentar:
Bei ähnlichen Erfahrungen versuchen Sie bitte, mit der Phantasiereise hinter Ihre Kulissen zu blicken. Seien Sie nicht geschockt, sondern verstehen Sie das Erlebte als Teil der Seelenreise. Alle Seelen haben auf dem Evolutionsweg mit dem Thema Gewalt und Übergriff zu tun, und zwar als Opfer wie als Täter. Wenn Sie für diesen Prozess Begleitung brauchen, suchen Sie sich einen Therapeuten Ihres Vertrauens.

6. Geschichte

Diese Geschichte gehört zwar eigentlich in den Abschnitt Partnerschaft, doch an dem hier behandelten Beziehungsdrama lässt sich sehr gut zeigen, wie die Grundlagen dazu bereits in der Ursprungsfamilie gelegt wurden. Um die Partnerschaftsprobleme verstehen zu können, müssen wir auch die Familienstrukturen durchleuchten.

Die Klientin kam in ein Notgespräch, da die Partnerschaft mit einem Mann ein Ende gefunden hatte. Sie hatte zwar eine gewisse Ahnung, wieso und weshalb die Beziehung in die Brüche gegangen war, doch diese Ahnung allein nützte ihr nichts für ihren Wunsch, die Beziehung wieder in Ordnung zu bringen. Sie hatte sich auch nach der letzten Partnerschaft, aus der ein Sohn entstand, noch während der Schwangerschaft verabschiedet. Sie konnte anscheinend nur bis zu einem bestimmten Punkt, und zwar immer demselben Punkt, mit einem Partner zusammen sein.

In unserem Gespräch stellte sich heraus, dass sie sich eigentlich nicht wirklich mit einem Partner verbinden konnte, sondern die Beziehung benutzte, um ihre eigene energetische Ungenährtheit mit Energie und Sexualität zu füllen. Es gelang ihr nicht, aus diesem Reigen auszusteigen.

Dies manifestierte sich in energieabschneidenden Verhaltensweisen. Die Klientin suchte, wie der kritische Beobachter in den Kontrolldramen, fortwährend geradezu besessen nach Fehlern beim Partner.

Meinte sie, einen entdeckt zu haben, so warf sie ihn dem Partner vor. Das tat sie, um Energie vom Partner zu ergattern. Sie schnitt dem Mann die Energie ab, sodass er bildlich gesprochen immer kleiner wurde, wodurch sie sich irgendwie befriedigt fühlte.

Nun war aber der Mann, der ihr gerade am wichtigsten war, nicht bereit, dieses Spiel mitzuspielen. Er machte sie jedes Mal klipp und klar darauf aufmerksam, dass gerade wieder das Energieraub-Spiel laufe, und zog sich zum Selbstschutz zurück.

Ich erklärte meiner Klientin, dass er damit Recht getan habe, denn sonst hätte er ständig weiter das unterstützt, was sich bei ihr schon so lange im Kreis dreht.

Wir bewegten uns dann in mehreren Sitzungen in die Vergangenheit, genauer in die Kindheit, um zu sehen, aus welchen Wurzeln das hier vorliegende Lebensthema entstanden ist. Dies galt es meiner Klientin zum besseren Verständnis nahe zu bringen.

Das in dieser Geschichte steckende Lebensthema ist ganz eindeutig und klar: die Entdeckung der eigenen inneren Energiequelle, die mehr als genug Kraft hat, die Klientin zu nähren. Die Quelle quillt sogar über, sodass sie eigentlich reichlich nach außen abgeben könnte. Deshalb hat die Klientin es überhaupt nicht nötig, anderen die Energie zu rauben. Wenn sie ihre eigene Energiequelle entdeckte, so würde dies zudem zu einem respektvollen Umgang in der Kommunikation mit anderen führen.

Erlösungsthema:

Als Erlösungsthema hat die Klientin die Pflicht, sich selbst permanent genau zu beobachten, um festzustellen, wann sie die alte Tendenz wieder aufgreift und nach der Energie des anderen späht. Es gilt zu lernen, den Gegenüber – ob Partner, Freunde, Bekannte oder Arbeitskollegen – so zu respektieren, wie er ist. Sie dürfen in ihrer eigenen Energie stehen, und die Klientin versucht nicht mehr, Energie von ihnen abzuziehen. Sie muss mit ihrer eigenen Energie, mit einer unterstützenden Grundhaltung an den Gegenüber herantreten.

Damit fließen aus zwei oder mehr inneren Quellen die Energien ineinander und vermehren so die Gesamtenergie, wodurch eine höhere Ebene der Kommunikation erreicht wird.

Der Gang in die Tiefe, zu den Wurzeln ihrer Ursprungsfamilie, führte uns zu dem Familienbild, wie es sich ihr in der Kindheit darbot. Ich musste feststellen, dass in der Ursprungsfamilie schon alles so gelebt wurde, wie die Klientin es jetzt in ihrem Leben tat. Der Vater stand nicht auf der anerkannten Position des Vaters. Da er einen selbständigen Beruf ausübte, bei dem es Höhen und Tiefen gab, saß er manchmal an seinem Schreibtisch zu Hause und hatte nichts zu tun. In diesen Phasen der Erwerbslosigkeit wurde er von seiner Frau nicht respektiert und geehrt, da er ja kein Geld heimbrachte.

Auch wenn er nichts zu tun hatte, verbrachte er seine Zeit allerdings für alle sichtbar am Schreibtisch. Er tat dann verkrampft so, als ob er arbeitete, doch die ganze Familie, allen voran die Mutter, wusste das nicht zu würdigen. Der Vater hatte den Platz des Ernährers und Mannes in seinem eigenen Selbstwert und in der Struktur der Familie verloren.

Daraus ergaben sich verschiedene Dinge für meine Klientin. Sie selbst hatte den Respekt vor ihrem Vater nicht entwickelt, hatte eher permanent das Gefühl, ihm etwas sagen zu müssen. Sie hatte stets den Drang, ihm zu zeigen, dass sie die Bessere sei, weil sie das Leben anständig auf die Reihe bekomme.

Ihre Mutter flüchtete sich in Krankheiten, sobald meine Klientin die Dinge mal richtig ansprechen wollte. Es gelang ihr nicht, in der Familie alles auf den Tisch zu legen, weshalb die Situation nicht bereinigt werden konnte. Meine Klientin musste erleben, dass Wahrheiten verbogen wurden und gleichzeitig zwischen den Familienmitgliedern energetisch wenig Verbindung zu spüren war. Die Familie bestand sozusagen aus Einzelpersonen, die nur eine oberflächliche Beziehung zueinander unterhielten.

In Partnerschaften ging sie mit dem Mann wie mit ihrem Vater um. Die Klientin hatte immer den Eindruck, dass ihre Lebensabschnittsgefährten doch ganz ähnlich gelagert seien wie ihr Vater. Sie traf im Außen das innere Spiegelbild, um endlich ihr Thema in die Transformation zu bringen.

Als weitere Schwierigkeit hatte sie in der Kindheit nicht die nährende Liebe, die sie gebraucht hätte, sodass sie fortwährend meinte, sie müsste mit Energie und Liebe unterstützt werden. Dieses Gefühl holte sie sich in der Kommunikation mit Menschen, indem sie versuchte, an alle möglichen Energien, auch auf materieller Ebene, heranzukommen. Da sie von ihrer eigenen inneren Quelle völlig abgeschnitten schien, spürte sie die ganzheitliche Nährung nicht, die ihr Außenstehende zufließen ließen. Auch wenn sie die Energie genau so bekam, wie sie es sich vorstellte, setzte kein Sättigungsgefühl ein. Das hatte zur Folge, dass ihr der jeweilige Partner, sobald sie alle verfügbare Energie von ihm aufgesogen hatte, nicht mehr so kräftig und toll erschien. Ähnlich wie ihren Vater setzte sie die Männer dann herab.

Einerseits hatte sich dadurch in der Klientin ein riesen Ego aufgebaut, das sich selbst als allwissend und genial empfand und sehr männlich präsentierte. Auf der anderen Seite vermochte die Klientin es kaum, in der Hingabe einmal so loszulassen, dass sie sich an ihrer eigenen Quelle und an dem Ganzen laben konnte. Sie hatte Probleme, mit einem Partner derart zu verschmelzen, dass sie den Orgasmus miteinander erlebten. Meistens half sie sich selbst noch etwas nach.

Ich arbeitete mit ihr unter anderem über Rückführungen und Phantasiereisen, um ihr in der Vergangenheit, Gegenwart und Zukunft kraftvoll bei der Erlösung ihrer Thematik zu helfen.

Es galt, allen den respektvollen Platz zurückzugeben. Den Eltern zu danken für die vergangenen Jahre, die sie in ihre Lebensthematik brachten, ihnen zu verzeihen, dass sie so sind, wie sie sind, und ihnen gleichzeitig Grenzen zu setzen, falls sie nach wie vor in alter Weise mit der Klientin umgehen sollten.

Die Klientin musste nun, anstatt bei anderen Energie zu wildern, sich um ihre eigene innere Quelle kümmern, sich vertrauensvoll nach innen wenden und die Quelle dort finden. Dort musste sie Energie schöpfen und tanken, um was immer sie in der Außenwelt kreieren wollte, auch platzieren zu können. Wenn sie Partnerschaften anders und neu erleben wollte, hatte die Klientin zu akzeptieren, dass sie sehr stark an sich arbeiten musste. Am stärksten sollte sie die Bewusstseinsarbeit darauf richten, wen sie als nächsten Lebensabschnittsgefährten wählte. Wenn das geschehen war, musste sie darauf achten, wann sie erneut Energie beim Gegenüber abzuknapsen versuchte.

Dann musste sie neue Handlungsweisen integrieren – genau in dem Moment, wo sie merkte, dass das alte Verhaltensmuster wieder auf der Bildfläche erschien. Da sollte sie genau das Gegenteil tun, den anderen umarmen und ihm liebevoll ihre Zuneigung versichern. Außerdem muss sie sich selbst den Raum geben, auf Kontrolldramen zu verzichten, also zum Beispiel den Partner in Ruhe einparken lassen.

Da die Klientin an ihrer Quelle saß, merkte sie nach und nach, wie wunderschön es ist, aus dem Überfluss zu geben, wie anders sich der Partner daraufhin verhält und sich im Zusammenspiel völlig neue Nuancen auftun. Damit kreierte sie ein ganz anderes Energiefeld.

Die wechselseitigen Machtkämpfe hören auf. Beide sind sich nun darüber im Klaren, dass jeder in jedem Moment das Beste gibt und tun möchte, damit alles in eine glückliche Zeit mündet. Hierfür gibt es noch viele kleinere und größere Hausaufgaben, Hilfestellungen und andere Werkzeuge, die ich mit der Klientin und gegebenenfalls auch mit dem Partner bespreche.

Die Klientin hatte während der Therapiezeit einen Mann kennen gelernt und mit ihm alles, was sie in der Zwischenzeit gelernt hatte, umgesetzt. Ihre innere Blume entfaltetet sich und vor mir steht heute eine freud- und liebevoll strahlende junge Frau, die endlich das erlebt, was sie sich immer gewünscht hat. Die wichtige Transformation in die Erlösung ihres Lebensthemas hat stattgefunden. Der neue Mann entpuppte sich auch als ein in Liebe sorgender Familienvater, der sich vorbildlich um ihren kleinen Jungen kümmert.

Kommentar:
Wenn Ihnen dieses Geschehen bekannt vorkommt, lesen Sie bitte noch einmal das Erlösungsthema! Achten Sie bewusst auf Ihre Abwehrmechanismen. Gestatten Sie ihnen nicht, Sie von Ihrer Selbstfindung abzuhalten.

7. *Geschichte*

Eine andere Dame kam zu mir mit dem Schicksal, in eine Familie geboren worden zu sein, in der, wie sie sagte, überhaupt keine Liebe geflossen sei. Sie hat heute große Schwierigkeiten, ihren Weg anders fortzusetzen, als es in der Familie üblich war, aus diesem Muster auszubrechen. In der Familie wurde über Gefühle und Emotionen nicht geredet, sondern mit Scherzen und oberflächlichem Geplänkel darüber hinweggetäuscht, dass alle ein Leben führten, das mehr einem Schein als Sein entsprach. Das meint, Mutter und Vater hatten zwar die Kinder in die Welt gesetzt, aber nie ein wirklich liebevolles Zuhause geschaffen, wo den Kindern eine von Herzen kommende Unterstützung gegeben worden wäre.

Die Klientin erinnerte sich nur an Sätze wie: »Geh aus dem Weg«, oder »Dumm stört oft«, und Ähnliches. In der Altershierarchie der Kinder lag sie in der Mitte und wurde gerne bei Tröstungen und Unterstützungen übergangen. Die einzige Chance, für sich einen respekt-

vollen Rahmen in der Kindheit zu schaffen, war, sich in sich zurückzuziehen und hier einen schützenden Raum aufzubauen.

Sie hatte als eigenes Energie vitalisierendes Feld nur ihr Bettchen mit ihren vielen Plüschtieren, die ihre Freunde waren. Mit denen führte sie sehr hilfreiche Gespräche.

Was in der Familie gelebt wurde, stellte sich später alles als getürkt heraus, die Mutter und der Vater hatten Liebespartner außerhalb der Familie. Trotzdem hielten sie die Scheinwelt der Familie aufrecht und gaukelten der Klientin vor, es gebe im Leben nur diese Welt. Sie lernte in der Kindheit kein ehrliches, eindeutiges Aufeinander-Beziehen und keinen liebevollen Rückhalt kennen.

Ihr Lebensthema zieht sich bis in die Jetztzeit, der Ehemann, den sie ausgesucht hat, weist ähnliche Tendenzen der Unnahbarkeit auf wie die eigenen Eltern. Auch im Berufsleben begegnet ihr die gleiche Situation, wo sie allein unter Männern, trotz ebenbürtiger Ausbildung, in einer gewissen sprachlosen Kommunikation gehalten wird.

Erlösungsthema:

Die Klientin hat als Hauptaufgabe, in ihrem Leben die Verbindung ins Außen in eine für sie neuartige Kommunikation umzuwandeln. Gemeint ist die Kommunikation auf verschiedenen Ebenen, in der Partnerschaft, im Berufsleben, mit Freunden, der Familie und vor allem mit sich selbst.

Was durch dieses In-sich-eingekesselt-Sein in ihr gewachsen ist, hat seinen eigenen Wert, und wenn sie diesen in die Transformation mit hineingibt, wird sie es relativ leicht haben, ihr Thema zu erlösen.

Das Gewachsene steht in direkter Verbindung mit ihrer inneren Kraftquelle. Dadurch, dass sie von außen nur sehr wenig Zuspruch und Unterstützung erfahren hat, musste sie, um zu überleben, wie für einen Computer ein Programm für sich entwickeln, das sie zur Selbstversorgung gebracht hat. Das Problem ist nur, dass der Wert dieser Kraftquelle von ihr noch nicht erkannt wird, weil darüber natürlich der Schmerz, die

Wut und die Trauer über das, was ihr die Lieblosigkeit der Eltern angetan hat, liegen. Das vernebelt die Quelle, und so kann sie ihre Kraft noch nicht voll zu ihrem Vorteil verwenden.

Ihre Aufgabe ist es also, ihre Kraftquelle restlos zu erschließen und zu erleben, was für ein immenses Werkzeug ihr damit zur Verfügung steht.

Auf dem Weg dorthin hat sie einige weitere Herausforderungen zu bestehen: definitive Klarheit zu erlangen über das, was in ihrem Familienverbund geschehen ist, und ihren Eltern Grenzen zu setzen. Grenzen setzen muss sie in dem Sinn, dass sie die alten Beziehungsmuster und den Umgang miteinander in der altgewohnten Weise von nun an ablegt, ablehnt und nicht mehr mitspielt. Wenn die Eltern trotzdem noch an ihr Interesse zeigen, ist sie für weitere Begegnungen nur bereit, wenn sie ihr Verhalten der Tochter gegenüber ändern, sich ihr in einer neuen Weise öffnen.

In der Familie wie in der Arbeitswelt haben sich bei der Klientin verschiedene Schlüsselworte etabliert, die vom alten Mustersystem völlig missbraucht wurden. Das sind die Worte lustig und Spaß. In der Familie wurde hauptsächlich in lustiger und spaßhafter Form kommuniziert, wobei aber unterschwellig ganz andere Dinge gemeint waren. Der so Angesprochene hatte mit einem herben Energieverlust zu rechnen.

Als Ersatz für die fehlende Liebe untereinander hatte sich ein Kontrolldrama-Konflikt gebildet und dieses Drama wird noch heute gespielt. Keiner begegnet dem anderen wirklich aufrichtig. Im Gegenteil, zur eigenen Energiesteigerung wird dem Gegenüber Kraft entzogen.

Am Arbeitsplatz ist es eine weitere Aufgabe meiner Klientin, ihre Frau zu stehen und klipp und klar Grenzen zu ziehen. Sie setzt die Entscheidung jetzt nicht mehr über Spaß um. Sie hat in der Therapiesitzung gelernt, in ihrer Kraft stehend ihre Entscheidungen mitzuteilen. Damit hat sie die alte Schiene, über spaßige und lustige Sätze etwas zu sagen, erlöst.

Entscheidungen trifft sie mittlerweile aus ihrer eigenen Kraftquelle und das wirkt teamunterstützend. So entsteht etwas Neues, bei dem sich alle angesprochen fühlen und vereint an einem Strang ziehen.

Der Ehemann erklärte sich bereit, in die Therapie mit einzusteigen. Er wird seine eigenen Kontrolldramen und Lebensthemen aufdecken müssen, um mit seiner Partnerin gleichzuziehen und dadurch eine glückliche Zeit miteinander zu ermöglichen. Wenn ein Partner an dieser Stelle die Mitarbeit verweigert, führt das in 99 Prozent der Fälle zur Trennung oder, so das Paar zusammenbleibt, zum Ausbruch von Krankheiten.

Für die Klientin ist es wichtig, ihren Platz im Leben voll und ganz einzunehmen und stets offen zu sagen, was sie sagen möchte.

Kommentar:
Räumen Sie Ihr Familienleben auf, achten Sie darauf, wo eine negative Erfahrung etwas Positives bewirkt hat. Übernehmen Sie die volle Verantwortung für Ihre Seelenreise. Wenn Sie spüren, dass noch weitere Dinge Ihr Familienleben stören, so gehen Sie dem mit der CD-Übung auf den Grund.

8. Geschichte

Ein Mann mit einer leitenden Stellung im Bankwesen kam mit dem Problem zu mir, dass seine Frau immer lichtscheuer wurde und sich nur noch im Dunkeln wohl fühlte. Der Zustand spitzte sich immer mehr zu. Die Dame versuchte zwar, mit verschieden Hilfsmitteln darüber hinwegzukommen, aber alle Pillen und Ärzte hatten nicht viel geholfen. Auch ein Psychiater wusste keinen Rat.

Der Mann stand im Scheinwerferlicht der Öffentlichkeit, hatte so manche Reise zu absolvieren und natürlich viele Arbeitsstunden zu leisten. Das war ihm immens wichtig, er konnte davon einfach nicht lassen. Er sagte, seine Frau hätte schon vor der Ehe genau gewusst, worauf sie sich einließ. Die Aufgabe der Frau bestand lediglich darin zu repräsentieren, aber aus dem oben genannten Grund war ihr das schon seit über einem Jahr nicht mehr möglich.

Erlösungsthema:
Was hier zutage tritt, ist in unserer Gesellschaft keineswegs ungewöhnlich: die krampfhafte Suche des Mannes nach Anerkennung und für die Frau der sichere Platz in einem Ehehafen, in dem sie zwar gut versorgt ist, aber wenig Kreativität entfalten kann. Das macht auf Dauer beide krank.

Der Mann hat mit dem Thema Geltungssucht zu tun, mit dem Wunsch, sich ein Denkmal auf Erden zu zimmern, und die Frau kämpft damit, völlig von ihrer inneren Kraftquelle abgeschnitten zu sein. Ihm ist der Applaus der höheren Etagen gewiss, sie hatte bis zum Ausbruch der Krankheit lediglich die Befriedigung, als repräsentierendes Objekt mit maskenhaftem Lächeln in der Öffentlichkeit aufzutreten.

Hier sind wirklich beide gefragt, mit ihrer Thematik in die Transformation zu gehen. Um die Familiensituation zu retten, sollte der Mann etwas kürzer treten und seine Kraft mehr in sich finden, sodass er die Bestätigung vom Umfeld nicht mehr so sehr braucht. Seine Ehefrau, das zeigt das Lebensthema, möchte eigentlich alles ans Licht bringen, was es zu bearbeiten und transformieren gilt, und wird durch das Spiegelbild der Lichtempfindlichkeit auf diese Thematik aufmerksam gemacht.

Wenn wir uns diese Situation betrachten, fällt auf, dass die Krankheit im direkten Zusammenhang mit dem zu erlösenden Thema steht – was ans Licht will, wird durch Lichtscheue angezeigt.

Beiden gelang es in Einzelarbeit und Paarsitzungen, ihre Thematik so weit zu erlösen, dass sie zu einem gesunden Miteinander fanden. Sie erkannten, wie viele Jahre sie vergeudet hatten. Als Konsequenz zog er sich aus der Bank zurück, sie verkauften ihr Haus und zogen auf die Insel Mallorca, wo sie nun auf einer Finca Zitronen und Oliven anbauen.

Kommentar:
Wenn Sie Ähnliches erfahren wie meine Klientin, ist es höchste Zeit, mit der Innenschau zu beginnen. Erkennen Sie den Zusammenhang der Krankheitsebenen von Psyche und Körper. Achten Sie darauf, wohin sich Ihre Seele entwickeln möchte. Lassen Sie sich von der Geschichte inspirieren.

9. Geschichte

Eine sportlich hoch motivierte Familie setzte alles auf die Karte des Sohnes, um diesen bis ins Welttennis zu pushen. Nach gewissen Anfangserfolgen schaffte der Sohn es nicht mehr, die hohen Erwartungen zu erfüllen. Er klappte auf dem Tennisplatz jedes Mal energetisch zusammen, verlor Spiel um Spiel und dabei seinen Mut und die Lust am Tennis.

Nun kam sein Vater in die Sprechstunde, um sich Rat zu holen.

Erlösungsthema:
Da die Aufforderung, sportliche Höchstleistungen zu bringen, hauptsächlich vom Vater ausging, arbeitete ich mit ihm und dem Sohn. Sehr interessant war der Einblick in das Schatzkästchen des Vaters, der nämlich seine eigene Thematik, eine erfolgreiche Karriere, nicht geschafft hatte. Nun lief die Projektion voll auf den Sohn. Dieser bemühte sich der Liebe zum Vater wegen, diesem Erfolgswunsch zu genügen.

Beim Sohn stolperte ich über ein anderes Lebensthema, nämlich das Sich-Verbiegen aus dem Wunsch heraus, geliebt zu werden und dafür Dinge zu tun, die eigentlich gar nicht dem eigenen Weg entsprechen: eine Karriere anzusteuern, der er nicht gewachsen ist, da der Wunsch nicht aus seinem Innern entspringt. Oft ist es unbedingt notwendig, mit allen Familienmitgliedern zu arbeiten, damit das komplette System in die Gesundung gehen kann. Für den Sohn hatten die Therapiesitzungen den Effekt, dass er die Eigenverantwortung für sein Leben und die Entscheidungen für seinen Weg nun als Fakt annahm und sich beidem stellte.

Der Vater ließ es nach der Beratung dabei bewenden, den Sohn in Ruhe seinen eigenen Weg ziehen zu lassen. Der Sohn nahm das dankbar an und ging seitdem lieber angeln. Ich wünschte ihm dazu Petri heil.

Kommentar:
Achten Sie die Einmaligkeit einer jeden Seele, lassen Sie keinerlei Projektion aufkommen. Welcher Lebensthematik wollen Sie in Ihrem Schatzkästchen keine Aufmerksamkeit schenken? Nutzen Sie die CD zur Reise nach innen! Schauen Sie immer mal wieder in dieses Buch, um Erziehungsfehler zu vermeiden.

Beruf

1. Geschichte

Ein erfolgreicher Manager, Mitte 40, erschien bei mir auf Krücken in der Praxis und erzählte seine Leidensgeschichte. Er hatte im Ausland beim Heli-Skiing und anderen Sportarten den Bogen überspannt und sich die Achillessehne abgerissen. Nach einer längeren Auszeit, Operation und Reha-Maßnahmen fing er wieder an seinen Managerposten auszufüllen. Doch glücklich schien er nicht, eher nach wie vor bedenklich besorgt, was ihm dieser Unfall zeigen sollte und vor welcher neuen Situation im Leben er jetzt stehe. Zum ersten Mal stellte ihn das Leben in eine solche Hilflosigkeit und damit gleichzeitig als Spie-

gel seinen Beruf in Frage. Er wurde aufgefordert, nach seiner weiteren Berufung Ausschau zu halten.

Erlösungsthema:
Dieser Mann hat die Zeichen der Zeit lange verkannt. Nachdem die Lebensthematik, die ihn auf den Managerposten gehievt hat, erfüllt war, achtete er zu wenig darauf, was sein inneres Schatzkästchen denn als Nächstes mit ihm vorhatte. Wie so viele Menschen, die meinen, der Lebensweg sei ein Ziel, auf das man sich zubewegt, und nach dessen Erfüllung könne man dann »nach Hause« gehen, habe man seine Ruhe, hat mein Klient nicht bemerkt, wie sehr es ihn nach Erreichen des Chefsessels eigentlich nach etwas anderem, nach neuen Erfahrungen dürstete.

Dieser Lebensdurst steht in Übereinstimmung mit den nächsten Lebensthemen, die es zu transformieren gilt. Nachdem er sie nicht erkannt hat oder nicht erkennen wollte, erhielt er in Form des Unfalls eine schmerzhafte und langwierige Erfahrung, nach der er den Weg erst einmal nicht mehr in der alten Weise weitergehen konnte. Im wahrsten Sinne des Wortes konnte er nicht mehr gehen. Sein Inneres hat im Zusammenspiel mit dem Äußeren eine Situation kreiert, in der er eine Auszeit zugeschanzt bekam, um gründlich über seinen Lebensweg nachzudenken. Dies fiel ihm bis jetzt schwer, auch seine innere Stimme gelangte nicht so richtig zu Gehör. Da hat er mich als Therapeuten aufgesucht, wir haben seinen Fall durchgearbeitet und folgende Schlüsse gezogen.

Seinen Beruf als Manager wählte der Klient folgerichtig nach diversen Lebensthematiken und dieser hat ihn jahrelang wunderbar ausgefüllt – bis hin zu weltweiten Reisen, die ihn mit Menschen verschiedenster Rassen und Religionszugehörigkeiten in Verbindung brachten. Allerdings gehören zur Berufung noch weitere Teile, die gelebt werden wollen, und zwar eine menschlichere Kommunikation über die Kontinente hinweg und dabei als wichtigsten Erfolgsmaßstab die Werte, die Völker in einem inneren und äußeren Reichtum zusammenleben lassen.

Sein nächstes Lebensthema ist, die Verbindung zwischen den noch getrennten Seiten Beruf, Berufung, Vision herzustellen und mit Achtsamkeit diese in die Ausübung, in sein Umfeld einzubringen.

Diese Verantwortung reicht bis zur Produktpalette. Der Klient möchte für eine, auf allen Ebenen gesunde Produktpalette eintreten. Dies kann einen Firmenwechsel nach sich ziehen oder eine Umstrukturierung innerhalb der jetzigen Firma und der Produktionsplätze rund um den Globus bedeuten. Es kann auch heißen, alles Alte hinter sich zu lassen und als Koch in einem Seminarhaus den Wissensdurstigen eine wunderbare Mahlzeit zu kredenzen.

Für meinen Klienten war es der wichtigste Schritt in seiner Laufbahn, und der sollte nun ganz genau all das berücksichtigen, was auf der Erfahrungsseite gelernt werden will. Für ihn spielte Geld, Prestige und Macht keine Rolle mehr.

Nach dem Ende der Therapie entschied sich der Klient dazu, eine Stiftung für alternative Lebensformen und Bewusstseinsentwicklung ins Leben zu rufen. Hier geht es darum, neue Werte zu entwickeln und umzusetzen. Ein kompetentes Team versucht Antworten auf die offenen Fragen in der Gesellschaft zu finden. Da der Klient aus der Wirtschaft kommt, gelang es ihm, wichtige und namhafte Leute für das Projekt zu gewinnen.

Kommentar:

Wie das Beispiel zeigt, verändert sich der Fokus je nach Lebensthema. Leben heißt Veränderung, und deswegen ist es wichtig, sich hin und wieder eine Auszeit zu nehmen, Innenschau zu halten und gegebenenfalls die eingeschlagene Richtung völlig zu wechseln.

2. Geschichte

Eine Dame buchte eine Reihe von Therapiestunden, um, wie sie sagte, den Wendepunkt in ihrem Leben voll und ganz wahrzunehmen. Damit wollte sie den Platz ihrer Berufung finden. Ihre Lebensgeschichte glich einer wahren Achterbahnfahrt.

Ihr Elternhaus war geprägt von Fehlentscheidungen, die schon Vater und Mutter nicht in die Gesundung führten, und einem Energiefeld der Angst. Die Mutter kam in jungen Jahren bei einem Unfall ums Leben. Meine Klientin übernahm dann als Älteste wohl oder übel die Mutterrolle für die Geschwister. So musste sie frühzeitig große Verantwortung tragen. Obendrein nahm ihr Vater seinen Aufgabenbereich als Familienoberhaupt überhaupt nicht wahr, sondern glänzte durch Abwesenheit, Unnahbarkeit, Abgrenzung und Tätlichkeiten. Dann suchte er sich eine Freundin und wohnte hauptsächlich bei dieser. Erst spätabends ließ er sich ab und an im Haus seiner Familie blicken, oft genug in alkoholisiertem Zustand.

Meine Klientin wurde dadurch der eigenen Jugend beraubt, denn sie musste die Doppelbelastung tragen, den Geschwistern Mutter und Vater zu ersetzen. Das lief lange gut, doch schließlich erlitt sie einen Nervenzusammenbruch. Sie wurde mit dem Notarztwagen in ein Krankenhaus gebracht, wo sie einige Monate lang körperlich und psychisch ruhig gestellt wurde.

Später dann fing sie an, ihr bisheriges Leben aufzuarbeiten und zu hinterfragen; die Prägung war allerdings so stark, dass die Klientin diese nicht einfach loslassen konnte, um sich aus dem Kokon herauszuwinden.

Alle Handlungen außer den therapeutischen Lernerfahrungen im Krankenhaus hatten die Tendenz, sie klein zu machen, sodass sie ihren inneren Wert nicht fühlen konnte und dadurch im Äußeren ein gewisses Armutsbewusstsein auf materieller Ebene entwickelt hatte. Weiterhin hatte sie auch mit dem Thema Krankheit zu kämpfen.

Erlösungsthema:

Ich riet ihr, stark am Thema Selbstwert zu arbeiten. Die Basis dafür ist das Erkennen und Annehmen ihres bisherigen Lebens als Entwicklungsweg in Richtung Meisterschaft der Seele. Da die Seele zu gewissen Fähigkeiten nur bereit ist, wenn sie extreme Erfahrungen macht, muss sie ihre Vergangenheit als richtungsweisendes Erlebnis annehmen. Ab dem Moment bringt sie ihr Thema in die Transformation.

In der Klientin hat sich ein »Kranken-Ego« aufgebaut. Wann immer es ihr die Situation erlaubt, versucht sie unbewusst Energie und Materie vom Gegenüber anzulocken. Nach der auf allen Ebenen unterernährten Jugend hat sich in ihr die Einschätzung breitgemacht, dass ihr in Anbetracht ihrer Lage viel mehr an Zuwendung und materiellen Gütern zustehe, als sie aus sich selbst heraus zu kreieren in der Lage ist. Die anderen, das Außen, stehen sozusagen in der Pflicht. Der Zusammenbruch in jungen Jahren hat ihr eine Möglichkeit aufgezeigt, sich Zuwendung zu verschaffen. Diese Erfahrung hält sie noch heute, wenn sie sich überlastet fühlt, in der Krankheitsebene. Anstatt frei in die Kreation nach vorne tätig zu werden, vergeudet sie viel Zeit, indem sie krank wird. Wichtigen Impulsen von außen kann sie nicht Folge leisten, da ihr Kranken-Ego das nicht zulässt. Darin liegt der Hauptgrund für ihr immer kleiner werdendes Budget. Solange sie die Transformation verweigert, kann sich an ihrer Lebenssituation nichts ändern. Ihre Lebensthemen sind: Überwindung des Egos und die Kraft des Allein-Seins für ihre Berufung zu nutzen.

In der Therapiesitzung empfahl ich ihr, mithilfe des Bewusstseinsschalters die erarbeiteten neuen Entscheidungen durchzusetzen.

Wichtig ist für sie, mit äußerster geistiger Disziplin allzeit darauf zu achten, sobald die alten Schattenerlebnisse ihr die Rückkehr zu alten Sicht- und Handlungsweisen nahe legen, sofort den Bewusstseinsschalter auf Neu umzustellen. Gegebenenfalls muss sie das sekündlich tun.

Ich legte ihr ans Herz, täglich Meditation zu üben, in die Gedankenstille zu gehen und ihren neuen Platz mit der so zusätzlich entstehenden Kraft zu unterstützen.

Kommentar:
Nehmen Sie die Zeilen über das Erlösen der Lebensthemen wirklich ernst. Meditieren Sie mithilfe der Übungs-CD, arbeiten Sie an Ihrer Thematik. Suchen Sie sich einen Therapeuten, wenn Sie alleine nicht weiterkommen.

3. Geschichte

Ein Klient kam mitten in einer Midlifecrisis zu mir und erwartete, ich solle ihm schnell mal sagen, wo es für ihn langgehe. Er hatte sich mit allen möglichen Jobs auf selbständiger und abhängiger Basis durchs Leben geschlagen, merkte aber nun, dass er in eine Sackgasse geraten war.

Er hatte es in vielerlei Richtungen, unter anderem im Filmfach und Musikgeschäft versucht, doch nie wirklich den Durchbruch geschafft, und so musste er immer wieder auf Nebentätigkeiten ausweichen, um seinen Lebensunterhalt zu bestreiten. Er sagte mir, dass er des Öfteren den Eindruck gehabt hätte, kurz bevor es richtig losgegangen wäre, durch ein Gefühl des inneren Scheiterns den Erfolg selbst boykottiert und damit verhindert zu haben.

Der Klient stand nun vor der Wahl, entweder mit Nebenjobs seinen Körper zu ruinieren oder durch eine Um- oder Weiterschulung einen erneuten Versuch zu starten, etwas Erfolgreiches auf die Beine zu stellen.

Erlösungsthema:
Obwohl spirituell bewandert, hatte der Klient sich nie wirklich mit seiner Lebensthematik auseinander gesetzt, wenngleich sie ihn immer wieder darauf hinzuweisen versuchte, nach ihr Ausschau zu halten. Im Gegenteil, das Wissen um solch eine Mög-

lichkeit und die Kenntnis von spirituellen Werten hatten ihn zwar in verschiedene Erlebnisse geschickt, aber das innere Schatzkästchen blieb unangetastet, und so mussten wir uns auf die Suche nach diesem Kästchen machen, um es an die Oberfläche zu heben. Die Abwehrmechanismen rund um dieses Schatzkästchen waren sehr stark ausgeprägt. Der Klient hatte sich auf diesem Gebiet geradezu zu einem Meister entwickelt.

Dadurch hatte sich in ihm ein Ego kristallisiert, das sich lieber als unnahbares Kontrolldrama zurückzog, als in Auseinandersetzungen einzugestehen, dass hier im eigenen Handeln etwas nicht in Ordnung war. Stück für Stück brachten wir nun die Thematiken ans Licht. Und das war höchste Zeit, da die Lebensthemen im Begriff waren, ihn auch auf der körperlichen Ebene anzugreifen. Seine komplette Lebenssituation hatte sich in den letzten Jahren in eine totale Sackgasse verwandelt.

Meine Aufgabe war es nun, gnadenlos seine aus dem Elternhaus und der anderen Dimension mitgebrachten Handlungsweisen mit ihm zu überprüfen und sein Lebensthema herauszukristallisieren.

Für den Klienten ist es wichtig, die im Elternhaus nicht erfahrene Liebe in sich selbst zu erwirtschaften, die Selbstboykottierung mit dem Wunsch, es den Eltern heimzuzahlen, aufzugeben und dorthin zu gelangen, wo ihn das Thema hinführen möchte: zu einem liebevollen Miteinander, zu seiner Stärke und Kraft, die seine Blume in Form seiner Berufung zum Blühen bringt.

Er war in einer Heimzahlungskampagne gegen alle gefangen, die ihm Liebe entgegenbrachten. Gerade diese Menschen musste er zwanghaft in sein Kontrolldrama zwingen. Sein Lebensthema – gleichberechtigte Beziehungen in Liebe zu gestalten, den Selbstwert anzunehmen und im Leben in Erfolg umzusetzen – galt es, ihm als annehmbares Ziel vor Augen zu setzen.

Nachdem wir in etlichen Einzelsitzungen die Thematik aufgearbeitet hatten und er sich mit einem Therapieplan an seine Hausaufgaben machte, stellte sich der Erfolg endlich ein. Das hatte zur Folge, dass er es im Lauf der nächsten Jahre in der Sparte, zu der ihn seine Umschulung geführt hatte, zu hoher Anerkennung und zu Wohlstand brachte. Über diese Entwicklung habe ich mich sehr gefreut, da gerade solche Menschen in der Regel große Schwierigkeiten haben, ihre Thematik aufzuarbeiten.

Kommentar:
Man muss den Kontrolldramen und dem Selbstboykott den Wind aus den Segeln nehmen, indem man umfassende Verantwortung für das eigene Sein übernimmt. Die Lebensthemen sind selbst gewählt und sollten endlich erlöst werden. Beginnen Sie mit der Arbeit, es lohnt sich!

4. Geschichte

Sein Erbe ermöglichte einem anderen Klienten ein sorgenfreies Leben, ohne arbeiten zu müssen. Seine Vision hatte ihn nach Italien geführt, wo er sich ein Bauernhaus gekauft und mit seiner Lebensgefährtin glücklich zu werden versucht hatte.

Doch schon bald wurde er des Ganzen überdrüssig, und er merkte, dass er von einer Langeweile und Rastlosigkeit ergriffen wurde, die er schon aus früheren Zeiten kannte. Mit der Lebensgefährtin schien es auch nicht so rosig zu laufen, denn durch seine innere Unausgeglichenheit gab es auch mit ihr etliche Reibereien. Er bat mich um mehrere Therapiestunden, um mit sich selbst ins Reine zu kommen.

Erlösungsthema:
Ich fragte ihn, ob er denn irgendwelche Hobbys oder Ähnliches hätte, womit er sich die Zeit vertreibe. Dies verneinte er,

Reisen würde er eher als festen Bestandteil seines Lebens bezeichnen. Ich riet ihm, mal in sein Schatzkästchen abzutauchen und zu sehen, ob seine unausgefüllte Rastlosigkeit nicht ein Hinweis darauf sein könne, dass ihm eine feste Struktur im Leben fehle. Sein Transformationsthema ist eine Berufung, die ihm kontinuierliches Arbeiten abverlangt.

Es sah so aus, als ob wir auf der richtigen Fährte wären, deshalb versuchten wir die Chancen, die sich daraus ergaben, zu klären und Handlungsabfolgen festzulegen. Seine Thematik bestand tatsächlich darin, zuerst zu erleben, wie es ist, völlig frei von Verpflichtungen über die eigene Zeit verfügen zu können, und danach folgte sozusagen als Zieltransformation der Wunsch, aus diesem unbeschwerten Chaos etwas Sinnvolles zu entwickeln.

Sein Lebensthema barg die Transformation einer Grundhaltung, die da heißt: Ich bleibe ewig der Lausbub und übernehme keinerlei Verantwortung. Dadurch konnte in ihm nichts zur Blüte gelangen. Er war, ohne es zu wissen, wie fremdgesteuert. Für ihn war es höchste Zeit, die alten Muster zu durchbrechen und dieses Thema zu transformieren.

Doch der Klient hatte auch die Chance zu erkennen, dass er ganz nebenbei in seinem Leben einen Schatz angehäuft hatte und er diesen nun auf einen ehrenvollen Platz stellen musste. Die vielen Reisen und Begegnungen mit Menschen aus allen Kontinenten vermittelten ihm das Wissen um die Einheit der Welt und die Liebe zu den Menschen.

Der Klient schaffte die Transformation seines Themas, indem er diesen Schatz an jene weitergab, die ihn dringend benötigten. Er unterrichtete von nun an Schüler und kam so als relativ Spätberufener zu den Früchten seiner Lehrerausbildung.

Die Erfahrungen in diesem Job brachten ihn wiederum an seine Grenzen, die er diesmal jedoch auszuhalten vermochte. Dennoch erfuhr er großteils auch Zufriedenheit und ein gewisses Glücksgefühl dabei, alles, was er in vielen Jahren auf seinen Pfaden erlebt und gelernt hatte, im Unterricht weitergeben zu können.

Kommentar:
Das Mysterium des Lebens lässt sich nicht in feste Bahnen lenken. Es gilt ohne Wertung dem roten Faden der Lebensthemen zu folgen.

5. Geschichte

Ein Schreiner aus der Hansestadt Hamburg kam mit dem Problem zu mir, dass seine Firma zwar Topaufträge bekam und er diese mit den Mitarbeitern gerade mal so bewältigte, aber häufig Kunden auch wieder absprangen. Alle Mitarbeiter schienen leistungsmäßig auf vollen Touren zu laufen, und doch wurde er das Gefühl nicht los, irgendwie von seinen eigenen Leuten hintergangen zu werden. Obwohl es in seinem Gewerbe nicht ungewöhnlich ist, dass sich die Fertigstellung eines Auftrags verzögert, konnte er sich nicht erklären, warum das gerade bei ihm und seinen Angestellten so ausgeprägt war.

Auch fand er keine Erklärung dafür, warum in seinem Betrieb fast 50 Prozent der Belegschaft andauernd krank waren. Dazu kam noch, dass manche Kunden meinten, sich gegenüber einem Schreinermeister alles herausnehmen zu dürfen. Noch dazu hielt sich ihre Zahlungsmoral in Grenzen. Bis zu einem bestimmten Punkt lief mit den Kunden alles gut und hatte er das Gefühl, mit ihnen auf einer Stufe zu stehen. Doch dann konnte sich plötzlich der Wind blitzschnell drehen und er fand sich in unseligen Kontrolldramen wieder, bei denen er zumeist den Kürzeren zog. Entweder drückte man die Preise oder verlangte wegen Nichtigkeiten großflächige Nachbesserungen. Trotz einiger hoch stehender und wohlsituierter Auftraggeber gelang es ihm nicht wirklich, in den höheren Rängen mitzuspielen.

Erlösungsthema:
In der Anamnese, auf dem Weg zu den Lebensthemen, wurde mir sehr schnell klar, dass der Klient immer wieder in die Falle seines eigenen Egos lief und somit in wichtigen Momenten der Kommunikation durch verschiedene »dunkle Flecken auf der Augenlinse« die Zusammenhänge nicht sah.

Es geschah häufig, dass er sofort »dichtmachte«, sobald sein Gegenüber bei ihm verbal auf einen bestimmten Knopf drückte, und zu heftig reagierte. Damit erübrigte sich dann zumeist jedes weitere Verhandeln. Da er seinen Handwerksbetrieb schon seit 20 Jahren führte und die Kapazitäten um ein Vielfaches vergrößerte, stellte sich für ihn nun die Frage, warum der Sprung in wohlhabende Verhältnisse ihm einfach nicht gelingen wollte.

In der Firma krankte es, wie an den Krankmeldungen der Mitarbeiter sehr gut abzulesen war, an der Betriebsführung und hier wiederum an der Kommunikation. Einerseits wollte der Klient der liebe, gut gelittene, von allen hofierte, im Mittelpunkt stehende Chef sein, der alles konnte – und letztendlich alles besser konnte. Auf der anderen Seite waren es genau diese für ihn nicht zu erkennenden schwarzen Flecken auf der Pupille, die ihre Schatten warfen, sodass er bei wichtigen Gesprächen in ein Fahrwasser geriet, auf das die Belegschaft mit Krankheit und die Kunden mit dem Abbruch der Verhandlungen reagierten.

Diesen Wunsch, immer im Mittelpunkt stehen zu wollen, konnten wir zusammen bis in die Kindheit des Klienten verfolgen. Das Lebensthema möchte, dass er sein Ego transformiert. Das heißt, sobald ihm dies gelungen ist, wird er auch seine Firma anders führen und die Kundengespräche erfolgreicher abwickeln können.

Allerdings galt es auch das vorhandene Minderwertigkeitsgefühl aufzudecken und den Klienten an die innere Quelle der Kraft zu bringen, damit diese von da an ihm voll und ganz zur

Verfügung stünde. Wir konnten auch herausfiltern, dass sein Minderwertigkeitsgefühl auf den Vater zurückging, und so lernte der Klient, sein Selbstbewusstsein aus sich selbst zu schöpfen und nicht mehr auf die Anerkennung seitens des Vaters oder anderer Personen angewiesen zu sein.

Die Therapie bestand darin, dass wir alle Ego-Nuancen gemeinsam herauskristallisierten und der Klient zum Thema Firmenführung von mir Hilfestellung erhielt. Als er seine inneren Wunden für sich offen legen konnte, vermochte er auch sein Selbstwertgefühl in die Höhe zu schrauben, ohne weiter krampfhaft zu versuchen, in allem der Tollste zu sein. Er schaffte es, den Betrieb vorsichtig umzustrukturieren, Verantwortung abzugeben und in der Kommunikation die Werte, für die er eigentlich eintritt, umzusetzen.

Kommentar:
Setzen Sie sich mit Ihrem Ego auseinander. Stellen Sie sich die Fragen: Wer bin ich? Wo will ich hin? Warum will ich dorthin? Zur Unterstützung empfehle ich die Phantasiereise zum inneren Schatzkästchen auf der Übungs-CD.

6. Geschichte

Eine Kollegin kam einmal völlig aufgelöst und mit den schweren körperlichen Beschwerden einer Blasenentzündung zu mir in die Sprechstunde. Ohne lange Einleitung erzählte sie, sie habe nach vielen Ausbildungsseminaren einen Therapeuten kennen gelernt, dem sie sehr vertraue. Doch genau in diesen Mann verliebte sie sich. Als sie bei einem, für sie nicht so wichtigen Disput mit ihm einen Eklat herbeiführte, war die gerade begonnene Liebesgeschichte aber auch schon wieder zu Ende.

Als er ihr etwas zu ihrem Lebensthema sagen wollte, hatte sie ihm vorgeworfen, ihr ständig ins Wort zu fallen und sie so energetisch nicht zum Zuge kommen zu lassen. Nach mehrmaligem Nachfragen räumte sie ein, dass sie sich das besser selbst vorgeworfen hätte, da sie ihn dauernd unterbrochen hatte, um nicht hören zu müssen, was von seiner Seite zu sagen war.

Sie meinte dann, sie habe große Schwierigkeiten damit, von dem Therapeuten Wahrheiten anzunehmen, und hege eher das Gefühl, dass diese nicht stimmten, sondern einer persönlichen Haltung dieses Kollegen entsprungen seien.

Erlösungsthema:

Es stellte sich heraus, dass das, was der Kollege angedeutet hatte, tatsächlich mehr der Wahrheit entsprach als die Stellungnahme meiner Klientin. Nun war guter Rat teuer, da die Beziehung, wie sie sagte, schon seit einigen Wochen beendet war.

Als Erstes machte ich sie darauf aufmerksam, dass die Themen, die wir zu transformieren haben, von Abwehrmechanismen geschützt werden, die versuchen, mit ihren Mitteln die Transformation zu behindern, oder vorgeben, die Transformation finde statt, doch im Grunde bleibt alles beim Alten. Die Blasenentzündung und andere Details aus ihrem Leben wiesen eindeutig darauf hin, dass hier ein Lebensthema in die Erfüllung, in die Erlösung wollte, aber von den Abwehrmechanismen daran gehindert wurde. Wichtige Wachstumsschritte wurden vermieden und genau die Chance, die ihr der Kollege geboten hatte, nämlich sich den Spiegel vorzuhalten, hatte die Klientin vertan.

Ihr Hauptlebensthema ist es, in ihrem Sein die Transformation tatsächlich zu erfüllen und bewusster darauf zu achten, wann und wo alte Schattenmuster und Abwehrmechanismen sie in den Griff zu bekommen versuchen.

Als Therapeutin hat sie die Pflicht, ihre eigene Persönlichkeit aufzuarbeiten, denn sie kann anderen Menschen nur dann wirklich helfen, wenn sie sich selbst erkannt hat.

Was den Kollegen anging, in den sie sich verliebt hatte, riet ich ihr, ihn telefonisch um einen Termin für ein Treffen zu bitten. Bei diesem Gespräch sollte sie sich als Erstes für alle Fehlhandlungen mit Nachdruck entschuldigen und ihn anschließend dankbar dazu einladen, ihr auf ihrem Weg als Berater behilflich zu sein – gerade wenn es ihr mal nicht gelingt festzustellen, wann die Achtsamkeit in Unachtsamkeit umschlägt.

Kommentar:
Falls Sie auch als Therapeut arbeiten, ist die Selbstklärung die wichtigste Voraussetzung für die Behandlung anderer Menschen. Probieren Sie die Reise zum inneren Schatzkästchen, und falls Sie fündig werden, bearbeiten Sie Ihre Lebensthemen.

Ich gebe Fortbildungsseminare zum Thema »Erlösung der Lebensthemen«. (Siehe den Abschnitt Seminare.)

7. *Geschichte*

Ein Fußballer, der als Profi seiner Berufung frönte, war in letzter Zeit mehrere Male mit kleinen Verletzungen ausgefallen. Außerdem konnte er seine sportliche Höchstleistung im Moment nicht abrufen. Nun wollte er mit mir klären, wie das alles zusammenhinge und was er dagegen machen könne.

Erlösungsthema:
Das Lebensthema, das hier angesprochen ist, möchte als Transformation den Erfolg einer grandiosen Karriere erleben. Wir haben ein Thema, das materialisiert werden möchte. Hier gilt es nun die inneren Boykotteure herauszuarbeiten, die den Fußballer daran hindern, mit herausragenden Leistungen auf dem Platz zu glänzen. Dieses Thema war ihm im Leben schon öfter begegnet. Doch an der augenblicklichen Variante störte ihn,

dass er jetzt, wo gerade seine große Laufbahn begonnen hatte, plötzlich mit dem Spielausfall zurechtkommen musste. Er hatte die Aufgabe, das Zittern vor dem Erfolg zu transformieren, das Ja zu seiner Situation bis in die letzte Zelle seines Körper-Geist-Seelesystems zu bestätigen. Damit konnte der Klient gleichzeitig die Hürde vom Jugendlichen zum Mann überspringen. Es stand an, in einem Initiationsritual dem Klienten in die Kraft des Mannes zu helfen, der »seinen Mann steht«. Zusätzlich trainierten wir die Ausschaltung seines Denkapparats, und dies brachte ihm die notwendige Ruhe für den Quantensprung.

Kommentar:
Wenn Sie Schwierigkeiten mit Ihrer Kraft haben, dann zeichnen Sie imaginär einen Kreidekreis auf den Boden, lassen Sie alle alten Gefühle und Gedanken los und machen Sie jetzt den Schritt in diesen Kraftkreis. Fühlen Sie, wie das, was Sie sich vornehmen, in Ihnen Platz nimmt, und gehen Sie so gestärkt in Ihr weiteres Leben.

Als hilfreich erweist sich in diesem Fall auch die dem Buch beigefügte Übungs-CD. Mit der Phantasiereise zum inneren Schatzkästchen können Sie noch offene Lebensthemen entdecken.

8. Geschichte

Einmal erschien ein Architekt mit mürrischem Gesichtsausdruck bei mir in der Praxis. Die Mimik zeigte, dass ein falscher Ton ihn jederzeit in eine kampfbereite Position springen lassen würde. Dazu hatte er einen tief frustrierten Ausdruck in den Augen. Als er mir von seinem Leben erzählte, kam heraus, dass er seit 20 Jahren als Architekt tätig war, sein Beruf ihm aber völlig auf die Nerven ging, da er sich mit praktisch jedem Auftraggeber am Ende zerstritt. Meistens musste er zudem ewig seinem Honorar hinterherlaufen oder sogar vor Gericht darum streiten.

Der Architekt legt großen Wert auf biologisch einwandfreies Bauen, gerade auch im Detail sorgt er für Qualität. So passiert es leicht, dass er bei in der Bauzeit auftauchenden Problemen ohne weitere Absprache die teurere Lösung nimmt.

Auf den Rat seiner Frau hin ließ er sich nach langem Hin und Her überreden, zu einer Therapiestunde zu kommen, aber eher mit dem Vorsatz: »Na ja, ich gehe da jetzt mal hin, aber nötig habe ich das nicht. Wenn ich merke, dass das irgendwie komisch läuft, gehe ich sofort!«

Erlösungsthema:
Schon die Aura des Klienten fühlte sich sehr aggressiv an, eher wie eine tickende Zeitbombe, die man besser in Ruhe lässt.

Ich fragte ihn, was er von mir erwarte und ob er sich wirklich mit mir unterhalten wolle. Die Antwort polterte mir entgegen. Er meinte, an all diesen Dingen keinerlei Schuld zu tragen, er hätte mit den Auftraggebern einfach Pech gehabt.

Meine Erklärung dazu ließ ihn nur noch wilder dreinblicken. Seine Probleme passieren bei Detailfragen, dort, wo der Architekt die meiste Kompetenz besitzt. Der Klient trifft Entscheidungen ohne Rücksprache mit den Bauherren. Das führt jedes Mal zum Eklat. Es besteht keinerlei Einsicht von seiner Seite, dass Kompetenz nicht einfach mit Entscheidungsfreiheit gleichzusetzen ist.

Die Kommunikation über derartige Entscheidungen konnte nicht stattfinden, weil der Architekt bis über beide Ohren in Kontrolldramen verstrickt war. Mit seinem eigenwilligen Verhalten wollte er es seinem Umfeld heimzahlen, dass seine Eltern ihm nicht genug Aufmerksamkeit und Liebe geschenkt hatten. Er behandelte praktisch jeden Bauherrn als Revanche dermaßen schlecht, dass dieser an seinem Bauprojekt, wenn es denn fertig war, nur noch schwer Gefallen fand.

Um eine Kommunikation zu entwickeln, die die ganze Palette der Begegnung mit anderen Menschen und in diesem Fall mit den Auftraggebern ermöglicht, musste der Klient seine Lebensthematik erlösen.

Der Architekt hatte die Verpflichtung, seine innere Wut zum Beispiel durch lautes Schreien im Wald oder Kampfsportarten loszuwerden. Auf diese Weise konnte er allmählich sein abgrenzendes Verhalten und seine Unnahbarkeit in Liebe und mitfühlende Kommunikation verwandeln.

Außerdem stand für ihn die Aussöhnung mit seinem inneren Kind an und die Aufgabe, seine innere Quelle als Nahrung für das Selbst zu erschließen. Es war für den Klienten höchste Zeit, seine Thematik in die Transformation zu schicken, da er sich nämlich sonst um die Früchte seines Lebens gebracht hätte.

Es gelang uns mit verschiedenen Übungen, das innere Kind mit der Quelle der Kraft zu verbinden und dadurch ein liebevolles Miteinander des Klienten mit sich selbst und seiner Umwelt herzustellen. Quasi als Überlaufventil wählte er ein Karatetraining, und das besänftigte ihn zusätzlich. Mittlerweile hat er seinen Frieden gefunden und kann seine Baustellen mit einer allseits zufriedenen Abschlussparty krönen.

Kommentar:
In so einem Fall steht der Mensch unter permanentem Druck. Es gilt dringend gegenzusteuern. Wenn in Ihrem Leben Ähnliches vorkommt, ist es höchste Zeit, an der Erlösung der Lebensthemen zu arbeiten. Gegebenenfalls suchen Sie bitte einen Therapeuten auf.

9. Geschichte

Ein Briefträger entschloss sich, in seinem kleinen Heimatdorf Bürgermeister zu werden. Nun hatte er aber Angst, als Briefträger den Job des

Bürgermeisters nicht voll ausfüllen zu können. Er wollte mit mir erarbeiten, ob dieser Schritt wirklich sinnvoll war.

Erlösungsthema:
»Natürlich ist das sinnvoll«, sagte ich zu ihm. Es ist die Erfüllung des Lebensthemas, dass diese Seele als Mensch einen Wachstumsschritt tätigt, der ihn aus »kleinen« Verhältnissen zum Oberhaupt eines Dorfes macht. Diesen Schritt zu wagen ist genau die Transformation, die ansteht.

Nachdem der Klient sich diese Stärkung geholt hatte, setzte er zum Sprung an und heute, Jahre später, sehe ich einen Menschen, der seinem Dorf gut tut, sich selber gut tut, den rechten Platz in seiner Familie einnimmt und mir, wenn ich ihn treffe, herzlich entgegentritt.

Kommentar:
Erfüllen Sie sich Ihre Lebenswünsche!

Partnerschaft

1. Geschichte

Eine Dame kam völlig aufgelöst in meine Sprechstunde, weil ihr Partner sich von ihr nach sieben Jahren getrennt hatte. Nun wollte sie erarbeiten, warum ihr das widerfahren war. Im Verlauf des Gesprächs näherten wir uns langsam dem inneren Schatzkästchen und den darin eingeschlossenen Lebensthemen.

Die Dame hatte im Alter von sechs Jahren bei einem Unglück ihren Vater verloren. Sie wuchs weiter bei ihrer Mutter und später mit einem Stiefvater auf. Im Erwachsenenalter vermochte sie aber entweder keinen wirklichen Liebespartner auszusuchen oder musste dem Partner, den sie vermeintlich liebte, mit Energieraub begegnen. Energieraub in der

Weise, dass es ihr sehr wichtig war, die Fäden in der Partnerschaft in der Hand zu halten, sagen zu können, wo es langzugehen habe, und auch wirtschaftlich möglichst die besser Verdienende zu sein. Mit dieser Art Sicherheit wollte sie den Partner an sich binden. Derartige Machtspiele halfen ihr aber nicht, den Partner zu halten. Das Tragische an der letzten Beziehung war für sie, dass früher sie die Männer verlassen hatte, diesmal aber sie die Verlassene war.

Erlösungsthema:
Es galt herauszuarbeiten, dass ihr Lebensthema mit dem Startschuss in der Familie zusammenhing. Das traumatische Erlebnis, den Vater, den Dreh- und Angelpunkt ihrer Kindheit, verloren zu haben, sollte sie dahin bringen, die Kraft in sich selbst zu finden, um sich von Herzen mit den Menschen, die ihr wichtig sind, zu verbinden und das nach Macht strebende Verhalten in ein tiefes Vertrauen in sich selbst, ihren Weg und damit in ein liebevolles Miteinandersein umzuwandeln.

Die Wut darüber, vom Vater allein gelassen worden zu sein, muss damit nicht mehr auf Partnerschaften projiziert werden. Das liebevolle Aufgehobensein wird im eigenen Sein, in Verbundenheit mit der göttlichen Existenz, erfahren.

Der Klientin wurde, als wir ihre Lebensthemen ergründeten, klar, welche Spiele sie aus der Verletztheit eines siebenjährigen Mädchens heraus all die Jahre aufrechterhalten hatte. In der Kindheit kämpfte sie wie eine Löwin gegen ihre Mutter und den gehassten Stiefvater. Es war ein Spiel, das sie unbewusst an ihren Sohn weitergegeben hatte, indem sie ihm zuerst einen nicht geliebten Mann als Vater zur Seite stellte und später dem nun geflüchteten Geliebten die Rolle des ungeliebten Stiefvaters zuwies. So hatte der »geliebte« Partner auch noch die Antipathien des Sohnes zu ertragen.

Diese Erkenntnis half der Klientin zwar nicht mehr, den Verflossenen aufs Parkett zurückzuholen, aber für eine glückliche neue Partnerschaft war das Erlösen dieses Themas immens wichtig. Die Klientin kam zur Unterstützung ihres Prozesses noch einig Male in Einzelsitzungen und hat, wie ich in einem beschwingten Telefonanruf erfahren durfte, den Mann ihrer Träume mittlerweile gefunden.

Kommentar:
Mit unerkannten Machtspielchen verschleudern Sie Ihre Lebensenergie und gewinnen niemals das, wonach Ihnen eigentlich der Sinn steht. Versäumen Sie keine Zeit, legen Sie die Übungs-CD in Ihr Abspielgerät, machen Sie sich auf den Weg zu Ihren Lebensthemen. Auf was warten Sie noch?

2. Geschichte

Die Thematik, die meine Klientin veranlasste, zu mir zu kommen, stellte ihr komplettes Leben in Frage. Sie hatte die Transformation mehr als 20 Jahre lang hinausgezögert und sich somit die ganze Zeit über in einem Energiefeld befunden, das allen Beteiligten nicht gestattete, zu ihrer größtmöglichen Kraft zu finden.

Sie kam zu mir, weil sie große Schwierigkeiten mit ihrem über 20-jährigen Sohn hatte und dieser sich plötzlich, obwohl er immer noch zu Hause wohnte und versorgt wurde, gegen sie auflehnte. Ihrem Verständnis nach hatte sie sich gewissermaßen für dieses Kind aufgeopfert und all ihre Liebe und ihr Geld in ihn investiert. Sie konnte nicht verstehen, dass ihr Sohn sie jetzt mit einem solchen Verhalten konfrontierte.

Bei der Besprechung und der Reise ins Innere holten wir zusammen die Geschichte noch einmal ans Licht. Vor gut 20 Jahren führte Sie ein Leben in vermeintlicher Leichtigkeit und fand Gefallen an mehreren Männern gleichzeitig. So hatte sie einen Mann kennen gelernt, mit dem sie geistig auf der gleichen Wellenlänge lag, der ihr aber etwas langweilig erschien, einen anderen nach langer Zeit wieder getroffen und an einem wunderschönen Tag mit zu sich genommen, und war noch einem dritten begegnet, der aus dem Land ihrer heimlichen südländischen Träume zu kommen schien.

Mit allen drei Männern hatte sie ein sexuelles Verhältnis, und daraus ergab sich eine Schwangerschaft. Als Vater des Kindes suchte sie sich den Mann aus, bei dem sie sich geistig am besten aufgehoben fühlte. Die Jahre gingen ins Land und sie waren eine normale Familie, bis von außen die Vermutung laut wurde, das Kind stamme wahrscheinlich von einem anderen Mann.

An der Stelle fragte ich erst einmal nach, wie denn das Verhältnis zwischen ihr und ihrem Mann und die Beziehung zu dem Kind über die Jahre ausgesehen habe. Darauf erwiderte sie, sie beide fühlten sich wohl miteinander und sie kämen vor allem mit dem Kind wunderbar klar. In der Zweisamkeit gab es zwar erhebliche Probleme, die sie sich aber nicht erklären konnte. Auf jeden Fall war der Mann beruflich bedingt viel unterwegs. Doch sie konnte sich, wenn es zum sexuellen Austausch kam, ihm nicht ohne Tränen nähern. Ich nahm das zur Kenntnis und bat sie, mit der Geschichte fortzufahren.

Es wurde tatsächlich ein Bluttest gemacht, der ergab, dass der vermeintliche Vater tatsächlich nicht der Erzeuger des Sohnes war. Daraufhin trennte sich das Paar, blieb aber über das Kind miteinander verbunden. Jetzt wurde der tatsächliche Vater gesucht und auch gefunden.

Dieser war sehr interessiert daran, die Vaterschaft anzutreten. Die Mutter konnte ihm aber diesen Platz nicht so richtig einräumen, da sie in untröstlicher Trauer über den Verlust ihrer Familie versunken und mit dem Auftauchen eines neuen Vaters überfordert war. Ihr Weltbild brach zusammen. Der Klientin war es verständlicherweise sehr unangenehm, mit dem leiblichen Vater Kontakt aufzunehmen und ihm die Möglichkeit zu geben, den Sohn kennen zu lernen.

Daran änderte sich bis zur Volljährigkeit des Sohnes nichts Grundlegendes. Die paar Male, wo der Sohn seines Vaters ansichtig wurde, konnte er keine wirkliche Beziehung zu ihm aufbauen und das unterschwellig manipulierende Verhalten der Mutter tat ein Übriges. Der Sohn war also ohne den leiblichen Vater groß geworden und hat dadurch erhebliche Probleme mit seinem Platz im Leben, da er eine seiner Wurzeln nicht wirklich hatte kennen lernen können.

Erlösungsthema:
In den therapeutischen Einzelsitzungen schälten wir heraus, dass das, was in die chaotischen Verhältnisse geführt hat, ein Thema ist, das die Mutter dringend als Erlösungsthema für sich erarbeiten muss. Damit die Mutter erkennen konnte, wie tief ihre Problematik saß, mussten wir noch einmal bis in ihre Kindheit zurück und das Elternhaus beleuchten. Durch ihr Leben zog sich ein roter Faden: die Probleme mit ihrer Sexualität, das Nicht-genießen-Können einer orgiastischen Verschmelzung mit einem Mann. Letztendlich hatte sie diese köstliche vitale Lebenskraft aufgegeben und war damit vom Hals abwärts von ihrer Energie abgeschnitten. Was übrig blieb, war eine sehr vom Kopf gesteuerte Frau.

Die Ursache dafür ist in der Frage zu suchen, was sie dazu gebracht hatte, ihre Sexualität als belastet zu empfinden. Aller Wahrscheinlichkeit nach lag der Grund in einem Missbrauch seitens des Vaters. Das heißt Missbrauch in Form von geschlechtlicher Berührung des Kindes oder energetischen Berührens über die Gedanken und die Scham darüber. Dies hatte den Energiefluss zwischen Vater und Tochter empfindlich gestört.

Sie erzählte mir in einer Sitzung, dass ihr Vater lange Zeit nicht als normales Familienmitglied in Erscheinung getreten ist, sondern sich zurückgenommen hat. Er durfte von den Kindern nicht gestört werden. Die Mutter hat dann auch die Rolle des Vaters übernommen, er selbst wurde außen vor gelassen.

In den folgenden Jahren wurde diese Geschichte von allen verdrängt. Im Erwachsenalter und bei der Auseinandersetzung mit der Sexualität experimentierte sie herum, ist aber prompt »reingefallen«, da sie eine normale monogam gelebte Sexualität nicht erfahren konnte. Die Klientin wollte sich anständig vermählen, wurde aber von den Schattenseiten der Sexualität, der Scham und der gewaltigen Urkraft des sexuellen Gefühls eingeholt. Das hat dazu geführt, dass sie schwanger wurde und hinsichtlich des Vaters nicht mit offenen Karten spielte.

Sie nahm den Mann zu sich, der ihr geistig nahe stand, aber auch in gewisser Weise unnahbar war – ähnlich unerreichbar wie ihr eigener Vater. Das heißt, sie musste auch hier diese Unerreichbarkeit noch einmal erleben, weil sie unbewusst den Mangel an echter Liebe seitens ihres Vaters aufarbeiten wollte. Der gewählte Mann, der ebenfalls mit einer sexuellen Störung belastet war, passt als Lernerfahrung genau auf den Platz, den er eingenommen hat.

Bis die Klientin in die Therapie kam, wurde der Platz des Vaters vor dem Sohn sogar vernebelt und für diesen unsichtbar mit Schuld, Scham, Wut und Aggression beladen. Die Mutter gab dem Kind das Gefühl, wegen des Vaters nicht wirklich glücklich sein zu können. Das brachte das Kind noch zusätzlich gegen den Vater auf.

Die Transformation und Erlösung verlangten von der Mutter, eine Aussöhnung zwischen Vater und Sohn zu bewerkstelligen, dem Sohn reinen Wein einzuschenken, sich bei dem Jugendlichen und dem Vater für ihr Verhalten zu entschuldigen und nunmehr mit aller Kraft zur Versöhnung beizutragen. Außerdem musste sie ihr Herz wieder für den Kindsvater öffnen.

Doch auch der »Ersatzvater«, der lange Zeit als Vater gedient hatte, war mit einzubeziehen und auch bei ihm musste sie sich entschuldigen. Im Grunde genommen hatte sie den vergrößerten Familienrat an einen Tisch zu bekommen und miteinander zu versöhnen. So kann der junge Mann in der Beziehung zu seinem leiblichen Vater Leichtigkeit erleben und ihn erstmals wirklich sehen, sich an ihn anlehnen.

Es spielt keine Rolle, wie alt das Kind oder die Eltern sind, diese Auflösung kann in jedem Alter durchgeführt werden, auch wenn die Eltern schon über 90 und der Sohn über 60 Jahre alt ist.

Zum Transformationsthema der Mutter gehörte auch, dass sie sich mit ihrer Sexualität auseinander setzte, indem sie mit therapeutischen Sitzungen oder Tantra-Kursen für eine wohlige, nährende Sexualität sorgte. Sie sollte wenn möglich die Aufarbeitung mit dem eigenen Vater suchen, und falls das nicht machbar wäre, eine gewisse Grenze in der Verbindung setzen. Transformation bedeutet, in den Bewusstseinsprozess wirklich einzutauchen, alles ohne Scheuklappen und Kompromisse aufzudecken und reinen Tisch zu machen.

Die Klientin fühlte sich nach unseren Therapiestunden wie neugeboren. Ihr Sohn hatte nach dem Gewinn seines richtigen Vaters zu seiner früheren Ausgeglichenheit zurückgefunden und konnte das Leben bei der Mutter wieder genießen. Tatsächlich gelang es ihr, die Familie auszusöhnen, nur ihr eigener Vater zog sich noch mehr zurück, er wollte von alldem nichts wissen.

Kommentar:
Selbsttäuschung ist die größte Sünde, nur eine rigorose Selbstaufarbeitung bringt wirkliche Lebensfreude und Teilhabe am Leben. Jahrzehntelang in alten Positionen stecken zu bleiben ist einfach nicht nötig. Nehmen Sie sich Zeit für eine Phantasiereise mit der Übungs-CD, es wird der Anfang der Reise zur Transformation Ihres Lebensthemas.

4. Geschichte

Ein Ehepaar kam mit seinen Partnerschaftsproblemen in meine Praxis. Die Frau hatte einen schweren Unfall erlitten, bei dem ihr ein Omnibus mit einem Rad über die Beine gefahren war. Nachdem sie nach langem Krankenhausaufenthalt wieder auf Krücken laufen konnte, versuchte das Ehepaar nun die Thematik hinter dem Geschehen zu ergründen.

In der Anamnese stellte sich heraus, dass das Paar in der 30-jährigen Ehe ein eher rituelles Leben miteinander führte. Eine echte Verständigungsebene, von Seele zu Seele, bestand zwischen den beiden schon lange nicht mehr, wenn es sie überhaupt jemals gegeben hat. Dazu kam, dass die Mutter der Frau sich zum Pflegefall entwickelte und über die Tochter Anschluss an deren Familie suchte. Die Ehefrau sah sich verpflichtet, die Pflege der alten Dame zu übernehmen. Unmittelbar bevor sie diese Hilfeleistung antreten wollte, geschah der Unfall. Dank eines wunderbaren Arztes wurden ihre Beine gerettet und machte die Heilung gute Fortschritte.

Erlösungsthema:
Das Paar hatte sich als Lösungsthema vorgenommen, zueinander zu finden. Von dem relativ unpersönlichen Umgang miteinander zu einer wirklichen Seelenbegegnung kam es erst direkt nach dem Unfall, als nämlich der Mann anfing, sich rührend um seine Frau zu kümmern.

Vor dem Unfall wurde also der äußere Druck auf meine Klientin stark erhöht, und zwar einerseits durch das Gefühl, es verbinde sie nichts mit ihrem Mann, und andererseits durch die Angst vor einer drohenden Überlastung. Mit dem intuitiven Gefühl, dass die Pflege der alten Mutter in dieser Art und Weise nicht stimmig sei, steuerte die Ehefrau auf einen Unfall zu.

Ein Umdenken konnte bei der Frau erst nach so vielen Jahren im Anschluss an den plötzlichen Zusammenprall verschiedener Kräfte stattfinden. Als Warnung wurde sie nicht von ihrer Mutter und ihrem Mann, sondern von einem Omnibus überrollt. Das Transformationsthema ist hier: die Position des Opfers in kraftvolle Selbstbehauptung zu verwandeln.

Ich empfahl der Frau, ihrer Mutter gegenüber mutig Grenzen zu setzen. Nur wenn dies gelingt, kann sie sich langsam in aller Ruhe wieder zu ihr hin öffnen, sodass ein gewisser Kontakt und auch eine für beide Seiten erträgliche Hilfe erfolgen kann. In der Partnerschaft hatte sich der wichtigste Schritt schon ereignet, denn durch den Unfall war dem Mann klar geworden, wie schnell das Leben zu Ende sein kann. Vor allem versuchte er sich jetzt damit auseinander zu setzen, warum sie beide jahrzehntelang so eine unpersönliche Beziehung akzeptiert hatten.

Das Lebensthema des Mannes und der Frau lautet, nicht mehr die alten Rollen von Unnahbarem und Opfer zu spielen, sondern sich auf Nähe und Liebe einzulassen. Nach einigen Paarsitzungen gelang es, die Ehepartner in wirkliche Liebespartner zu verwandeln.

Kommentar:
Öffnen Sie sich Ihren Lebensthemen, es ist nie zu spät. Doch verschenken Sie keine Lebensjahre, sie kommen garantiert nicht wieder. Es gilt dabei eine Lernbereitschaft für eine gesunde Grenzsetzung zu entwickeln.

5. Geschichte

In einem meiner 7-Tibeter-Kurse kam während der Seminartage bei einer Teilnehmerin ganz vehement das Thema Partnerschaft und Liebe auf, sodass ich dieser Ebene mehr Raum gab.

Die Frau war seit Jahrzehnten verheiratet und hatte ein Kind großgezogen. Man konnte spüren, dass sich durch diese Gruppenarbeit im Seminar in ihr etwas regte, das lange verschüttet gewesen war. Als es dann unter Tränen aus ihr herausplatzte, erzählte sie, sie habe sich gerade bei einer großen Lebenslüge ertappt.

Wie sich weiter herausstellte, hatte sie unmittelbar nach der Heirat gemerkt, dass das Zusammensein mit dem Ehemann eigentlich nicht ihren Träumen entsprach. Als die erste Verliebtheit langsam gewichen war, veränderte ihr Partner sich sehr zu seinem Nachteil. Alles was vorher reizend, freudig erregt, helfend ausgesehen hatte, hatte sich völlig verwandelt.

Bevor sie damals noch lange darüber nachdenken konnte, wurde sie jedoch schwanger, und damit erübrigte sich jegliche Reflektion über die Fortsetzung der Partnerschaft. In den nächsten Jahren war ihr Hauptaugenmerk dann auf das Kind gerichtet. Der Mann trat in den Hintergrund. Doch ab einem gewissen Alter des Kindes wollte sie gerne wieder Dinge mit ihrem Mann gemeinsam genießen, dieser zeigte jedoch für die Interessen der Gemahlin kaum Verständnis. Er lebte bereits sehr stark für seine eigenen Interessen, empfand das auch als richtig und meinte, sie solle ihre Sachen machen und er mache weiter die seinen.

So gingen einige Jahre ins Land, das Kind wuchs heran, die Seminarteilnehmerin wurde immer gereizter und ungeduldiger und sagte nun in der Gruppe, sie habe sich schon zehn Jahre zuvor von ihrem Mann trennen wollen. Kurz bevor sie wirklich so weit war, die Trennung zu vollziehen, wurde ihr Mann aber schwer krank, und damit blieb ihr nach ihrem moralischen Verständnis keine andere Wahl, als ihn erst einmal gesund zu pflegen und bei ihm zu bleiben.

Stimmig war die Sache schon lange nicht mehr, aber sie hielt aus bis zum Zeitpunkt des Seminars, und nun wurde sie mit ihrem Leben und dem, was sie daraus weiter machen wollte, konfrontiert.

Erlösungsthema:

Es galt für sie, der Sache ins Auge zu blicken und zu erkennen, dass ihr Lebensthema darin lag, zur eigenen Wahrheit zu stehen. Die Transformation bestand darin, dass sie sich genau ansah, wie sie bis dahin ihr Leben gelebt und wo sie Endscheidungen getroffen hat, die eigentlich nicht ihrer Vorstellung entsprachen. Sie hatte im Seminar nun die Möglichkeit, neue Entscheidungen zu fällen und diese mit dem zu vereinbaren, was sie leben wollte, so kann für sie Transformation passieren.

Auf dem Weg in die Umsetzung würde sie immer wieder mit der sehr starken Macht der alten Schattenmuster konfrontiert werden, die Abwehrmechanismen rund um das Schatzkästchen der Lebensthemen würden ihr einzureden versuchen, dass sie es doch zu Hause ganz gemütlich habe und man so etwas nicht einfach aufgebe. Doch die in der Gruppe erlangten Erkenntnisse würden ihr helfen, Stück für Stück das Neue zu platzieren. Natürlich fällt die Durchführung nicht leicht, aber mit dieser langen Leidenszeit im Rücken, die sie nunmehr als Kraft nutzen kann, würde sie die Trennung von ihrem Mann durchziehen.

Kommentar:
Seien Sie ehrlich zu sich selbst. Schauen Sie Ihrer Wahrheit und Ihren Lebensthemen direkt in die Augen. Übernehmen Sie Verantwortung, Sie allein sind der Schmied ihres Glücks.

6. Geschichte

Eine Frau mittleren Alters schüttete mir ihr Herz aus. Sie war seit langem entsetzt über die ewigen Wiederholungen in ihrem Leben. Der Kreis mit den Männern schloss sich ein ums andere Mal an der gleichen Stelle. Sobald es in einer Partnerschaft anfing interessant zu werden, verebbte ihr Interesse daran.

Der Knackpunkt waren sexuelle Berührungen. Wenn der Mann eine Hand Richtung Genitalien gleiten ließ, kam in ihr eine riesige Trauer hoch und hinter der Trauer tiefgründige Wut, Aggression und Gewalt. Die Männer, die in ihrem Leben eine Rolle gespielt hatten, konnten ihr dabei auch mit noch so viel Zärtlichkeit nicht helfen. Das wiederholte sich mit jedem Liebhaber. Von der Reaktion der Frau irgendwann entnervt, zogen sich die Männer dann zurück, oder sie selbst hielt die Nähe nicht mehr aus und floh vor ihren Empfindungen.

Erlösungsthema:
Ich stand vor dem klassischen Missbrauchsthema mit individu-

eller Ausprägung. Der Berührungsmissbrauch durch den Vater hatte sie auf verschiedenen Ebenen verletzt, was zur Folge hatte, dass die Klientin große Schwierigkeiten mit ihrer Kraft erlebte. Sie konnte das, worauf es ihr im Leben ankam, nicht richtig zustande bringen, weil durch den Missbrauch wichtige Energien gekappt, sozusagen nicht vorhanden waren. Sie schaffte es nicht, ihr Leben auf die Reihe zu bekommen.

Die zugefügten Verletzungen mussten nun geheilt und die Energiedefekte überbrückt oder die Energiebahnen entstaut werden. Diese Seele hatte sich ein schwieriges Thema ausgesucht, das gewiss mit eigenen, früheren Thematiken in anderen Leben in Verbindung stand. Eventuell ist das eine Erfahrung, die sie selbst einmal ausgeführt hat, und zur Komplettierung des Erfahrungsschatzes ist es ihr in diesem Leben wichtig zu erkunden, wie es sich anfühlt, wenn man das Missbrauchsthema als Opfer erfährt.

Ein weiterer Aspekt der Erlösung ist der weite Weg, die eigene Kraft wiederzufinden. Es ist Mut, Standfestigkeit, Willenskraft und unbeugsame Ausdauer nötig, will man den Energiestrom des Körper-Geist-Seelesystems in Einklang bringen.

Beim Missbrauchsthema geht es auch darum, in die innere Mitte zu gelangen und sich mit dem anderen Geschlecht auszusöhnen. Hier gilt es ebenfalls die entstandene Kluft zu überwinden, die der Graben zwischen dem Männlichen und Weiblichen geschaffen hat. Zu lernen ist eindeutig, den Graben zu überwinden oder zu schließen, damit die Energie wieder frei fließen kann. Das Thema beinhaltet verschiedene Stadien der Heilung, die von totaler Abkapselung über das Heimzahlen bis hin zum Zusammenfließen der Energien reichen. Jede Phase hat ihre eigene Entdeckungsreise.

Die Frau konnte nach einem Dreivierteljahr Einzelarbeit dann mit einem neuen Partner ihren Graben schließen. Sie hat die Herausforderung dieses Erlösungsthemas endlich angenommen und mit ihrem neuen Partner das Crescendo ihres Liebeslebens erfahren. Für sie war es wie eine Wiedergeburt in ein neues Leben, alle alten Erfahrungen und Missbrauchsgeschehnisse haben keinerlei Einfluss mehr auf diese Klientin.

Kommentar:
Das Transformationsthema heißt: Finde die Liebe zu dir selbst und zum Partner. Man muss in diesem Leben lernen, die Energieblockaden zu durchbrechen. Warten Sie nicht länger auf einen automatischen Durchbruch, beginnen Sie mit der Reise zu Ihrem Lebensthema, die CD wird Ihnen eine Hilfe sein.

7. *Geschichte*

Nachdem es einer Klientin auf ihrem Entwicklungsweg gelungen war, sich von ihrem Ehemann zu trennen, und dies mit der Scheidung besiegelt worden war, fiel sie in ein tiefes Loch, mit dem sie so nicht gerechnet hatte.

Das plötzliche Alleinsein erfuhr sie als pure Einsamkeit. Viele Freunde hatten sich losgesagt und ihrem Mann angeschlossen. Sie wohnte jetzt in einer kleineren Wohnung mit nur einer Hand voll Möbeln, fühlte sich verlassen, einsam und allein. Sie saß wie vor einer Wand und versuchte den Schock zu verarbeiten.

In dieser Situation bat sie mich um Beistand und Hilfe. Dieses Thema musste für sie ein Ende finden.

Erlösungsthema:
Die Klientin musste die Herausforderungen dieses Erlösungsthemas komplett annehmen. Die größte Herausforderung für sie war, im Alleinsein mit dem göttlichen Gefühl der Meditation in Kontakt zu kommen. Was vormals an Energie in die Auseinandersetzung mit dem Mann und in die täglichen Haushaltspflichten geflossen war, wusste auf einmal nicht mehr, wo-

hin. Enorm viel Energie wirkte plötzlich destruktiv und wendete sich augenscheinlich gegen den Erzeuger.

Das ist die leichteste Falle, in die der Mensch in so einer Situation tappen kann. Energie ist letztendlich neutral, sie wirkt sich je nach Gebrauch verschieden aus. Es geht in diesem Fall darum, die Energie nach innen zu nehmen und so die inneren Räume zu öffnen und Stille einkehren zu lassen. Stille, die keine Gedanken kennt.

In Momenten der Entscheidung, und da geht es uns allen ähnlich, die wir solche Momente erfahren, fühlen wir uns oft plötzlich einsam, so völlig allein wie auf einer menschenleeren Insel und haben das Gefühl, schreien zu müssen, weil keiner da ist, der uns hält, einen Laut an uns richtet.

Das ist der geeignete Augenblick, um sich verstärkt im Selbst zu verankern und damit aus der Abhängigkeit und Sklaverei von Beziehungen auszutreten. Mithilfe des Bewusstseinsschalters gilt es, sekündlich darüber zu wachen, dass man sich nicht gehen lässt und dem Reigen der Schattenemotionen doch wieder Macht einräumt.

Die Klientin musste sich darüber klar werden, dass wir alle letztendlich allein sind. Wir können dieser Tatsache zu entfliehen versuchen, indem wir uns mit irgendwelchen Tätigkeiten beschäftigt halten oder uns ständig mit Freunden und Bekannten umgeben. Nichtsdestotrotz ist die Wahrheit das All-eins-Sein, das wirklich wahre Wesen der Seele.

Wenn wir die Qualität des All-eins-Seins noch nicht erfahren haben, ist es höchste Zeit, mit diesem Phänomen zu experimentieren. Am einfachsten ist es, bestimmte Meditationstechniken auszuprobieren und damit Stunden der Gedankenstille und der emotionalen Freiheit zu erleben.

Auch wenn Sie den Weg zum Therapeuten einschlagen, um die Einsamkeit des Alleinseins zu vermeiden, wird Ihnen dieser nur bedingt helfen können, solange Sie nicht anfangen, sich mit dem Phänomen des All-eins-Seins ernsthaft auseinander zu setzen. Nur wenn Sie das tun und sich darauf einlassen, haben Sie auch die Chance, die Transformation von der Einsamkeit ins All-eins-Sein zu erleben.

Meine Klientin konnte sich nach relativ kurzer Behandlungszeit mit ihrem Innern aussöhnen und die Transformation ihres Hauptlebensthemas zu Ende bringen, da sie neue Handlungsweisen einübte, getroffene Entscheidungen auch umsetzte und Stille in der Meditation fand. Sie gewöhnte sich an ihre kleine Wohnung, erfreute sich an ihren Einrichtungsgegenständen, Meditation fiel ihr jetzt leicht und ihren geschlossenen Energiekreislauf nutzte sie für kreative Tätigkeiten.

Kommentar:
Nehmen Sie die Herausforderung Ihres Lebensthemas an. Stellen Sie sich Ihrer Wahrheit. Wanken Sie nicht vor dem All-eins-Sein. Auch wenn Sie innerlich vor Angst zittern, gehen Sie durch die Täler der Transformation, es ist der Mühe wert.

Alter

1. Geschichte

Ein älterer Herr kam zu mir in die Praxis, weil er unter der langjährigen Abwendung seiner Familie litt, was ihn nun in fortgeschrittenem Alter sehr bedrückte. Bei der Aufarbeitung dieses Themas konnte ich erkennen, dass dieser Mann hauptsächlich für sein eigenes Wohlbefinden lebte und an seinem egomanen Verhalten die Realität und Konsequenz seines Handelns nicht mehr wahrnahm.

In der Therapie bewegten wir uns bis in seine Kindheit zurück und schauten dabei auch das Verhältnis der Eltern und den Werdegang seiner Familie in den letzten 60 Jahren an. Die Familie, in die hinein er geboren wurde, war von Oberflächlichkeit und Lieblosigkeit geprägt.

Sein Vater, von Beruf Lehrer, hatte ihn stets hart an die Kandare genommen und war gestorben, als der Sohn gerade in der Pubertät steckte. So musste der Klient beispielsweise, während seine Kameraden noch Ferien hatten, in der Klasse des Vaters in seinem kleinen Heimatdorf, wo der Unterricht bereits wieder begonnen hatte, mit einer völlig anderen Altersstufe auf der Schulbank sitzen.

Seine einzige Fluchtmöglichkeit war die, all seine Kraft in die eigene Ausbildung zu stecken, sodass er Abitur und Studium mit der Note »Sehr gut« abschloss und dadurch frühzeitig das Zuhause verlassen konnte. Als Akademiker standen ihm anschließend viele Möglichkeiten offen, und so suchte er weit weg in einer Großstadt seinen Lebensmittelpunkt. Dort gründete er eine Familie, zeugte mehrere Kinder und dachte, alles laufe bestens.

Doch weit gefehlt. Nach zehn Jahren brach die Familie auseinander, und er heiratete ein zweites Mal. Die Kinder aus erster Ehe wiegelte er gegen ihre Mutter auf, und diese entschieden dann ähnlich wie er in seiner Jugend, die neue Familie so schnell wie möglich zu verlassen.

Die Familien seiner erwachsenen Kinder interessierten ihn nie wirklich. Er hatte zwar bei der Taufe seines Enkels Filmaufnahmen gemacht, aber eigentlich wollte er mit seiner Videokamera nur den anderen Großvater ausstechen. Nachdem er seine Filmaufnahmen nicht entsprechend gewürdigt sah, blieb er nachfolgenden Familienfeiern fern und vermied es auch sonst, seine Enkel zu sehen. So kam es dann zum endgültigen Bruch mit den Verwandten.

Der Mann erzählte mir all diese Einzelheiten, weil ihn sein Gewissen plagte. Ich hatte den Eindruck, dass mein Klient noch nie sein Inneres jemandem so weit geöffnet hatte. Es sprudelte geradezu aus ihm heraus.

Erlösungsthema:

Der Klient fühlte sich von der Familie und seiner eigenen Liebesenergie völlig abgeschnitten, war aber auch nicht imstande, die Verbindung zu seiner Kindheit zu sehen und in seinem inneren Schatzkästchen die Lebensthemen ordnungsgemäß zu lösen. Eines seiner Lebensthemen ist, zur Selbstliebe und von dort in die Liebe zu Familienangehörigen und anderen Menschen zu finden. Da er bis dahin in seinen Beziehungen zu anderen völlig ichbezogen gewesen war, hatte er nie die herzliche Freude und unterstützende Liebe erfahren, die erst zum Tragen kommen, wenn man in der Lage ist, von Herzen zu geben und zu empfangen.

Seinen Lebensthemen verweigerte er sich über Jahrzehnte, und alle Schicksalsschläge, die ihm auf diesem Weg widerfuhren, konnten ihn nicht dazu bewegen, eine neue Richtung einzuschlagen. Erst seine völlige Vereinsamung und Abkapselung führten ihn am Ende in ein Therapiegespräch.

Der Klient hatte sein inneres Kind mit dem Hier und Jetzt zu versöhnen. Es lebte abgeschnitten irgendwo im Innern und hatte sich einen meterdicken Panzer zugelegt. So lebte diese Seele in Wirklichkeit kontaktlos in völliger Isolation.

Die Transformation seines Lebensthemas bedeutet, Schritt für Schritt dem inneren Kind näher zu kommen, es liebevoll in die Arme zu schließen und ihm die Welt zu zeigen. Zu Anfang sicher mit Schwierigkeiten, dann aber spielerisch und humorvoll wird es meinem Klienten gelingen, allmählich wieder Freude und Liebe für sein inneres Kind und sich selbst zu empfinden. Für ihn gilt es sein Herz frei zu schaufeln, die Liebe frei fließen zu lassen.

Erst dann kann er sich auch langsam den Familienangehörigen wieder nähern. Er ist nun bereit, und es wird ihm sicherlich gelingen, allen einen ehrenvollen Platz in seinem Herzen zu gewähren. Damit kann sich auch in seinen Kindern und Enkelkindern etwas erlösen.

Kommentar:

Wenn Sie sich in dieser Geschichte wiederfinden, so werfen Sie die Selbstisolation über Bord. Ihr Lebensthema will Sie in den von Herzen kommenden Liebesreigen mit anderen Menschen schicken. Erkennen Sie Ihre Ego-Spiele! Ego heißt immer, abgespalten, hinter Mauern zu leben.

2. Geschichte

Eine ältere Dame erschien bei mir in der Praxis und schüttete mir ihr Herz aus. Sie war an einen Punkt in ihrem Leben gelangt, an dem sie genau betrachtet schon seit 30 Jahren steht. Sie hatte einfach von allem die Nase voll.

Sie war verheiratet, hatte drei Kinder aufgezogen und immer viel gearbeitet. Ihr Mann, ein Künstler, widmete sich hauptsächlich seinen kreativen Tätigkeiten, obwohl die für das familiäre Fortkommen nicht viel einbrachten. Die Klientin hatte sich so an diese Situation gewöhnt, dass es ihr immer schwerer fiel, für eine Korrektur zu sorgen. In der religiösen Ecke, in der sie aufgewachsen war, galt es als sehr fortschrittlich, mit Hingabe für andere da zu sein und nur ja nicht an sich selbst zu denken.

Nun war die Klientin mittlerweile über 60 Jahre alt und merkte aber, dass es in ihr arbeitete und sie auf der Körperebene kurz vor dem Ausbruch einer Krankheit oder eines Alterszipperleins stand. Das trieb sie, nachdem sie öfter zu den Meditationen bei uns im Gesundheitszentrum erschienen war, in den Stuhl mir gegenüber.

Erlösungsthema:
Hier begegnen wir einem Lebensthema, das gerade bei der älteren Generation häufiger vorkommt. Es geht darum, dass die aus längst überholten Konditionierungen vor Jahrzehnten getroffenen Entscheidungen nicht in die Veränderung gebracht werden. Genau das wäre aber das Lebensthema.

Die Herausforderung liegt darin, den Platz des Aschenputtels im Familienverband zu verlassen und nach Möglichkeit dafür Sorge zu tragen, dass alle am Wohlstand der Familie mitarbeiten. Auch der Mann muss seinen monatlichen Zins dazu beitragen. Falls dies nicht geschieht – und im vorliegenden Fall war das seit vielen Jahren nicht geschehen –, hat der Betroffene den Familienverband in Frage zu stellen.

Die Konsequenz daraus ist, dass einer gehen muss – entweder der Mann oder die Frau. Meine Klientin hat die Verpflichtung, ihrer Transformation zu folgen und ihre Gesundheit zu erhalten, und schubst damit auch alle anderen in gesündere Verhältnisse. Mittlerweile lebt ja nur noch ihr Mann mit ihr zusammen und der sollte doch ein Contra bekommen, sodass er endlich in die Mitversorgerrolle findet und Verantwortung übernimmt.

Die andere Möglichkeit ist die, die Beziehung zu beenden und den Mann vor die Tür zu setzen oder selbst zu gehen. Für welche Variante die Klientin sich auch entscheidet, sie steht mit Sicherheit auf der Gewinnerseite. Die Schöpferkraft kommt den Mutigen mit Fügungen und sogar kleinen oder großen Wundern entgegen. Wichtig ist nur der erste Schritt!

Kommentar:
Legen Sie los, schon der erste Schritt lohnt sich!

3. Geschichte

Eine ältere Dame aus dem Schauspielfach vermisste seit längerem gute Rollenangebote, sie hatte das Gefühl, langsam an innerem Wert zu verlieren. Jahrelang bekam sie die attraktivsten Rollen in Fernsehserien, hatte über viele Jahrzehnte auf der Bühne gestanden und nun dezimierten sich die Angebote. Sie wollte sich, nachdem sie meine Bücher gelesen hatte, von mir beraten lassen.

Sie hatte angefangen, mit den 7-Tibeter-Gymnastikübungen zu experimentieren und praktizierte sie täglich. Begeistert erzählte sie von ihrem ins Positive veränderten Energiefeld und davon, dass ihre körperliche Vitalität sich wieder besserte. Während der Übungen kamen ihr mittlerweile solche Eingebungen wie die, in welche Richtung sie fortan ihre Kreativität lenken sollte.

Die Klientin verstand diese Einfälle als zu ihrer inneren Stimme gehörig. Die Stimme sprach vom Malen und Gärtnern. Es galt, sich um den eigenen Garten zu kümmern, und die Kreativität auch in andere Gärten zu bringen und – wie die Eingebungen meinten – dabei geomantische Ebenen zu berücksichtigen.

Vom Malen her sollte sie sich von den Farben mit ihren verschiedenen Tönen und Bedeutungen und, wie sie bei den 7 Tibetern schon gelernt hatte, auch Klängen inspirieren lassen und schauen, wohin sich Formen und Farben als Bilder wenden würden.

Erlösungsthema:

Was meine Klientin über viele Jahre dazu gedrängt hat, sich in der Öffentlichkeit zu zeigen, ging wie von selber in die Transformation. Das heißt, der Drang, gesehen zu werden, von vielen wahrgenommen zu werden, dadurch einen Wert zu haben, ließ zumindest vom äußeren Spiegel her deutlich nach. Sie vermisste die öffentlichen Auftritte, und trotzdem hatte sie sich schon, über die Arbeit an sich selbst, dem Neuen geöffnet.

Ich beglückwünschte sie dazu, den Weg zu ihrer inneren Stimme frei gemacht zu haben. Über das Gehörte fand sie in ihre weitere Berufung.

Das Gärtnern wurde zur nächsten Profession. Sie war dabei, ihren Garten großflächig umzubauen und in einen Zen-Garten zu verwandeln. Ein Zen-Garten, der nicht traditionell ausgefeilt, sondern mit heimischen Gewächsen und einem Wassergarten den Menschen in die Ruhe und Inspiration bringt. Die Klientin hat einen regen Kontakt zu Kollegen und Freunden, die alle über diesen herrlichen Garten begeistert sind und sich Anregungen und Tipps holen, ja sich sogar für die Gestaltung ihrer eigenen Gärten durch die Klientin entscheiden.

Im Augenblick schreibt sie an einem Buch, das die Verbindung zwischen dem, was die innere Stimme zutage bringt, und den gartenbautechnischen Feinheiten aufzeigt.

Beim Malen lässt sie sich von ihrer Emotion und inneren Stimme inspirieren. Angelehnt an Maler wie Emil Nolde, die Gruppe Der Blaue Reiter und Monet, liebt sie ausdrucksstarke Kompositionen. Nach dem Motto, je größer die Leinwand, desto größer die Lust, Freude und Spaß mit den Farben zu zaubern.

Die Klientin hat es geschafft, mit der Transformation ihres Lebensthemas in einem weiteren Berufungsbereich Fuß zu fassen und damit den interessierten Menschen Freude zu bereiten und sie mit ihrem Tun zu inspirieren. Ich behandelte die Klientin zur Vitalisierung mit der tibetischen Reiki-Methode, die ihr sehr gut tat und sie zu weiteren Taten anspornte. Nach einiger Zeit schrieb sie sich dann für einen Reiki-Grundkurs ein, um mit dieser Heilmethode sich selbst und ihrem Garten täglich Kraft zu schenken.

Kommentar:
Wenn wir der Erlösung der Lebensthemen mit so viel Kreativität entgegentreten, wird der Weg zum Ziel.

4. Geschichte

Eine andere ältere Schauspielerin suchte ebenfalls bei mir Rat, eine gestandene Frau, die gelernt hatte, nicht nur ihre Frau, sondern auch ihren Mann zu stehen.

Sie blitzte mich aus ihren Augen mit einem köstlichen Lächeln an, und ich war berührt davon, wie sie sich einen so kindlichen, schelmischen Ausdruck erhalten hatte. Ihre Lebensgeschichte und der Weg zu ihrem Schatzkästchen zeigten mir allerdings auch eine rastlose Person, die zwar in sich selbst stehen und sehr gut kommunizieren konnte, aber trotzdem in ihrem innersten Kern nicht wirklich mit der Außenwelt verbunden war.

Erlösungsthema:
Ich sah das kleine Mädchen in ihr, das sich hinter dem Vorhang versteckt und angstvoll durch die Maschen schaut; der Blick verrät die Angst vor dem, was ihr wohl als Nächstes im Elternhaus widerfahren wird, wenn Vater und Mutter in ihre Nähe kommen. Sie wuchs in Nazideutschland auf und ihre Eltern waren begeisterte Anhänger einer bestimmten Erziehungsmoral. Man hatte die junge Seele zur Obrigkeitshörigkeit erzogen und jeden aufkeimenden Wunsch nach Eigenständigkeit gewaltsam unterdrückt, sodass das Kind verzagen musste.

Das hat zur Folge im Heute, dass die meisten ihrer wichtigen Projekte im Endeffekt scheiterten, weil dieses Sein im Innern ein Spiegelbild im Außen erzeugt. Das heißt, die Energie kann, begründet in den Jugenderlebnissen, nicht kraftvoll und frei fließen. Das weist sie permanent darauf hin, ihr Innerstes aufzuräumen.

Wir schauten auch auf das Thema Partnerschaft, worauf sie aber sofort abwinkte und meinte, das sei nicht mehr ihr Thema, nach mehreren gescheiterten Ehen habe sie mit dem anderen Geschlecht abgeschlossen.

Ich versuchte nun aus der Anamnese und ihrem Schatzkästchen zu lesen und ihr ihre Lebensthematik zu verdeutlichen. Ich versicherte, dass es überhaupt keinen Sinn hätte, ohne wirkliches Aufräumen weiterzumachen. Alle Themen, die wir angeschnitten hatten, wiesen darauf hin, dass dieser innere Konflikt in die Transformation will. Sie muss praktisch ihr inneres Kind in sich drinnen besuchen und mit ihm den Frieden in ihrer Ursprungsfamilie herstellen. Dabei wird ihr klar werden, dass sie dieses Erleben als Kind bis ins Heute gebracht hat, um es auf diesem Weg zu transformieren.

Ich unternahm mit ihr eine Phantasiereise. Wir bewegten uns bis in ihre Kindheit zurück. Jetzt gelang es ihr mit meiner Unterstützung, den Vorhang beiseite zu schieben, aus der Kammer zu treten, zu den Eltern aufzuschauen und ihnen in Liebe und Dankbarkeit ihre Handlungsweisen zu verzeihen, sie in die Arme zu nehmen und liebevoll Frieden mit ihnen zu schließen. Dies tat die Klientin in der Phantasiereise. Ihre Eltern sind schon längst gestorben.

Zurück im Hier und Jetzt bat ich sie darum, ein Ritual mit ihrem inneren Kind abzuhalten. Da sie eine Woche später ans Meer in Urlaub fahren wollte, empfahl ich ihr, dort am Strand das Ritual durchzuführen. Sie sollte mit ihrem inneren Kind zusammen, indem sie es einlud, zwei Figuren aus Sand bauen, die ihre Eltern darstellen sollten. Das Meer würde dann die Figuren hinwegspülen, und damit wären die beiden auch sichtbar verabschiedet.

Wichtig ist, diese Situation mit dem inneren Kind zu spielen und dabei das kleine Mädchen öfter fest in den Arm zu nehmen und ihm klar zu machen, dass alles gut ist und es nun komplett vom eigenen Selbst versorgt wird. Die Klientin muss die Nährung seitens der Eltern nicht mehr vermissen. Das Kind kann über die innere Stimme mit dem Erwachsenen direkt kommunizieren.

Nach einigen Sitzungen hatten wir die Transformation so weit im Griff, dass die Dame jetzt auch im äußeren Erscheinungsbild wesentlich weicher wirkte, inklusive ihrer Stimmlage, die nicht mehr so bärbeißig rüberkam, das Rühr-mich-nicht-an im Timbre war verschwunden. Zusätzlich fühlte sie mehr Nähe zu den Menschen und Dingen. Eine Grenze, die sie zuvor gar nicht wahrgenommen hatte, war plötzlich verschwunden. Sie hatte gelernt, ohne schon im Voraus in einen beleidigten, abweisenden oder vorwurfsvollen Ton zu verfallen, abzuwarten, wie die Energie zwischen ihr und ihrer Umwelt fließen will und dabei eher aus dem Moment heraus auf das Geschehen zu antworten.

Damit war die wichtigste Lektion geschafft, und da wir in regelmäßiger telefonischer Verbindung stehen, darf ich darüber staunen, in wie kurzer Zeit sich die Welt für meine Klientin verändert hat.

Kommentar:
Diese Geschichte zeigt, wie schwer es fällt, ohne die bewusste Auseinandersetzung die Lebensthemen zu erlösen. Nutzen Sie die Hilfe von außen. Treten Sie die Phantasiereise zur Schatztruhe an, und Sie werden erleben, wie sich der Vorhang in Ihnen hebt.

5. Geschichte

Ein Sportler, der seine Sportschuhe schon seit geraumer Zeit an den Nagel gehängt hatte, kam in die Praxis, um mir sein Leid zu klagen. Er stammte noch aus der Generation von Leistungssportlern, die im Gegensatz zu heute keine Riesengagen erhielten. Dazu kam, dass er die Sportvereinigung im Streit verlassen hatte und eigentlich nach wie vor das Bedürfnis in ihm kochte, erfolgreich an der Seite derer zu stehen, die immer noch im Rampenlicht glänzen.

Es gab für ihn im Leben nun einmal hauptsächlich den Sport, alles andere interessierte ihn kaum. Leider wusste er deshalb nur wenig mit sich anzufangen. Jetzt wollte der Klient das Hadern mit dem Schicksal endlich beenden.

Erlösungsthema:
Dieser klare Standpunkt ermöglichte es uns, sofort in die Problemzone einzusteigen, das Schatzkästchen zu öffnen und die Problematik ans Licht zu holen. Der Hader, der ihn in die Abkapselung und die Abgeschiedenheit der Einsamkeit führte, möchte als Transformationsthema in ein spaßiges, freudvolles Miteinander verändert werden. Dabei gilt es für den Klienten zu betrachten, wo er sein Ego so weit aufgebaut hat, dass er sich als Person über den Vergleich mit den Ex-Kollegen definiert.

Dadurch entsteht ein Neidgefühl, das sein ganzes Wesen vergiftet. Zusätzlich fällt ihm aus diesem Grund überhaupt nichts anderes ein, als sich ewig mit der alten Sache im Kreis zu drehen. Er kann das Vergangene nicht abschließen, hinter sich lassen und frei in ein neu zu wählendes Leben schreiten. Stattdessen muss er stetig, von der Egomühle daran erinnert, auf diesem Trotzplatz verharren.

Gerade wegen seines vorgerückten Alters empfahl ich ihm, sein Lebensthema unverzüglich in Angriff zu nehmen und sich von diversen alten Geschichten zu verabschieden, um mit Genuss ein gesegnetes Älterwerden erleben zu können.

Er kennt das Gefühl, zu kurz gekommen zu sein, schon aus seiner Ursprungsfamilie. Dahinter steckt das Lebensthema, ohne Abhängigkeiten von der Außenwelt in die eigene Kraftquelle zu gelangen und damit zur Zufriedenheit mit dem, was die eigene Kreativität vollbringt.

Der neidvolle Blick nach außen in andere Richtungen wird mit der Transformation ein Ende haben. Der Klient erkannte, dass andere auch nur mit Wasser kochen und jeder, ob reich oder arm, seine Bürde oder sein Glück im Leben selber tragen muss. Er schaffte es in einigen Sitzungen tatsächlich, diese Spannungen im Innern loszulassen, und bemerkte verwundert, dass ihn die früheren Kollegen mit allem Drum und Dran überhaupt nicht mehr interessierten. Plötzlich hatte er sogar neue Ideen und Einfälle.

Er lernte in den Einzelsitzungen, mit seiner inneren Stimme Kontakt aufzunehmen. Auf diese Weise bekam er auf einmal eine Meldung nach der anderen und war nun auch so weit, diese anzunehmen und in die Realität umzusetzen.

Kommentar:

Wenn in Ihnen auch hin und wieder die Frage wütet, warum es Ihnen nicht genauso gut wie manchen anderen geht, ist es an der Zeit, sich um die Lebensthemen zu kümmern. Vielleicht liegt ja im Einfachen das Glück. Diogenes zum Beispiel hauste unbekleidet in seiner Tonne und sagte lediglich zu Alexander dem Großen, als der ihn aufsuchte: »Geh mir aus der Sonne!«

Krankheit

Krankheit ist nicht gleich Krankheit, und deshalb möchte ich hier einige Zeilen vorneweg stellen. Es gibt Wehwehchen und Kinderkrankheiten, die kleinere oder größere Wachstumsschritte für den Betroffenen bedeuten. Gerade bei den Kinderkrankheiten bemerken wir doch oft tiefe Veränderungen nach der Genesung. Unfall und Krankheit können den Menschen helfen, ihren Weg zu begradigen oder überhaupt erst zu finden.

Krankheit kann aber auch zu Machtmissbrauch führen. Krankheit steht nur allzu oft unter dem Thema Demut. Anstatt Demut zu üben und ihre Lebensthematik zu erforschen, versuchen viele kranke Menschen mit ihrer Krankheit einen kritiklosen Freiraum für ihre unbewussten Machtansprüche zu schaffen. Zu allem Übel wird dem Kranken dieser Freiraum auch noch eingeräumt. Darum gibt es für den Kranken dann eigentlich keinen richtigen Grund, die Krankheit aufzugeben. Da ihm meist die Motivation seines Krankseins nicht bewusst ist, merkt er vielleicht auch nicht, dass er eigentlich gar nicht gesund werden will.

Das Thema, zu dem uns die Krankheit leiten möchte, kann durch eine starke Egodominanz völlig untergehen. Diese Spezies der Kranken lässt sich dann nicht in Demut in die Erlösung ihrer Lebensthematik führen, sondern versucht ihren Willen so ganz nebenbei auch noch den anderen aufzudrücken. Wenn wir das zulassen, führt das unweigerlich zur Erkrankung aller Beteiligten.

1. Geschichte

Eine äußerlich nette, adrette Dame Mitte 60 erschien im Rollstuhl in meiner Praxis. Schon in der Erstbesprechung überschüttete sie mich mit Vorwürfen und Schuldzuweisungen an ihre Kinder. Je mehr sie sich in Rage redete, beschimpfte sie die Kinder sogar unflätig. Sie wiederholte immer wieder, die Kinder würden sich nicht um sie kümmern, sie nicht aus dem Rollstuhl holen. Obwohl sie ihren Lebensmittelpunkt weit entfernt von den Kindern hatte, erwartete sie, ständig besucht zu werden.

Die Kinder, Männer in vorgerücktem Alter, hatten sich seit einigen Jahren immer weiter von der Mutter zurückgezogen. Eher unbewusst fühlten sie sich, so stellte sich die Sache für mich wenigstens dar, benutzt und ausgenutzt als Partner- und Freundesersatz und Energiespender.

Für die Klientin schien es völlig normal zu sein, dass sie ihre Kinder mithilfe ihrer Krankheiten dazu zwingen wollte, Aufmerksamkeit und Energie in ihre Richtung zu lenken. Mit Schuldzuweisungen und nach allen Regeln ihrer Kunst versuchte die Klientin die Kinder dazu aufzufordern, ihr permanent Energie zu überlassen.

Als ich tiefer in das System der alten Dame hinabtauchte, zeigten sich weitere Statthalter ihrer Projektionen. Es stellte sich heraus, dass sie dieses Spiel schon ihr ganzes Leben lang mit verschiedenen Menschen gespielt hatte, mit den Eltern, Freunden, dem Ehemann, Vorgesetzten, Arbeitskollegen und den Kindern.

Keine noch so tragischen Schocks, wie Scheidung, Verlust der Kinder, Tod der Mutter und Tod des Vaters, und dramatischen Erlebnisse wie Entlassung aus verschiedenen Arbeitsstätten bis hin zur vorzeitigen Pensionierung konnten ihrem inneren System etwas anhaben. Sie steuerte mit Fleiß und Triumphgefühl, ihr Ruder fest im Griff, ihr Schiff in die Schwerbehinderung und damit Richtung Abgrund.

So saß sie nun vor mir, in der einen Hand das glühende Schwert, und bereit, alles umzubringen, was ihr im Weg stand, und auf der anderen Seite ein kleines Mädchen mit einem klitschnassen Taschentuch in der Hand und unverstanden hinter einem See von Tränen hervorlugend.

Erlösungsthema:

Das Einzige, was der Klientin übrig bleibt, ist, in die absolute Selbstverantwortung zu gelangen. Trotz der Versuche, mit verschiedenen Therapeuten und Psychologen an ihren Problemen zu arbeiten, haben diese zwar ihr Möglichstes getan, aber auch keine wirklich tief greifende Wirkung und Veränderung erzielt.

Der wichtigste Punkt, an dem wir in diesem Fall ansetzen können, ist, der Klientin klar zu machen, dass ihre einzige Chance darin besteht, ihr Spiel mithilfe des Therapeuten aufzudecken, sich unten stehende Zeilen auf Zettel zu schreiben und an verschiedenen Plätzen in der Wohnung aufzuhängen, zum Beispiel neben dem Bett, dem Spiegel, in der Toilette, beim Fernsehsessel oder auch an der Eingangstür. So wird sie permanent daran erinnert, wenn sie die Worte liest, wo die Realität liegt.

Auf den Zetteln stehen in kurzen prägnanten Stichworten: »Kein Selbstmitleid, kein Lamentieren«; »Niemand ist schuld«; »Ich erkenne mein Lebensthema und das bringt mich in meine Kraft«; »Ich erfreue mich an den kleinen Dingen des Lebens«; »Ich akzeptiere, dass es meine Aufgabe ist, mein Leben selbst zu steuern«; »Ich tue alles dafür, meine Psyche und meinen Körper in die größtmögliche Gesundung zu bringen«; »Mir darf es jeden Tag besser gehen, ich muss niemandem Energie abzapfen«; »Meine Kinder sind in Ordnung, so wie sie sind, ich freue mich, wenn sie kommen, und sie dürfen auch wieder gehen«.

Dann hat sie zu lernen, die Wut rauszulassen, indem sie sie nicht auf andere in Form von Beschuldigungen nach außen schleudert und Rachegelüste hegt, sondern indem sie sie von innen her klärt. Ich schlage ihr eine Brabbelmeditation vor.

Jeden Tag zweimal, morgens und abends im Bett, eine viertel Stunde lang in einer Sprache zu sprechen, die es gar nicht gibt, und so über Laute und Gesten den Frust, die Wut und Aggression aus ihrem Körper-Geist-Seelesystem herauszubefördern.

Danach soll sie den Raum gut Lüften, duschen und einen Apfel oder ein anderes Stück Obst zu sich nehmen und viel trinken, damit der Körper entgiftet wird.

Außerdem muss sie lernen, geistige Disziplin zu üben. Jegliches Sich-gehen-Lassen und Abdriften im Innern in Gefühle und Emotionen, die sie in die alten Schatten der Depression, Wut und Hasstiraden zurückwerfen, gilt es zu unterlassen. Wann immer der Zeiger in diese Richtung ausschlägt, muss sie sich selbst an die Kandare nehmen, einen der Zettel in der Wohnung betrachten und die Worte in sich einsinken lassen.

Wenn beim Lesen der Denkapparat störende Nebengedanken produziert und sie in ihr altes Mustersystem abtaucht, hat sie ihre Aufmerksamkeit vollkommen auf die Zettel zu lenken und darf sich von den darauf notierten Aussagen auf keinen Fall abbringen lassen. Das klingt simpel und für manche so, als ob es überhaupt nicht wirken könnte, doch wenn sie das drei Monate geübt hat und nicht mehr abgeglitten ist, wird dies ihr Leben völlig verändern.

Die Krankheit als indirekten Machtfaktor zu benützen, um Bekannten, unterstützenden Menschen, Familienangehörigen etc. die Energie zu rauben, das hört einfach auf. Die Klientin wird ihre innere Quelle entdecken und aus dieser wenn nötig schöpfen. Damit nimmt Sie endlich den ihr nach der Transformationsarbeit gebührenden Platz im Leben ein.

Die Klientin schafft dabei den Sprung ins Erwachsenenleben, sie verlässt innerlich den Platz der Siebenjährigen und nimmt den Platz eines erwachsenen, transformierten Menschen ein. Damit verändern sich alle Beziehungen nach außen, sogar ihren Kindern gibt sie damit die Chance, in Liebe und Dankbarkeit zu ihr zurückzufinden. Erst jetzt kann eine gesunde Beziehung entstehen. Auch ihr körperlicher Zustand wird sich zum Positiven ändern.

Kommentar:
Wenn Sie nun meinen, ich ginge mit der Klientin und ihren Themen zu hart um, kann ich nur darauf verweisen, dass sie nach relativ kurzer Zeit durch die Transformation einen wunderbaren Kontakt zu sich selbst und zu ihren Söhnen gewonnen hat.

Falls Sie mit Ähnlichem zu tun haben, lesen Sie sich die Geschichte noch einmal genau durch und begeben Sie sich dann mit der CD auf die Suche nach Ihrem inneren Schatzkästchen.

2. Geschichte

In der Klinik begegnete mir eine Patientin, die partout nichts von einer Auseinandersetzung mit ihrem Lebensthema wissen wollte. Ihr war es nur wichtig, mit der tibetischen Reiki-Heilmethode behandelt zu werden. Sie war zwar bereit, in der Anamnese Auskunft über ihre Verhältnisse zu geben, die sie in einen gesundheitlich angeschlagenen Zustand gebracht hatten. Doch in die Klinik kam sie seit Jahren nur, um sich wieder aufmöbeln zu lassen, und ging anschließend wie gehabt mit vollem Einsatz ihrem Beruf nach.

Ich war damit einverstanden, sie zu behandeln. Als nach drei Wochen ihre Abreise bevorstand, wagte ich doch noch einmal nachzufragen, ob sie sich denn inzwischen für etwas Neues entschieden hätte, das ihr System besser gesund erhielte. Daraufhin meinte sie, dass sie sich darüber gar keine Gedanken gemacht hätte; die Koffer seien gepackt und am folgenden Morgen beginne die Heimreise. Die Klientin hatte leider beschlossen, alle vorhandenen Warnsignale zu ignorieren.

Erlösungsthema:
Die Frau versucht ihrer Erlösung der Lebensthemen auszuweichen und hechelt einem selbst gestrickten Weltbild hinterher. Ihr Mann hatte bis zu seinem Tod fünf Jahre zuvor eine Firma geleitet, und sie fühlte sich seitdem verpflichtet, die Vision ihres Mannes zu leben und das Unternehmen weiterzuführen.

Leider war sie nach Jahren, in denen, wie mir die Klinikmitarbeiter mitteilten, ihr körperlicher Zustand immer bedenklicher wurde, trotz allem nicht bereit, etwas zu verändern, und somit wird es für sie immer schwieriger, die in diesem Geschehen steckende Lebensthematik zu erlösen. Ich verabschiedete mich von der Dame und musste sie unverrichteter Dinge ziehen lassen. Eine wichtige Erlösungsthematik wäre gewesen: Lebe nie die Visionen eines anderen.

Kommentar:
Kein Kommentar!

3. Geschichte

Ein Klient kam mit dem Thema Allergie zu mir. Sobald es Frühling wurde, ging bei ihm gar nichts mehr. Die Pollen und Blüten ließen ihn keine Ruhe finden, sodass er schweren Herzens überlegte, in eine Gegend auszuwandern, wo es mehr regnet oder er so wenig wie möglich mit den allergieauslösenden Substanzen zu tun hat. Nun war es meine Aufgabe, das Krankmachende im Leben des Klienten aufzudecken und ihm aufzuzeigen, ob ein Zusammenhang zwischen Allergie, Lebensfreude und Lebensfrust besteht.

Erlösungsthema:
Das Lebensthema des Klienten lag für mich sehr schnell auf der Hand, er hat sich in bestimmten Ebenen des Lebens stark ver-

äußert und andere Ebenen mehr oder weniger links liegen gelassen. Mit dem Aufbau einer Karriere in der Computerbranche hatte er die Seite in ihm unterstützt, die ihn vom Leben gewissermaßen abschneidet. Er war in einem keimfreien Raum gelandet und versuchte seine Lebensenergie in die Berufung umzusetzen.

Der Klient agierte nicht in einem ausgeglichenen Seinszustand. Sein Thema ist: Angst in Liebe zu verwandeln; damit meine ich, den Kontakt zum Leben selbst in den verschiedenen Formen herzustellen. Er lebt ein Leben, das geradlinig um seinen Job herum aufgebaut ist, und sitzt die meiste Zeit vor dem Computer und entwickelt Programme. Aus Gründen, die der Allergie entspringen, achtet er peinlich genau auf Sauberkeit und zu den gegebenen Zeiten darauf, möglichst keinen Kontakt mit der Außenwelt zu haben.

Für ihn ist es wichtig, die Hintergründe der Allergie aufzudecken. Aus Angst vor Liebe bleibt der Allergiker unterschwellig in einem Zustand der Aggression, die er allerdings im eigenen Sein nicht erkennt.

Anstatt nun das Gemiedene zu berühren und mit ihm zu verschmelzen, um auf diese Weise in die Transformation zu gehen, läuft beim Allergiker im Körper ein Abwehrkrieg ab. Was sich normalerweise einfach miteinander verbindet, steht sich hier feindlich gegenüber, will sagen, das Immunsystem baut Antigene auf, die in einer Verteidigungslinie den Allergenen gegenübertreten. Die Aggressivität, die nicht an die Oberfläche gelangt, da sie nicht erkannt oder im verdrängten Bereich liegt, kommt nun durch die Allergie zum Ausdruck und der Kampf des Immunsystems wird gegen immer mehr Stoffe ausgeweitet. Da die der Angst entspringenden Aggressionen im Bewusstsein nicht wahrgenommen werden, tobt der Krieg eben auf der körperlichen Ebene.

Doch dem Klienten ging es nicht in erster Linie darum, die Hintergründe seiner Allergie aufzudecken, sondern er wollte wirklich alle nur verfügbaren Mittel in der Schlacht gegen die Allergene einsetzen. Bei ihm fand im Innern ein Ersatzkontakt statt, der eigentlich im Außen gelebt werden sollte. Es war nun meine Aufgabe, den Klienten an den Punkt zu führen, dass er im normalen Leben, mit allem was den Menschen umgibt, freudige Verbindung aufnahm

Anstatt sich vom Leben abzuwenden, musste der Klient stärker ins Leben hineinspringen und sich den Dingen stellen, die ihn hinter den Vorhang der Allergie trieben. Er musste vorrangig seine Aufmerksamkeit auf die Liebe, die Sexualität und die daraus erwachsende Fruchtbarkeit lenken. Und er musste außerdem lernen und zulassen, dass Verbindung-Aufnehmen auch heißt, mit Dingen Kontakt zu haben, die er bis dahin gemieden hatte. Damit meine ich alles, was man als Schmutz bezeichnet; das beinhaltet unter anderem den Gang auf die Toilette sowie die grundsätzliche Tatsache, dass Leben einfach auch eine Form von Kommen und Gehen ist, dass sich Partikel des Lebens als Staub auf die Möbel legen.

Auch in der Liebe haben wir die Begegnung, bei der Körperflüssigkeiten ausgetauscht werden, die erst einmal als ekelig wahrgenommen werden können. Hier gilt es ebenfalls zu akzeptieren, dass die Dinge eben so sind.

Wenn der Klient jetzt direkt an sich arbeitet, wird er merken, dass sein Aggressionspotenzial schrumpft und er wesentlich gelassener mit den Allergenen, die ihm im täglichen Leben begegnen, umgehen kann. Die Angst vor der Lebendigkeit des Augenblicks löst sich auf. Auch die Abschottung hat ein Ende, er darf das Leben auf allen Ebenen genießen.

Kommentar:
Wenn Sie mit Ähnlichem behaftet sind, lesen Sie den Text wiederholt durch und wenden Sie sich anschließend mithilfe der Übungs-CD nach innen. Arbeiten Sie Ihr Innenleben auf!

4. Geschichte:

Ein Klient klagte über schwere Migräneanfälle. Seit Jahren machten ihm diese Anfälle mindestens einmal die Woche zu schaffen. Sobald der unglaubliche Kopfschmerz begann, zog sich der Klient wann immer möglich in einen dunklen Kellerraum zurück, wo er dann meist den restlichen Tag über blieb. Seine Familie hatte sich an die Situation gewöhnt und deshalb fiel es ihr nicht weiter auf, wenn Papa hin und wieder im Keller verschwand. Der Versuch mit Schmerzmitteln gegenzusteuern schlug häufig fehl. Er konnte sich der Migräne einfach nicht erwehren.

Ich durchleuchtete nun sein Leben bis in seine Ursprungsfamilie, um an die Lebensthematik im Schatzkästchen heranzukommen.

Erlösungsthema:
Der Klient hatte in seiner Familie den Platz des Mannes im elterlichen Schlafzimmer verlassen und an einem anderen Ort in der Wohnung seine Bettstelle errichtet, um, wie er sagte, seine Ruhe und Ausgeglichenheit zu finden. Das vierjährige Kind hatte seit der Geburt mit im elterlichen Bett geschlafen und nun hatte der Junge die Seite des Vaters eingenommen. Für den Vater war das nicht weiter tragisch, denn er merkte nicht, wie sich durch die Verschiebung der angestammten Positionen innerhalb der Familienstruktur etwas ins Familienleben einschlich, was alle Beteiligten in ein ungesundes Verhältnis brachte.

Mein Klient hatte die Herausforderung, die diese Situation ihm bot, nicht angenommen. Die Herausforderung, das Lebensthema zu transformieren, das in diesem Fall heißt: Liebe und Sexualität kennen und lieben zu lernen und beides in den Familienverband zu integrieren.

Da der Vater eine Auseinandersetzung mit diesem Thema weiterhin vermied, wurde er mit den Migräneanfällen konfrontiert. Die Mutter zog sich einen liebsten Schatz in ihr eigenes

Bett. Sie gab einen Teil ihrer Liebesfähigkeit nicht dem Mann, wie es angebracht gewesen wäre, sondern benutzt das Kind als Zweit- oder Ersatzmann. Das Kind hat aus diesem Grund schon sehr früh große Egoprobleme, da es Freiräume bekommt, die ihm eigentlich nicht zustehen. Der Kleine wurde so vom Prinzen zum König der Familie, zum Machthaber und Tyrannen. Sich in der Gemeinschaft unterzuordnen hat er nicht gelernt.

Ich legte meinem Klienten dringend ans Herz, mit neuen Lernerfahrungen die Plätze im Familienleben ordnungsgemäß zu besetzen und schnellstmöglich für die Begradigung der Zustände zu sorgen, damit sich ein gesunder Zusammenhalt entwickeln kann.

Des Weiteren erklärte ich ihm, inwiefern die Migräne mit der Sexualität in Verbindung steht. Der Klient muss herausfinden, wo sein Angstpotenzial beim Thema Sexualität liegt. Die Nähe eines Partners zulassen zu können spielt hierbei eine wichtige Rolle. Sonst schiebt er wie gehabt das Problem permanent auf eine höhere Ebene und erlebt, anstatt im Genitalbereich den Orgasmus, im Kopf einen Migräneanfall. Die komplette Familie sollte eine Familientherapie machen.

Kommentar:
Wenn Sie sich bei diesem Thema angesprochen fühlen, durchleuchten Sie bitte Ihre Familienstrukturen. Sorgen Sie dafür, dass die Positionen in Ihrem Familienverband stimmen. Lassen Sie nicht zu, dass Ihre Abwehrmechanismen abwinken. Nur eine gesunde Familienstruktur ermöglicht den Kindern ein therapiefreies Aufwachsen. Falls auch Sie mit Migräne kämpfen, erkunden Sie bitte mit der CD-Reise Ihre Lebensthemen.

5. Geschichte

Ein Klient suchte mich auf, um das Thema Schuppenflechte mit mir zu bearbeiten. Er hatte diese Krankheit von seinem Vater geerbt, sie war bei ihm aber erst ab einem bestimmten Alter ausgebrochen. Nicht dass sein Körper davon übersät gewesen wäre, die Hornschicht war nur an einigen Stellen in Form der Schuppenflechte missgebildet. Ich hegte den nahe liegenden Verdacht, dass die Krankheit eine Schutzfunktion seiner Haut und seines Seins darstellte. Die Schuppenflechte wirkt wie eine Panzerung, eine Abgrenzung, durch die man nichts mehr herein- und nichts hinauslässt.

Also forschte ich nach und ließ ihn über sein Leben erzählen. Dabei stellte sich heraus, dass er sich tatsächlich sehr von seiner Umwelt abgekapselt hatte. Er wohnte weitab vom Schuss auf dem Lande in einem kleinen Dorf, auf einem Grundstück mit einem Doppelhaus. In der einen Hälfte des Hauses lebte seine Familie, seine Frau und die Kinder, und die andere Hälfte hatte er für sich alleine reserviert.

Dann erzählte er mir von seinem Sohn, dass dieser sich auffällig verhalten würde. Je mehr er davon erzählte, desto stärker drängte sich der Schluss auf, dass er sich auch von seinem Sohn abgekapselt hatte, das heißt, die Vaterrolle nie wirklich angenommen hat.

Erlösungsthema:

Das Lebensthema, das diesen Klienten beschäftigt, ist, sich mit der Umwelt zu verbinden, die Grenzen aufzulösen und dem Leben mit all seinen Facetten mehr Aufmerksamkeit zu schenken. Das fängt damit an, dass er der Familie in den beiden Haushälften ein gemischtes Wohnen gestatten, seinen Sohn öfter in die Arme nehmen und ihm die Zärtlichkeit und Geborgenheit geben muss, die der Junge so dringend benötigt. Dafür ist es nie zu spät!

Der Klient nahm sich die Vorschläge zu Herzen, und schon nach einigen Sitzungen hatte sich die Schuppenflechte stark zurückgebildet.

Kommentar:
Es ist verblüffend, wie klar die Körperebene hier auf Missstände in anderen Ebenen aufmerksam macht. Wenn Sie mit dieser oder einer anderen Hautkrankheit zu tun haben, ist es wichtig, einmal zu betrachten, ob, wie, wo und warum Sie Grenzen setzen.

6. Geschichte

Einem Kollegen von mir passierte ein Autounfall. Er kam bei hoher Geschwindigkeit mit seinem Auto von der Straße ab und landete auf dem Dach. Das Auto hatte einen Totalschaden, ihm selbst war nicht viel passiert. Von leichten Blessuren abgesehen, fühlte er sich in Ordnung. Trotzdem wuchs in ihm die Einsicht, dass dieser Unfall eine wichtige Aussage für ihn bereithalte. Darüber wollte er sich nun im Gespräch mit mir klar werden.

Erlösungsthema:
Als Erlösungsthema stellte sich heraus, er soll sein Bewusstsein im täglichen Allerlei erhöhen. Er kannte seine alte Unart, aus mangelnder Achtsamkeit nicht rechtzeitig zu erkennen, wann für gewisse Dinge die Zeit abläuft, und somit konnte er auch nicht sehen, dass am Firmament schon längst neue Prioritäten aufgetaucht waren.

Wenn man wie er versucht, den Weg oder hier die Straße geradlinig weiterzufahren, obwohl in diesem Moment eine Kurve auftaucht, und demzufolge das Geschoss Auto sich auf den Abgrund zu bewegt, macht man leicht die Erfahrung eines kräftigen Zen-Schlags. Wodurch man unfreiwillig, wie in diesem Fall, auf dem Dach im Graben landet.

Interessant war jetzt für meinen Kollegen zu klären, für welche Veränderung ihm der Mut gefehlt hatte, welchen Weg er nicht verlassen wollte. Das kann eine Partnerschaft, das berufliche Umfeld sein, aber das können auch die Ideen und Visionen sein, die man auf der Erde verwirklichen zu müssen glaubt.

Um das Lebensthema zu transformieren, kreiert unser System, meist unbewusst, über unsere göttliche Schöpferkraft das, was uns im Außen geschieht, damit wir gegebenenfalls aus der Bahn geworfen werden.

Hierin liegt die Aufforderung, rechtzeitig genau darauf zu achten, wo man im Leben steht und ob die Dinge und Handlungsweisen, für die man sich nach wie vor entscheidet, noch dem entsprechen, was man wirklich leben will.

Kommentar:
Falls Ihnen Ähnliches widerfahren ist, so nehmen Sie es bitte sehr ernst und erkennen Sie Ihr Lebensthema. Wenn Ihnen schon ein Licht aufgegangen ist, dann grämen Sie sich nicht mehr über die Vergangenheit, sondern bewegen Sie sich mit den neuen Einsichten wohlgemut weiter auf Ihrem Lebensweg. Wenn Sie allerdings spüren, dass noch nicht alle Dinge geklärt sind, unternehmen Sie bitte eine weitere Reise zum Schatzkästchen.

7. *Geschichte*

Bei dieser Klientin hatten sich Verdickungen in der Brust gebildet, und sie war sich noch nicht sicher, ob diese eine bösartige Entwicklung nehmen würden. Sie hatte unglaubliche Angst davor, eine oder sogar beide Brüste zu verlieren. Sie hatte gerade erst die Untersuchungen beim Arzt hinter sich gebracht, die keinen bösartigen Verlauf erbracht hatten, und trotzdem blieb bei ihr eine gewisse Angst bestehen. Sie kam nun zu mir, um die Hintergründe dieser Brustkrebs-Angst oder tatsächlichen Brustkrebs-Erkrankung aufzudecken.

Erlösungsthema:
Wenn sich bei uns eine Krebserkrankung meldet, soll uns das ganz grundsätzlich etwas sagen, ein Signal geben, dass es nun einer Innenschau bedarf, ob wir die Zeichen der Zeit richtig gedeutet haben oder uns in einer Sackgasse befinden.

Die Klientin erzählte, sie habe es satt, zu Hause die Mamsell zu spielen, immer für alle erreichbar sein zu müssen. Sie war sicher, etwas im Leben zu versäumen.

Ab dem Zeitpunkt, als die Klientin dies merkte, fand sie Gefallen daran, Ideen zu spinnen, was sie wohl aus ihrem Leben machen würde wenn sie nur könnte. Ich sagte ihr, wie wichtig es sei, grundsätzlich den Weg zu gehen, den man selbst für richtig hält, ganz gleichgültig was die anderen dazu sagen.

Es gilt, vorgefasste gesellschaftliche Normen, denen man zu entsprechen versucht, hinter sich zu lassen und seinen Weg aus der eigenen Intuition zu wählen. Wer nicht dem entspricht, was er als Lebensthemen in die Erfüllung bringen will, also seine Berufung im privaten oder beruflichen Bereich nicht vollendet, lebt sozusagen gefährlich. Er gehört zur Risikogruppe der Krebspatienten, da wichtige Lebensimpulse unterdrückt werden.

Wenn das Mutterideal nicht dem entspricht, was meiner Klientin in die Transformation hilft, kann es sein, dass hier eine aufgesetzte Mutterliebe nicht wirklich hilfreich ist. Was nicht aus dem Herzen kommt, befriedigt weder Mutter noch Kind. Das soll nicht heißen, dass sie ihre Kinder nicht liebt, nur muss sie das für sie geltende gesunde Maß finden. Es darf neben der Funktion der Mutter für sie noch etwas anderes geben.

Auch andere Frauenideale können Frauen und Müttern das Leben schwer machen, und ein vorbildliches Idealverhalten kann das Krebsrisiko ebenfalls erhöhen. Hier ist noch anzumerken, dass je nach Situation den männlichen oder weiblichen Anteilen im Körper-Geistsystem mehr Aufmerksamkeit geschenkt werden sollte. Bei meiner Klientin ist im Moment angesagt, stärker in den männlichen Teil zu gehen, sich durchzusetzen, damit ihr Leben die Form annimmt, die ihr dienlicher ist. Sie muss ihrer Kreativität Ausdruck verleihen. Wichtig ist dabei aber zu erkennen, dass jede Phase, die männliche Durchsetzungskraft verlangt, auch wieder ein Ende haben kann.

Meine Klientin machte große Fortschritte und konnte ihre Situation in ihrer Familie so verändern, dass sie sich nicht von ihr trennen musste. Die Positionen wurden alle neu überdacht, und die Frau erhielt wesentlich mehr Freiraum. Endlich fand sie die Zeit, Dingen nachzugehen, die in ihrem Leben ebenfalls von Bedeutung waren.

Kommentar:
Lassen Sie sich von niemanden vorschreiben, wie Sie zu sein haben. Erforschen Sie Ihre innere Schatzkiste und erlösen Sie Ihr authentisches Sein.

8. Geschichte

In der Beratungsstunde besuchte mich ein Mann mit starken Tinnitus-Beschwerden im Ohr. Er wirkte ruhelos und versuchte mit einer gewissen Aggressivität darzustellen, wie störend die Geräusche waren und welche Form sie angenommen hatten. Seinem Ausdruck nach war der Klient ein gehetzter, nervöser, überstrapazierter Mann, dem sein ganzes Sein beim Sprechen anschwoll und dann wie ein Beschwerdewasserfall zu mir herüberrauschte.

Das Klingeln, Sausen und Brausen im Gehörgang fing bei ihm völlig unerwartet an, während er mit dem Auto von einer Großstadt in die andere raste. Auf der Autobahn beim Überholen ging es plötzlich los und verschwand seitdem nicht wieder. Er hatte verschiedene Ärzte konsultiert, nahm Tabletten, und trotzdem wurde es nicht besser.

Erlösungsthema:
Grundsätzlich galt für ihn, dem Stress eine klare Absage zu erteilen und sein Leben neu zu ordnen, sodass er mehr Ruhe und Zeit für Entspannung hat. Das sind natürlich einfache Antworten, aber genau diese fordern jetzt die Ohrgeräusche ein. Gleichzeitig durfte er sich als permanente Ermahnung ansehen oder anhören, dass die innere Stimme, die überhört wurde, jetzt über das Anklopfen, Pochen und Klingeln ihm wichtige Mitteilungen geben wollte.

Für ihn galt es also, auf die innere Stimme zu horchen und genau mitzukriegen, was denn diese Geräusche ihm genau sagen wollten. Kämen hier eher aggressive Töne zum Vorschein, dann sollte er auf gewisse Wutthemen achten, die zu klären wären. Wenn der Mann Probleme hat, sich auf seine Thematik zu konzentrieren, möchten die Töne ihm sagen, er soll das Wesentliche herausfiltern und für Veränderung sorgen.

Der Klient wendete einige Übungen, die ich ihm gezeigt hatte, auch zu Hause an, und diese führten ihn zurück zur Intuition und zum problemlosen Hören der inneren Stimme. Er war sozusagen jetzt von seiner Innenwelt nicht mehr getrennt und musste demzufolge auch nicht mehr über den Tinnitus von innen her angeschrien werden.

Menschen, die dann immer noch nicht hören wollen, leiden eventuell für den Rest ihrer Tage an Tinnitus-Beschwerden. Mein Klient allerdings nahm diese Chance wahr und räumte sich und sein Umfeld ordentlich auf. Nach relativ kurzer Zeit schlief er nachts ohne Klingeln und Rauschen wieder in aller Ruhe durch.

Kommentar:
Experimentieren Sie damit, ihr inneres Schatzkästchen aufzuräumen. Tinnitus sollte als Warnung nicht auch noch überhört werden!

9. Geschichte

Ein Klient stürzte bei einer Fahrradtour und brach sich dabei das Bein. Mittlerweile konnte er mit einem Gehgips ohne Krücken in meine Praxis kommen. Da er als Selbständiger seit Wochen lahm gelegt war, dezimierten sich seine finanziellen Reserven doch beträchtlich. Bevor er nun wieder ins Berufsleben einstieg, wollte er mit mir ein wenig genauer klären, was er für sich durch diesen Unfall als Ursache herauskristallisiert hat. Vielleicht könnte er ja mit meinem Zutun noch weitere Informationen, die für ihn parat stehen, erhalten.

Erlösungsthema:
Ich beglückwünschte ihn zu seiner Entscheidung, mithilfe von außen einen Blick hinter die Kulissen zu werfen. Wegen des Knochenbruchs war tatsächlich der bisherige Weg zu hinterfragen. Der Unfall zwang ihn in eine völlig andere Lebenslage.

Die Lebensthematik eines Bruches zeigt, dass etwas übersehen worden ist. Was Altes symbolisierte, wurde unterbrochen, der Weg konnte ab diesem Moment nicht mehr in gewohnter Weise fortgesetzt werden. Nun hatte eine Neuorientierung stattzufinden.

Auf anderen Ebenen hatte der Klient etwas nicht rechtzeitig begriffen, und so musste über die Körperebene der Bruch mit gewissen Dingen vollzogen werden. Wiederum gilt festzustellen, dass der Sinn unserer Seele auf Erden das Wachsen in neue Dimensionen ist und es somit immer wieder zu Veränderungen und Kurskorrekturen kommen soll.

Je älter der Mensch wird, umso deutlicher wünscht er sich klare Bahnen, auf denen er sich bewegen kann, und doch ist ihm die Sicht gerade deswegen manchmal versperrt und er kann das Naheliegende nicht sehen, demzufolge auch keine Kurskorrektur vornehmen.

Oft besteht die einzige Möglichkeit, den Menschen zu erreichen, darin, über einen so effektiven Bruch des Weges ihn zur Ruhestellung zu verdonnern und damit ihn in einer gewissen Auszeit ein Resümee ziehen zu lassen. Das wird ihn, wenn er Glück hat, auf die Transformationsthemen stoßen. Über die Offenlegung und Erlösung kann dann die Korrektur mit der Heilung abschließen. Der Klient hatte diese Einsichten für sich entwickelt und brauchte nur hier und da noch eine kleine Hilfestellung.

Kommentar:
Achten Sie auf Zeichen, die Sie zu einem Stopp und zur Umkehr auffordern. Wenn Sie sich rechtzeitig nach innen wenden, erspart das Ihnen den Bruch im Außen!

10. Geschichte

Eine Frau kam mit der Konfliktsituation einer Blasenentzündung zu mir in die Beratung. Ihren Erzählungen zufolge galt es für sie ein Lebensthema zu bewältigen, nämlich die vom Elternhaus nicht erhaltene Liebe und Aufmerksamkeit ad acta zu legen und die schon gewachsene Selbstliebe und Verbindung zum Ganzen noch zu verstärken. Darin wollte sie sich die nächste Zeit üben. Doch sie hatte noch ein Problem: Sie hatte einen Mann kennen gelernt, aber sobald die beiden miteinander schliefen, meldete sich bei der Klientin die Blasenentzündung mit starken Schmerzen.

Erlösungsthema:
Die Verbindung zur Selbstliebe und damit die Fähigkeit, sich etwas Gutes zu gönnen, ist bei der Klientin gestört. Dadurch kann sie weder mit sich selbst noch mit einem Mann verschmelzen. Sobald das Crescendo des Zusammenfließens erreicht wird, unterbricht das alte System.

Die Frau muss die Verbindung zum inneren Schatzkästchen herstellen, das Lebensthema versucht die Klientin von außen wie von innen in die Transformation zu bekommen. Die Blasenentzündung zeigt das brennende Bedürfnis, alte Prägungen, Verhaltensmuster und Erlebnisse loszulassen und Entscheidungen zu integrieren, die dem Neuen Raum geben. So kann der Weg der Freiheit über die Krankheit abgelegt werden.

Meine Klientin übte nun täglich mehrfach, den Bewusstseinsschalter umzulegen, sobald sie spürte, dass sie erneut in den alten Zustand zurückgefallen war. Diese Methode wirkt in den meisten Fällen, wenn sie konsequent angewandt wird. So gelang es der Klientin in relativ kurzer Zeit, aus dem alten Sumpf das Licht zu erreichen.

Manchmal halten uns nicht die Lebensthemen in Schach, die sind vielleicht schon längst erlöst, nein, die alten »lieb gewonnenen« Gewohnheiten sind es, die losgelassen werden müssen.

Es ist wunderbar, der kleine Trick mit dem Bewusstseinsschalter meiner Klientin half, bei der Transformation zu bleiben. Damit brachte sie die Beziehung und das Sexualleben mit ihrem neuen Mann auf eine gar köstliche Ebene.

Kommentar:
Diese Geschichte möchte auf die entscheidende Wirkkraft des Bewusstseinsschalters hinweisen. Bitte lesen Sie das Kapitel darüber durch und üben Sie die konsequente Umsetzung mit Disziplin und Achtsamkeit. Der Bewusstseinsschalter ist eines der effektivsten Werkzeuge, das wir für die Erlösung der Lebensthemen haben.

Tod

1. Geschichte

In meiner Therapiestunde erschien eine Dame Mitte 50, der man die Trauer und das Abgeschottetsein direkt ansehen und anfühlen konnte.

Wie sich herausstellte, war ihr Sohn einige Jahre zuvor durch einen Sportunfall ums Leben gekommen.

Auf dem Weg zum inneren Schatzkästchen traten weitere Details zutage, die ihre Lebensthematik als Spiegel aufzeigten. Der Tod des Sohnes war sozusagen der Höhepunkt und zugleich das Ende einer Verkettung von Ermahnungen und Hinweisen bis hin zur regelrechten Katastrophe.

Die Frau fühlte sich im Leben seit jeher fehl am Platz, weder mit dem Elternhaus noch mit Freunden oder später mit ihrer Wahlfamilie war sie jemals wirklich in Liebe verbunden. Sie kam sich vor, als säße sie im falschen Film, und musste trotzdem funktionieren. Sie hatte auch niemanden, dem sie sich anvertraute; ja, ihr war nicht einmal selbst klar, wie es um sie tatsächlich stand, da sie von ihrem Standpunkt aus keine Alternative kannte. Jetzt wo sie älter wurde, blieb ihr nur die verbitterte Einsamkeit. Mit ihrem Mann, der nur der Ziehvater des verstorbenen Kindes war, führte sie eine Zweckehe, die nach diesem schweren Erlebnis in Sprachlosigkeit gemündet war.

In einer Rückführung stellte sich heraus, dass die Seele des Sohnes ihre Lebensthematik erfüllt hatte. Der Gipfel der Erfüllung war der Tod gewesen, wobei dieser gleichzeitig der Mutter helfen sollte, die eingefahrenen Gleise zu verlassen und endlich die Transformation anzupacken.

Erlösungsthema:
Dieser Schicksalsschlag konnte den Felsen der Unbewusstheit leider nicht sprengen. Anstatt ihre Thematik zu erlösen, wurde die Mutter zu einer spröden, leb- und kraftlosen Marionette ihrer Schattenseiten.

Als roter Faden zog sich bei der Klientin von Geburt an durch Kindheit, Jugend und Erwachsensein das Problem einer nicht verstandenen, sich missbraucht fühlenden, am falschen Platz aufgewachsenen Seele, die mit aufgestauter Wut und verletzt ihre Liebe in sich selbst verschließt. Seit dem Tod ihres Kindes hatte sich ihr Abstand zur Umwelt noch vertieft.

Für mich galt es, sie langsam an die Realität heranzuführen, indem ich ihr vom Weg der Seele, von der Seelenreise erzählte.

Ihr Lebensthema ist es, die Einsamkeit und düstere Abkapselung aufzugeben und ins Leben zurückzukehren. Wichtigster Schritt dabei war für mich, sie in einer Phantasiereise zur Seele ihres Kindes zu geleiten. Dadurch lernte die Klientin, dass der Tod für die Kinderseele zum richtigen Zeitpunkt erfolgt war. Die Seele freute sich riesig, ihrer Mutter in der Traumreise zu begegnen, und sprach ihr Mut zu, wieder ins Leben einzusteigen.

Nach einigen Einzelsitzungen entschloss sich die Klientin zur Teilnahme an meinem Seminar »7 Tibeter – Eine Reise ins Licht«. Dort vollzog sich bei ihr eine Transformation, die es ihr ermöglichte, das Dasein zum ersten Mal in ihrem Leben zu genießen und auch mit ihrem Mann in ein liebevolles Miteinander zurückzufinden.

Kommentar:
Manche Themen brauchen eine intensivere Auseinandersetzung. Das Seminar »7 Tibeter – Eine Reise ins Licht« unterstützt die Transformationsarbeit. Ziel des Seminars ist es, nachdem heftige Schicksalsschläge keine Veränderung gebracht haben, endlich das Lebensthema zu erlösen. Für eine noch weiter führende Transformation empfehle ich das zu diesem Buch konzipierte Seminar »Transformation der Lebensthemen«.

2. Geschichte

Vor Jahren suchte mich eine Frau in meiner Praxis auf, die an einem Wendepunkt stand, diesen aber nicht endgültig herauszukristallisieren wagte. Dadurch war sie in ihrer Entscheidungskraft blockiert.

Sie fing an zu erzählen, dass ihr Kind kurz zuvor im Alter von zweieinhalb Jahren nach einem Regenguss hinterm Haus in einer

Pfütze ertrunken sei. Einige Monate zuvor hatte sie sich wegen unüberbrückbarer Probleme vom Vater des Kindes getrennt, und nun stand sie ein halbes Jahr später vor der Entscheidung, ob sie in Deutschland bleiben oder in ihr Heimatland zurückkehren sollte.

Erlösungsthema:
Es gibt Seelen, die schon als Kinder die Erde wieder verlassen, weil das zu ihrem Lebensthema gehört. Das Thema Kindstod hatte hier die Bedeutung, den Eltern dabei zu helfen, sich vollständig voneinander zu lösen. Ganz egal wie lange der Aufenthalt einer Seele dauert, in der anderen Dimension fühlt sie sich immer liebevoll empfangen und aufgehoben.

Nachdem die Trennung zwischen den Eltern vollzogen und das Kind gegangen war, stand für die junge Frau an, sich als weiteren Teil der Erlösung ihres Lebensthemas kompromisslos für ihre eigene Wahrheit einzusetzen und mit den gemachten Erfahrungen in die Heimat zurückzukehren.

Für diese Lernerfahrungen musste sie Schmerzvolles durchleiden und vieles Liebgewonnene loslassen: als Erstes ihren Mann, als Zweites ihr Kind und als Drittes die Wunschvorstellung einer heilen Familie. Sie hatte zu lernen, sich nicht mehr zu verbiegen, um das leben zu können, was sie sich so sehr wünschte – eine intakte Familie. Da wurden gleich mehrere Lebensthemen auf einmal in Angriff genommen.

Nach einigen Einzelsitzungen war die Klientin so gefestigt und hatte, da sie ihren Lernweg annahm und ihre Lebensthemen verarbeitete, so viel Mut und Kraft geschöpft, dass sie sich mit der Entscheidung ihres zukünftigen Lebensmittelpunkts befassen konnte. Obwohl es ihr in Deutschland sehr gut gefiel, vermisste sie ihre Heimat, Freunde und Familie und freute sich nun auf eine baldige Rückkehr.

In einem Brief teilte die Klientin mir nach einiger Zeit mit, dass ihr die Heimkehr und auch die Integration im dortigen Umfeld ziemlich leicht gefallen sei, da sie in sich gefestigt war und mit dem entsprechenden Selbstvertrauen ihren Alltag bewältigte.

Einige Zeit später traf sie den Mann, mit dem es ihr möglich wurde, die Partnerschaft zu leben, für die sie nun reif war, und wie ich hörte, ist auch etwas Kleines unterwegs.

Kommentar:
Manche Seelen stellen sich für die Weiterentwicklung anderer Seelen zur Verfügung. Auch der Tod eines geliebten Menschen kann uns zur Betrachtung der eigenen Lebensthemen und zur Suche nach unserer gewählten Bestimmung veranlassen.

3. Geschichte

Eine Klientin lag nach einem Autounfall im Koma. Sie erlebte sich in einem Wachzustand, hatte aber keinerlei Gefühl der Körperlichkeit. Plötzlich war alles anders, keine Bewegung mehr möglich. Sie konnte in sich eine schreckliche Todesangst spüren. Mit aller Kraft sträubte sie sich dagegen und betete zu Gott: »Bitte lass mich leben.«

Sie spürte, dass ihre Seele nur noch an einem seidenen Faden hing. Doch sobald sie das Gebet gesprochen hatte, fühlte sie sich wieder stärker mit ihrem Körper verhaftet. Das Gebet war eigentlich eine Abmachung mit Gott, dass sie ab jetzt ihr Leben in die Hand nehmen und sinnvoll gestalten würde.

Somit nutzte sie diesen Unfall als Wendepunkt in ihrem Leben. Sie entwickelte für Außenstehende eine ganz andere Persönlichkeit, wurde zielorientiert und machte sich die Ausbildung, die ihr ihre Eltern ermöglicht hatten, endlich zunutze. In der Jugend war sie von den Eltern mit viel Liebe ausgestattet ins Leben geschickt worden.

Von dem Augenblick der Genesung an startete sie mit unglaublicher Energie in ein neues Sein. Da sie sehr lange ans Bett gefesselt war, hatte sie die Zeit, sich mit dem Unfall auseinander zu setzen und sich ihrer Lebensthematik zu stellen.

In der Ukraine geboren, fand sie sich nach ihrer vollständigen Gesundung plötzlich in Italien wieder und leitete innerhalb kürzester Zeit ihre eigene Theaterproduktion.

Sie hatte mit sich die Vereinbarung getroffen, keine Zeit mehr zu vergeuden, sondern ihrer Berufung zu folgen. Ihr Lebensthema heißt: Spring in deine Berufung und inspiriere die Menschen durch dein Tun.

Erlösungsthema:
Manche Seelen brauchen einen Anstoß von außen, um in ihre Bestimmung zu gelangen. Meine Klientin wollte in den Sitzungen für sich herausfinden, ob sie ihre Thematik im richtigen Licht sah. Zu Anfang wollte sie es gar nicht fassen, dass sie tatsächlich erst einen so harten Zen-Schlag bekommen musste, bis sie endlich wie in einer Rakete, Gott sei Dank festgeschnallt, in die Vollendung ihrer Berufung fand.

Inzwischen gibt sie in vielen Städten Tanzseminare für Frauen – ein Teil der Berufung meiner Klientin – und unterstützt so diese dabei, zu ihrer eigenen Kraft vorzustoßen. Am Ende des Seminars zeigen die Teilnehmerinnen dann ihr verändertes Sein in Form von Bühnendarbietungen. Die Klientin arbeitet mit zahlreichen Werkzeugen, unter anderem mit Meditation und Begegnungsspielen aus dem Bereich der Schauspielerei und Therapie, und formt so aus den Frauen tanzende Göttinnen.

Kommentar:
Nahtod-Erlebnisse fordern uns ultimativ auf, das innere Schatzkästchen zu heben, die Lebensthemen anzuschauen und neue Handlungen einzuüben. Lassen Sie es nicht so weit kommen, machen Sie sich schon vorher auf, mithilfe der Phantasiereise ihr Bewusstsein zu erweitern und auf diese Weise Ihre Berufung und Vision zu finden.

4. Geschichte

Ein Klient war in letzter Sekunde vom Zug ins Jenseits gesprungen. Er hatte einen körperlichen Zusammenbruch erlitten und der herbeigerufene Notarzt konnte ihn gerade noch rechtzeitig ins Krankenhaus einweisen. Dort stellte sich heraus, dass ein bis dahin nicht erkannter Darmkrebs ihn innerlich vergiftete. In einer Notoperation wurde dem Mann ein großes Stück Darm entfernt und ein künstlicher Ausgang gesetzt.

Als während der Operation sein Leben auf der Kippe stand, erlebte der Klient die typische Nahtod-Erfahrung, bei der er sich in einem Lichttunnel wiederfand und auf das Licht am anderen Ende zusteuerte. Doch plötzlich wurde er wie in einem Sog nach hinten gezogen und er hatte das Gefühl, wieder in seinen Körper hineingeschleudert zu werden. Als er aufwachte, lag er im Krankenbett. Seine schlimmste Leidenszeit sollte aber erst jetzt kommen.

Nach der Operation hatte er leider keine psychologische Begleitung, die sich mit ihm und seinem Thema adäquat auseinander gesetzt hätte. So heilte zwar sein Körper recht gut, doch das Thema, das ihn in die Krebserkrankung geführt hatte, wurde nicht aufgearbeitet.

Das erste Mal kam der Klient in eines meiner Seminare, und mir fiel auf, dass sein ständiger Seinszustand in gewisser Weise zwischen himmelhoch jauchzend und zu Tode betrübt schwankte.

Äußerst besorgt bat ich ihn darum, in einer Einzelsitzung sein Thema beleuchten zu dürfen. Dankbar stimmte er zu und wir versuchten zusammen hinter die auf der Lebensbühne erschienenen Dinge zu schauen. Für mich bedeutete es ein hartes Stück Arbeit, auch nur in die Richtung seines Schatzkästchens zu gelangen. Die Abwehrmechanismen der inneren Schatztruhe hatten den Mann dermaßen umwölkt, dass es für ihn schier unmöglich war, der Thematik Herr zu werden.

Auf der Fährte ins Lebensthema zündete der Klient unbewusst alle Abwehrbomben, die in der Nähe der Schatzkiste stationiert waren. Was ich ihm auch mitteilen konnte, behauptete er zumeist bereits zu wissen, andere Tatsachen lehnte er rundweg ab.

Erlösungsthema:

Sein Lebensthema ist es, aus der Ego-bezogenen Einsiedelei, in der er Ziele ausspricht, die völlig absurd sind, heraus in die Liebe zu sich selbst und anderen Menschen zu gelangen. Dort, wo er stand, bemerkte er nicht, dass ihn dieser Weg des Egos in die Krankheit führte. Durch die Wut und den Frust über die Lieblosigkeit in seinem Elternhaus und auf seinem Lebensweg klammerte der Klient sich so stark an eingefahrene Handlungsweisen, dass er nichts loslassen konnte. Durch den künstlichen Darmausgang war er jetzt zumindest wieder imstande, den körperlichen Abfall abzutransportieren. Seine größte Aufgabe bestand darin zu erkennen, welch eine Chance in der Krankheit für ihn lag.

Doch jede angebotene Unterstützung im Seminar und in den Einzelsitzungen versuchte er zu ignorieren, um nur ja seinen vor langer Zeit eingeschlagenen Lebensweg fortsetzen zu können. Er vermochte nicht einzusehen, dass es zwischen der Krankheit, seiner Zielsetzung und seinem Umgang mit Menschen einen Zusammenhang gibt. Als nächstes Betätigungsfeld hatte er sich ausgerechnet auch noch die Sterbehilfe auserkoren.

Man kann vor solchen Zielsetzungen wie ein Engagement in der Sterbehilfe in so einem Fall nur warnen, da Sterbende eine ganz andere Art der Unterstützung brauchen. Weder in den Einzelsitzungen noch im Seminar fand der Klient lernwürdige neue Handlungsweisen, und so mussten wir uns voneinander verabschieden, ohne dass er den Quantensprung erreicht hatte.

Kommentar:

Lassen Sie es nicht so weit kommen, in dieser Art aufs Abstellgleis zu geraten. Lesen Sie bitte noch einmal das Kapitel über das Ego. Auch die Phantasiereise mit der CD sollten Sie zur Selbsterkenntnis des Öfteren unternehmen.

5. Geschichte

Tragisch ist eine Lebensthematik, die nicht erfüllt ist. Tragisch ist das vor allem für eine Seele, die sich durch Selbstmord aus der Affäre zieht. Man darf nicht meinen, durch ein selbst entschiedenes Verlassen dieser Erdenwelt könne man Thematiken erlösen. Das geht jedenfalls nicht bei dem Lebensthema, das im Folgenden geschildert wird.

Der betreffende Klient kam kurz nach dem Tod seiner Freundin in meine Praxis und wollte mit mir das Erlebte verarbeiten. Natürlich lag es ihm am Herzen, die Tat seiner Freundin zu begreifen. Sie hatte seit Jahren unter Depressionen gelitten und sich deswegen aus dem normalen Arbeitsleben zurückgezogen. Sie verstieg sich immer mehr in die Idee, keine Chance für ihr Sein auf der Erde zu haben. Mein Klient unterstützte sie finanziell, tätigte die Einkäufe, und sie kümmerte sich in den letzten Jahren hauptsächlich um den Haushalt.

Als sie dann Selbstmord beging, befand sich mein Klient auf einer Seminarreise. Von der Nachricht über den Verlust seiner Lebensgefährtin war er verständlicherweise tief geschockt.

Grundsätzlich möchte ich an dieser Stelle sagen, dass viele Menschen in ihrer Lernzeit Prüfungen und Feuerproben zu bestehen haben, die sie an den Rand des Erträglichen bringen, und dass somit auch der eine oder andere schon über den Freitod nachgedacht hat. Das ist ein Teil der Feuerprobe, und der Betreffende hat hier die Aufgabe zu erkennen, dass es eventuell die Abwehrmechanismen seines Schatzkästchens sind, die ihn in den Tod zwingen möchten.

Das in die Ecke getriebene Ego rüstet sich für einen Kampf auf Leben und Tod. Ins bewusste Sein aufzuwachen und das Lebensthema zu erlösen lautet in diesem Fall die Herausforderung.

Leider wählen einige Menschen am Ende den Freitod. Nur bei wenigen ist die zubemessene Erfahrungszeit auf Erden da wirklich schon beendet, sodass sie in Frieden gehen können. Den meisten dieser Menschen hätte geholfen werden können, wenn sie sich einen Therapeuten gesucht hätten, der sie an der Hand genommen und aus dieser Sackgasse hinausbegleitet hätte.

Die Lebensgefährtin meines Klienten hatte sich im Innern und damit auch im Äußeren völlig gehen lassen. Sie hatte sich mit ihrer Thematik nur scheinbar auseinander gesetzt und sich als leidtragendes Opfer in den schützenden Bau ihres Heims zurückgezogen.

Durch den Einfluss, den sie auf meinen Klienten hatte und der wiederum seine eigene Thematik in dieser Geschichte hat, auf die ich gleich noch zu sprechen komme, war dieser ihr in dem Punkt geradezu hörig. Er hatte den Eindruck, sie habe eine spirituelle Reife erreicht, die ihm helfen könnte, seine eigene zu erhöhen. Die Frau verband in sich eine Mischung aus vermeintlicher Meisterschaft und der fehlgeleiteten Überzeugung, mit all dem Schmerz und Leid, der Trauer sowie mit diesem misslungenen Leben das absolute Opfer zu sein.

Mit ihrem Freitod hat sie das Klassenziel jedoch vollkommen verfehlt, sie hat sich vielmehr auf leisen Sohlen davongestohlen. Sie wird nun in dem einen oder anderen neuen Leben wieder mit derselben Thematik konfrontiert werden.

Für den Lauf der Zeit, den lieben Gott, die Existenz, das schöpferische Sein ist dies kein Problem, die Seele verursacht in sich durch diese Tat lediglich einen Rücksturz in die andere Dimension, der dort nicht einfach in einem Crescendo endet.

Ihr Empfang in der anderen Dimension ist gewissermaßen vom Schuldgefühl der Seele wegen dieser Tat beeinflusst. Das Ende auf Erden erzeugt den entsprechenden Widerhall in der anderen Dimension. Es kann also sein, dass sie in einer gewissen Weise eine Höllenerfahrung durchmachen muss. Nach einer Ruhephase wird die Seele dann einen weiteren Aufenthalt auf der Erde planen, vielleicht dasselbe Thema für das Erdenleben wählen und diese Thematik eventuell ins Licht bringen.

Erlösungsthema:
Für meinen Klienten galt es nun zu begreifen, welcher Unsinn ihn veranlasst hatte, seiner Lebensgefährtin nicht die Leviten zu lesen und sie nicht direkt zu einem Therapeuten zu bringen.

Er musste verstehen lernen, dass er sich jemanden auf den Thron gesetzt hatte, um diesen anzubeten, zu dienen, anstatt mit einer Frau eine wirkliche gleichberechtigte Liebesbeziehung einzugehen. In seinem Schatzkästchen lag das Thema vergraben: Er musste sein Selbstwertgefühl aus sich selbst, aus seiner eigenen Kraftquelle schöpfen. Er hatte zu lernen, keine Power oder Kraft mehr an andere abzugeben und sich auf diese Weise nicht mehr von dem Betreffenden führen zu lassen.

Das Thema Mutterliebe spielte hier ebenfalls eine große Rolle. Die Mutter hatte ihn mit ihrer Liebe so erdrückt, dass er zeitlebens vor der wahren Liebe zurückschreckte. Er hatte seine Freundin als Ersatzmutter auf den Liebesthron gesetzt. Erst nach deren Tod konnte er seinen eigenen kranken Zustand, den er im Selbstmord gespiegelt bekam, annehmen, sodass er endlich dieses Thema aufzuarbeiten begann.

Außerdem musste ich den Klienten darauf aufmerksam machen, nicht gleich in den nächsten Fehler zu verfallen und sich selber runterzumachen. Da er sich für den Tod der Lebensgefährtin verantwortlich fühlte, war er geneigt, dieser Frau noch ein Märtyrertum anzudichten. Für ihn war es wichtig, sich in einem Ritual völlig von der Dame zu verabschieden und daran zu erinnern, dass es bei einer Beziehung stets ein Vorher und ein Nachher gibt.

Nach einigen Monaten erschien er dann mit einer neuen Frau in einer Paarsitzung, ich konnte beiden nur gratulieren. Er hatte seine Lektion gelernt und damit eine weibliche Seele angezogen, mit der er das leben konnte, auf was er sich immer gefreut hatte.

Kommentar:

Bitte betreiben Sie Früherkennung. Nehmen Sie sich die Zeit für eine Phantasiereise in Ihr inneres Schatzkästchen. Vorbeugend sollte man in ähnlicher Situation einen Therapeuten aufsuchen!

6. Geschichte

Ein Fernsehredakteur bat mich um eine Unterredung in einer Zeit des Umbruchs für ihn. Er hatte für sich den Eindruck, gleichzeitig mit der Welt Frieden zu schließen, seine Dinge zu ordnen und sich fertig zu machen für das letzte Kapitel seines Verbleibens auf der Erde. Aus dem Berufsleben hatte er sich zurückgezogen, traf aber nach wie vor aus freundschaftlicher Verbundenheit noch seine Kollegen und andere ihm bekannte Persönlichkeiten des öffentlichen Lebens. Die Kinder waren schon lange aus dem Haus, die Frau hatte ebenfalls den Platz an seiner Seite verlassen, und er löste gerade zudem seine Wohnung auf, um in eine kleinere umzuziehen.

Für ihn ging es in unseren Gesprächen hauptsächlich darum, mit mir als spirituellem Begleiter den Einklang, den er mit sich und der Welt spürte, auf seine Richtigkeit zu überprüfen.

Erlösungsthema:

Der Klient hatte es geschafft, er hatte seine Themen transformiert. Nun war er bereit und offen für alles, wohin ihn das Leben weiter tragen wollte. Die Transformation seiner Lebensthemen führte ihn ins All-eins-Sein, und darin war er völlig zufrieden. Er beschäftige sich im Alltäglichen mit den alltäglichen Dingen.

Für mich gab es nichts weiter im Schatzkästchen nachzuforschen, wir lernten uns gegenseitig mit Respekt in Freundschaft näher kennen. Nach nicht allzu langer Zeit erfuhr ich dann von seinem Wechsel in die andere Dimension. Da wurde mir klar, dass er alles geklärt und gerichtet hatte, friedlich, liebevoll im Einklang mit sich und seiner Umwelt die letzten Tage genossen hatte, um dann ohne große Krankheit von einem Augenblick auf den anderen die Ebenen zu wechseln.

Ich nehme diese Geschichte absichtlich in dieses Buch auf, weil ich damit ausdrücken möchte, dass es sehr wohl möglich ist, als Mensch im Einklang mit sich selbst die Dimensionen zu wechseln.

Kommentar:
Keiner.

7. Geschichte

Ein Arzt, der in der Notaufnahme eines Unfallkrankenhauses arbeitete, kam zu mir in die Sprechstunde, um über das Thema Tod seiner Familie und das Phänomen der Begegnung mit der anderen Dimension zu sprechen.

Er hatte bei einem Eisenbahnunglück in Indien seine Frau und sein Kind verloren und damit war für ihn eine Welt zusammengebrochen. Seine Arbeit im Krankenhaus konnte er nur noch wie in Trance verrichten, bis es auf einmal überhaupt nicht mehr ging, da ihn der Schock über den persönlichen Verlust in einen Zustand versetzte, der sein komplettes Energiesystem lahm legte.

Er hatte das Gefühl, seine Geliebten wollten ihn in seinem Haus, gerade wenn er des Nachts alleine in seinem Bett lag, trösten. Nach einigen Tagen fing er wieder an zu arbeiten und hatte plötzlich merkwürdige Begegnungen mit Patienten, die Nahtod-Erlebnisse hinter sich hatten, mit Menschen, die über die Schwelle durch den Korridor ins Licht getragen und plötzlich wieder auf die Erde in den Körper zurückgezogen worden waren.

Was erst vereinzelt vorkam, häufte sich allmählich auf merkwürdige Weise. Patienten, die von einer Nahtod-Erfahrung zurückkehrten, sprachen ihn während der Visite an und überbrachten ihm aus der anderen Dimension von seiner Frau Tröstung und die Aufforderung, sich mit der Nachricht ihres Todes nicht zufrieden zu geben.

Erlösungsthema:
Als ihm klar wurde, was das bedeuten konnte, traf ihn ein anderer Teil der Nachricht wie ein Schlag. Es waren Anzeichen vorhanden, dass beide zwar mit dem Tode rangen, aber ins Leben zurückkehren sollten. Da man die Leichen nicht gefun-

den und das Unglück sich fernab von jeglicher Zivilisation ereignet hatte, war es möglich, dass seine Frau und sein Kind noch am Leben waren. Es konnte sein, dass die Verunglückten ohne Registrierung in irgendeines der Krankenhäuser gebracht worden waren, die im Umkreis von der Unfallstelle lagen.

Mein Klient setzte alles daran, umgehend nach Indien zu reisen, um vor Ort selbst nach Kind und Frau zu suchen.

Sein Lebensthema begegnete ihm auf eine Weise, dass ausgerechnet er, der davon nie etwas wissen wollte, sich nun mit dem Thema Tod so nah, so betroffen auseinander setzen musste. Er ging dabei durch alle erdenklichen Phasen der Emotion und erlebte dabei Millimeter für Millimeter eine Transformation, die sein Leben für immer verändern sollte.

Der Klient hatte mich aufgesucht, weil er mit mir diese Erlebnisse besprechen wollte. Was ich hier sah, hörte und spürte, bestätigte, dass er auf dem richtigen Weg war. Er hatte für die nächsten Tage seine Abreise nach Indien gebucht.

Ich konnte diesem sonst so verstandesorientierten Arzt nur nahe legen, dass das Leben mehr ist als das, was wir über den Verstand begreifen können. Die Chance, durch den Prozess wach und aufmerksam seine Lernerfahrung zu machen, nahm der Klient wahr. Ich war überzeugt, dass er seine Familie finden und sie zusammen nach Deutschland zurückkehren würden.

Tatsächlich fand der Klient innerhalb weniger Tage seine Familie, indem er sich intuitiv darauf verließ, Anzeichen, Führung, Hinweise zu erhalten. Er heuerte in Indien einen Taxifahrer an, der ihm bei seiner Suche sehr behilflich war. Als der Arzt das Krankenzimmer, in dem seine Frau und sein Kind lagen, dann endlich betrat, konnte er es vor Glück kaum fassen, die beiden bei Bewusstsein zu erleben und sie vorsichtig in die Arme schließen zu können.

Nach weiteren zwei Wochen in der Klinik flogen sie gemeinsam mit einem Heimhol-Transport zurück nach Deutschland.

Die Transformationserfahrung für diesen Klienten bestand darin, sein Bewusstsein von der logischen Verstandesebene in eine ganzheitliche Sichtweise zu erweitern. Leben und Tod sind ein Mysterium. Seine Frau und sein Kind hatten tatsächlich eine Weile zwischen den Daseinsebenen geschwebt.

Kommentar:
Das Leben ist ein Mysterium, es will nicht in Sicherheit, sondern *mutig* gelebt werden. Stellen Sie sich Ihren Lebensthemen!

8. Geschichte

Neben der persönlichen Begegnung mit dem Tod gibt es auch die kollektive Variante, die beides zugleich beinhaltet, etwa wenn Menschen aus bestimmten Gründen durchdrehen und andere zu Tode bringen. Gerade als ich diese Zeilen schrieb, hatte ein Ex-Schüler in einer Erfurter Schule etliche Lehrer und zwei Schüler erschossen. Ich möchte an dieser Stelle vor allem auf das kollektive Geschehen eingehen. Diese Menschen waren nicht in meiner Praxis, aber trotzdem lässt sich an diesem tragischen Geschehen etwas zeigen, das wir alle dringend zu lernen haben. Das heißt, unsere Gesellschaft hat ein Transformationsthema, für dessen Erlösung wir uns definitiv entscheiden sollten.

Es geht wie schon mehrfach angedeutet darum, im Leben zu erkennen, dass die Verantwortung des Einzelnen und der Gesellschaft tiefer und weiter reicht, als wir das im Augenblick wahrnehmen wollen.

Bei Ereignissen wie dem Erfurter Amoklauf sind vor allem die Eltern, die Politiker und die Schulen gefragt. Gerade die Eltern sollten mehr Information erhalten, die sie veranlassen, wenn Kinder ins Haus stehen, sich mit dem Thema Erziehung ernsthaft auseinander zu setzen. Ja, noch vor diesem Zeitpunkt gilt es für jeden bereits, mithilfe der Erlösung der Lebensthemen ins innere Schatzkästchen vorzudringen.

Es ist in der Gesellschaft äußerst schwierig, von oben Dinge zu verordnen, ohne zu viel zu reglementieren. Dennoch ist es unsere Pflicht, mehr zu wagen, zu experimentieren, neue Ideen zu den Themen Werte, Lebensformen, individuelles Betrachten der Seele und Lebensthematik in uns aufkeimen zu lassen. Die Politiker und Behörden sollten, mit Unterstützung der Menschen im Lande, praktisch immer wieder an wichtigen Stellen des Lebens Informationsschleusen herstellen, die es allen ermöglichen, für mehr Achtsamkeit und Bewusstsein im Umgang mit Kindern und Erwachsenen zu sorgen.

Wir alle müssen genau überlegen, wie viel Erziehung, Grenzsetzung, Öffnung und Freiraum der Mensch von klein auf braucht, und an jeder derartigen Informationsschleuse könnten wir uns dazu den neuesten Wissensstand beschaffen. Damit könnten wir von der Geburt der Kinder bis zu deren Volljährigkeit auf eine völlig neue Art und Weise die Verantwortung für die Individuen und für die Gesellschaft als Ganzes wahrnehmen.

Erlösungsthema:

Wir als Gesellschaft haben insgesamt die Verpflichtung, uns definitiv für Werte, die wir leben und erleben wollen, einzusetzen. Ganz konkret sollten wir auf der Basis des jeweils aktuellsten Wissens die Werte kreieren und für die Umsetzung dieser Werte einstehen. Die Schule darf nicht nur als Wissensvermittlerin, sondern muss auch als Vermittlerin von Werten fungieren.

Wo immer das Leben die jungen Menschen dann hinführt, in eine weitere Ausbildung etc., sollte es Begleiter für sie geben, die ihnen gewissermaßen nicht von der Seite weichen und mit einer sanften, liebevollen und Grenzen aufzeigenden, freien Beratung allzeit zur Seite stehen.

Außerdem müssen wir überlegen, welche Initiationsriten für den Sprung von der Kindheit in die Erwachsenenwelt hilfreich sind. Auch hier gibt es mittlerweile viele wertvolle Ansätze, mit denen verschiedene Menschen und Gruppierungen Jugendlichen helfen, ihren Weg zu finden.

Die Menschen, die in Erfurt ums Leben kamen, dürfen nicht umsonst gestorben sein. Wir müssen endlich dem ewig Gleichen, Traditionellen Einhalt gebieten und uns mit dem, was das Erlebte als Spiegel zeigt, von Grund auf auseinander setzen.

Nutzen wir die Chance und verändern wir die Dinge in der Gesellschaft. Der Schock hat auch etwas Positives: Viele Politiker, Lehrer, Eltern und Jugendliche reden wieder mehr miteinander und ziehen dabei neue Möglichkeiten des Miteinanderseins in Erwägung.

In meiner Familientherapie berate ich Eltern und Kinder, die vor Schwierigkeiten stehen, und versuche sie in ein neues erquickendes, glücklicheres Miteinander zu führen.

Kommentar:
Wenn in Ihrer Familie Dinge nicht im Lot erscheinen, so suchen Sie bitte bei Fachleuten Hilfe. Das Beste ist, so früh wie möglich gegensteuern. Nutzen Sie die beiliegende CD, konfrontieren Sie sich mit Ihren Lebensthemen.

9. Geschichte

Der Tod eines Meisters, eines Buddhas ist etwas völlig anderes. Einst starb ein großer Zen-Meister im Beisein all seiner Schüler, indem er sich von seinem Lager erhob, den Hut aufsetzte, den Spazierstock in die Hand nahm, einen Schritt machte und dann in sich zusammenfiel. Er war gegangen.

Erlösungsthema:
Er zeigte seinen Schülern eine würdige Art zu sterben und symbolisierte mit seinem Tun den Aufbruch in die andere Dimension. Er verließ die Erdenebene und ließ nur die Hülle

der Seele, den Körper, zurück. Dass er Stock und Hut nahm, sollte den Schülern zum einen die Realität der Reise zeigen und zum anderen ihnen klar machen, dass es keinen Grund zur Trauer gab, da er nur die Form und die Ebene wechselte.

10. Geschichte

Drei andere Zen-Meister wollten kein Aufhebens von ihrem Tod machen. Sie entschlossen sich, im selben Augenblick zu sterben, und schrieben auf einen Zettel, den sie immer bei sich trugen, dass man sie mit den Kleidern, die sie am Leib trugen, verbrennen solle, wenn es so weit wäre.

Die drei Meister waren dafür bekannt, dass sie von Dorf zu Dorf zogen, sich auf den Marktplatz stellten und einfach loslachten, bis alle Menschen in das Gelächter einfielen. Damit erhöhte sich der Energielevel aller und es fand automatisch bei jedem Beteiligten ein kleiner Quantensprung zu seinem individuellen Thema statt.

Als ihre letzte Stunde dann geschlagen hatte, starben die drei tatsächlich im selben Augenblick. Bei der Verbrennung ihrer Leichen geschah etwas Sonderbares, in dem Augenblick nämlich, als die Menschen den Holzstapel unter ihnen anzündeten, ging ein grandioses Feuerwerk los. Die drei hatten sich einen letzten Witz erlaubt und in ihren Mänteln unzählige Feuerwerkskörper versteckt: Sie verwandelten sich in ein wunderbares Feuerwerk.

Erlösungsthema:
Keines.

Veränderung leicht gemacht – das Handwerkszeug

Die Kraft der Stille – Meditation

Die Kraft der Stille ist der Turbolader unter den Handwerkszeugen. Turbolader deshalb, weil Sie, wenn es Ihnen Ihren inneren Gedankenmonolog abzuschalten gelingt, von allen störenden Nebengeräuschen unbehelligt in einem meditativen Zustand leben. Damit haben Sie das erreicht, was wir sonst, wenn nötig, in therapeutischen Einzelsitzungen und Seminaren zu erarbeiten versuchen, nämlich ein von vorgegebenen Handlungsweisen freies Leben zu führen. Als vorgegebene Handlungsweisen bezeichne ich die Handlungen, die uns nicht frei zu wählen erlauben, sondern uns Mustern und Konditionierungen unterwerfen, die sich unter anderem aus traumatischen Erlebnissen ergeben haben. Das heißt, wir leben dann wie ferngesteuert. Das hängt natürlich mit den Lebensthemen zusammen, die uns auf den Weg der Befreiung und Transformation schicken.

Meditation leben bedeutet nicht nur über die Zusammenhänge Bescheid zu wissen, sondern diese Einsichten auch ins Leben integriert zu haben. Ein meditativer Mensch setzt sich nicht nur eine Stunde am Tag hin und meditiert, er wendet vielmehr das, was er durch eine bestimmte Meditationstechnik gelernt hat, den ganzen Tag lang an. Es reiht sich dann ein Tag an den anderen, an denen er aus der meditativen Stille heraus agiert.

Meditation heißt, dass die Positionen im System stimmen, die Seele der Chef im Haus und der plappernde Verstand der Diener ist. Der Verstand wird so wie alle anderen zur Verfügung stehenden Teile des Systems benutzt. Allen wird der gleiche Respekt gezollt, so lebt ein gesunder Mensch.

Wenn Sie sich in Meditation befinden, bestimmen die Intuition und der Fluss des Lebens, welche Entscheidungen Sie treffen. Wenn es Ihnen gelingt, diesen Zustand ein Leben lang zu halten, haben Sie alle Lebensthemen auf einen Streich erlöst. Dann haben Sie die Meisterschaft eines Buddha erreicht. Den meisten Menschen hilft die Meditation, ihre Lebensthemen wesentlich entspannter zu lösen. Durch den vorübergehend erreichten Zustand fällt es dem Meditierenden leichter, zu seiner Intuition vorzustoßen.

Wenn Sie Meditation kennen lernen wollen, so finden Sie in den Buchhandlungen genügend Bücher zu diesem Thema. Ein paar Meditationen möchte ich Ihnen hier empfehlen. Die Kundalini-Meditation, eine Meditation in vier Phasen zur Musik-CD »Vom Tanz zur Stille«; die Dynamische Meditation für Menschen, die mit Ekstatischem besser zurechtkommen, als sich sofort in die Stille zu setzen, ebenfalls eine mehrphasige Meditation zur CD. Beide sind von Osho inspiriert.

Auch die 7 Tibeter-Gymnastikübungen aus meinem *REIKI Praxisbuch* empfehlen sich in folgender Anwendung: Machen Sie als Erstes die Gymnastikübungen. Anschließend setzen Sie sich auf ein Kissen und wenden sich mithilfe der nachfolgenden Musik nach innen. Auf dieser CD werden die heilenden Klänge noch ein zweites Mal ohne Text gespielt. Nach dem Ende des Musikstücks verweilen Sie weitere fünf Minuten in der Stille. Dann ist die Meditationsübung beendet.

Natürlich finden Sie Meditation auch andernorts in Ihrem Leben, Sie nennen es vielleicht nur nicht so. Ob Sie einen Spaziergang machen, ein Bild malen, Zärtlichkeiten mit dem Partner austauschen, ein köstliches Gericht zubereiten, musizieren oder durch den Wald laufen – alles, bei dem für eine gewisse Zeit das Denken ruht, kann zur Meditation genutzt werden.

Das innerliche Einstimmen

Das Experimentieren mit Meditation führt zum inneren Einstimmen und damit zur Nutzung der Intuition. Versuchen Sie sich als Erstes innerlich völlig frei zu machen, von allen Gedanken zu entleeren. Begeben Sie sich in den Zustand der Meditation, der Gedankenfreiheit und stimmen Sie sich auf das ein, auf das Sie sich einstimmen wollen. Das können Probleme sein, für die Sie Lösungen suchen. Sie können das Einstimmen nutzen, um ein Urlaubsziel zu finden; wenn Sie sich nicht sicher sind, in welche Richtung Sie beruflich oder in der Ausbildung gehen wollen etc.

Das innere Einstimmen auf Situationen ist eine Möglichkeit, eine andere ist die, sich bei Begegnungen auf Menschen einzustimmen, wenn man es für nötig hält. Zum Beispiel beim Vorstellungsgespräch, bei Teambesprechungen, Konferenzen, aber auch in Partnerschafts- und Familienangelegenheiten.

Von der Meditation zur Intuition und damit in das Verbunden-Sein mit der göttlichen Schöpferkraft, so erhöhen wir in unserem System die Energie auf eine Ebene, in der wir für die Inspiration der bestmöglichen Lösung offen sind. Gleichzeitig begegnen wir dem Einzelnen oder der Gruppe mit einer gestärkten, auf hoher Energie schwingenden Aura, wir verbinden uns so mit dem Energiefeld des anderen oder der Gruppe. Die Energie aller erhöht sich auf diese Schwingungsebene, und wenn keine Egospiele dem im Wege stehen, kann der Reigen dessen, wohin das Treffen führen soll, beginnen. Wenn Sie derart handeln, werden Sie verblüfft sein, wie effektiv die Auswirkungen sind. Die Ergebnisse werden Ihre schönsten Hoffnungen noch übertreffen.

Ein weiterer Aspekt ist, dass Sie so eingestimmt über alle Sinnesorgane, das Dritte Auge und eine hohe Schwingungsfrequenz in Ihrer Aura den gegenüberstehenden Menschen und die Umwelt anders wahrnehmen. In dieser Weise hellsichtig, bekommen Sie Informationen und Bilder, die über die Intuition, ohne den Gedankenapparat zu passieren, auf Ihrer inneren Leinwand erscheinen.

Je weiter Sie mit dem Aufräumen Ihres Schatzkästchens der Lebensthemen gekommen sind, umso weniger werden diese Eindrücke vom Egoverhalten gestört, und damit können Sie dem reinen Bild vertrauen. Das bedarf aber einer jeweiligen Infragestellung und langjährigen Übens, um diesen Einsichten vertrauen zu können. Wenn Sie diesen Zustand erreicht haben, werden Sie auch in Ihrem System so weit geklärt sein, dass Sie diese Informationen zum Wohle der Gesamtheit anwenden.

Was ich wirklich will

Damit sind Sie am Punkt der Klärung angekommen, was Sie wirklich wollen. Sie wollen erfahren, was das ist, was Sie drängt oder eben nicht drängt.

Wenn Sie sich von der Reihenfolge Meditation, innerliches Einstimmen, Inspiration leiten lassen, finden Sie heraus, was Sie wirklich wollen. Es werden Ihnen über die Intuition genau im richtigen Moment die Einfälle oder Bilder verständlich übermittelt, damit Sie sich bewusst weiterbewegen können. Dann gehört eine ordentliche Portion Mut dazu, was sich hier zeigt, auch im Leben umzusetzen.

Hier sollten wir von den Naturvölkern und von den Menschen lernen, die im Laufe der Jahrhunderte mit der Meditation gearbeitet haben. Bei den Indianern wurden die jungen

Männer zur Visionssuche in die Wildnis geschickt, in anderen Gegenden wählte man den Weg nach innen in die Meditation.

Zur Beantwortung von Fragen ziehen Sie sich am besten nach innen zurück, begeben sich in Meditation oder halten sich in der Natur auf. Oder Sie fasten eventuell, um sich so auf die göttliche Schöpferkraft zurückzubesinnen, die aus einer inneren Leere und entspannten Haltung heraus inspiriert.

Es ist im Leben immens wichtig, von Zeit zu Zeit einen Strich zu ziehen, innere Einkehr zu betreiben, ein Fazit zu erstellen und gegebenenfalls das Leben neu auszurichten.

Die Entscheidung

Wenn Sie sich für Dinge oder Handlungsweisen entscheiden, sollten Sie dies mit Nachdruck tun. Ab diesem Augenblick gilt diese Entscheidung und sie ist mit aller Kraft zu tragen.

Wenn sich Veränderungen ergeben oder Sie die Intuition auf etwas aufmerksam macht, das Ihre Entscheidung revidiert oder eine neue Handlungsweise verlangt, werden Sie diese mit aller Klarheit und Eindeutigkeit treffen.

Jetzt geht's los

Ist der Prozess der Entscheidungsfindung abgeschlossen, gilt es diese Entscheidung mit der Energie umzusetzen, die sich auf das zu erreichende Wunschziel zu bewegt. Andererseits fließt durch diesen Schritt auch von diesem Ziel eine Energie zu Ihnen unterstützend zurück. Sobald eine eindeutige Entscheidung getroffen ist, baut sich ein Schwingungsfeld auf, das diese Entscheidung über den Prozess von Idee, Wort und Handlung nach außen schwingen lässt. Diese Schwingungen erzeugen im

Umfeld wiederum eine Energiebewegung, die uns das, was wir erreichen oder erhalten wollen, entgegenbringt.

Gehen Sie also frisch ans Werk, zaudern Sie nicht, bleiben Sie bei Ihrer Entscheidung, bis Sie eine andere treffen. Auch hier ist darauf zu achten wann der Verstand sich mit seinen immerfort zweifelnd wälzenden Gedanken einmischt, und diesem eine klare Abfuhr zu erteilen. Ebenso dürfen Sie den Abwehrmechanismen Ihrer inneren Schatztruhe keinerlei Einfluss mehr zubilligen. Sie haben über den Weg der Intuition und Ihrer Schöpferkraft zu einer Entscheidung gefunden, und solange keine Neuorientierung erfolgt, gilt: Volldampf voraus!

Der Bewusstseinsschalter

Bewusstseinsschalter nenne ich einen imaginären Schalter, den meine Klienten sich in der linken Armbeuge einbauen sollen. Jedes Mal wenn sie merken, dass alte Schattenmuster von neuem die Oberhand gewinnen wollen und sich gegen die getroffenen Entscheidungen stellen, kann hier sofort mit einem Kippschalter Contra gegeben werden.

Sobald also ähnlich wie bei einem Sicherungskasten der Schalter herausfliegt, kann man ihn sofort wieder hineindrücken.

Dieser Kippschalter muss an manchen Tagen eventuell sogar minütlich betätigt werden, je nachdem wie oft die alten Handlungsweisen wieder nach Ihnen greifen. Die störenden Gedanken können Ihre Bemühungen pfeilschnell zunichte machen. Also Achtung, und gegebenenfalls sekündlich mit dem Kippschalter gegensteuern. Halten Sie durch, auch das geht vorüber!

Je öfter Sie sich im Leben im bewussten Bereich befinden, desto eher spüren Sie, wann der Zeitpunkt gekommen ist, den Bewusstseinsschalter zu betätigen. Dieser Schalter ist die größte Hilfe bei der Umsetzung von Entscheidungen und neuen Handlungsweisen.

Wenn es mal nicht klappt

Wenn es mal nicht klappt, ist das nicht weiter tragisch. Bis Sie Ihre Thematik erlöst haben, tritt dieser Fall einfach hin und wieder ein. Versuchen Sie, wenn Sie in die Falle getappt sind, darauf zu achten, wann Sie sich dessen bewusst werden. Sobald dieser Zustand eintritt, stehen Sie auf, klopfen sich ab und setzen Ihren Weg fort. Wichtig ist, dass Sie für einen solchen Fehltritt keinerlei Schuldgefühle entwickeln und sich auch nicht so etwas wie eine Buße auferlegen. Ich empfehle meinen Klienten, bei jedem Aufwachen sich selbst etwas Gutes zu tun, sich zu belohnen.

Die einzige Lehre, die Sie daraus ziehen sollten, ist die, denselben Fehltritt nicht permanent zu wiederholen. Also machen Sie sich keinen Stress, versuchen Sie trotzdem Ihren Energielevel täglich möglichst hoch zu halten, sodass Selbstzweifel und ähnliche Emotionen gar nicht erst aufkommen. Sollte das doch einmal geschehen, dann bemerken Sie irgendwann, dass Sie im alten Schlamassel sitzen. Denken Sie jetzt an Ihren Bewusstseinsschalter, schalten Sie um – und weiter geht's.

Geistige Disziplin

Die größte Falle auf dem Weg in die Erlösung der Lebensthemen ist die, in alten Verhaltensweisen verhaftet zu bleiben. Wenn wir neue Entscheidungen mit uns vereinbart haben, haben wir die äußerste Verpflichtung, diese Entscheidungen uns selbst gegenüber durchzusetzen. Hier ist die größte geistige Disziplin angesagt, zu der wir fähig sind. Eigentlich gilt es sogar, darüber hinauszuwachsen und mehr als 150 Prozent zu bringen.

Wenn Sie an diesem Punkt Schwierigkeiten haben, nützen Sie die Hilfe dieses Buches oder suchen Sie Unterstützung von außen. Gehen Sie zu einem guten Therapeuten, der in dieser Richtung arbeitet, auch eine Selbsthilfegruppe ist von Vorteil. Falls es in Ihrem Umkreis keine derartige Gruppe gibt, gründen Sie eine. Ansonsten rufen Sie in unserem Institut an, wir helfen gerne weiter.

Falls Sie immer wieder Fehlschläge auf dem Weg erleiden, so geben Sie trotzdem nicht auf, nützen Sie jeden Moment als weitere Chance.

Die beobachtende Instanz

Die beobachtende Instanz, *the watcher on the hill*, der Seelenwächter, ist der Zuschauer, der alles wahrnimmt und beobachtet. Es gibt diese Ebene in unserem Sein, Sie haben sie sicherlich auch schon einmal bemerkt. Das ist der Beobachter, der alles, was geschieht, ob es sich um schmerzhafte Erfahrungen, Trauer oder glückselige, zärtliche Momente handelt, letztendlich unberührt von allem wie eine Videokamera aufnimmt und notiert. Er hat im Hintergrund die Funktion des stillen Teilhabers.

Das ist unser innerstes Sein, das, was durch uns Körper-Geistsystem auf der Erde weilt. Diese Ebene können Sie vor allem in Zeiten der Not direkt nutzen. Sie finden auf dem gleichen Weg wie oben beschrieben dorthin, über die Meditation zur inneren Stille. Der Platz, an dem Sie sich dann befinden, ist die Einswerdung mit dem Seelenwächter, das ist der Teil in Ihnen, der niemals stirbt.

Versuchen Sie einmal, jetzt sofort beim Lesen dieser Zeilen, den Platz des inneren Beobachters in sich zu finden. Wie fühlt sich das an? Spüren Sie die erhabene Ruhe? Die Gelassenheit und das Wissen um das Einssein des Tropfens mit dem Ozean, unser Aufgehobensein im göttlichen Ganzen? Dass die Grenze zwischen Leben und Tod, Sterben und Wiederkehr verschwunden ist?

Mit der beobachtenden Instanz fällt es Ihnen wesentlich leichter, die Abwehrmechanismen des inneren Schatzkästchens auszuschalten, Ihre Lebensthemen klar und eindeutig zu erkennen und die Erledigung der Themen anzugreifen. Von diesem Platz aus verschwindet die Angst, Sie fühlen in sich aus Ihrer Quelle heraus eine immense Kraft aufsteigen, die Ihr komplettes System erfüllt. Gänzlich gestärkt werden Sie Ihren Prozess zu Ende bringen.

Tägliche bewusste und authentische Wahl aus der inneren Mitte

Die Herausforderung besteht darin, nicht nur hin und wieder etwas aus der inneren Mitte zu entscheiden, sondern täglich alles bewusst und authentisch zu wählen.

Wenn Sie diesen Weg beschreiten, spüren Sie, dass Sie in jedem Augenblick Ihres Lebens am richtigen Fleck das Richtige tun. Es gibt dann kein gespaltenes Sein mehr, Sie befinden sich nicht einmal mehr in einem bewussten Zustand, also in der richtigen Minute am richtigen Ort, und fühlen Sich sofort danach am falschen Ort zur falschen Zeit fehl am Platz.

Auch wenn Sie auf dem Weg in diesen Zustand manchmal hadern oder zweifeln, nur im stetigen Üben formt sich die Gewissheit, dass diese Worte stimmen. Experimentieren Sie so oft wie möglich mit der bewussten Wahl. Die Anleitung ist immer dieselbe, über die Meditation in die innere Stille gelangen Sie zur Intuition und damit zur Inspiration. Dann treffen Sie stets die richtige, gesunde Wahl.

Es ist mit dieser Handlungsweise genau wie bei der Meditation: Was Sie zuerst nur für Stunden üben, integriert sich langsam in Ihr Leben und wird damit zum Seinszustand.

Übung macht den Meister

Lassen Sie sich, wann immer es Ihnen angebracht erscheint, mithilfe der auf der CD beiliegenden Phantasiereise zu Ihrem inneren Schatzkästchen führen.

Die Musik auf der CD stammt von Hans-Jürgen Buchner, HAINDLING. Die CD enthält zwei Stücke: zum einen die unten abgedruckte Geführte Phantasiereise und als Zweites die dazugehörige Musik in Instrumentalfassung zur reinen Meditation.

Die vielen Briefe, E-Mails, Danksagungen und Berichte über die starke Wirkung der 7 tibetischen Reiki-Übungen und die begeisterten Teilnehmer, die in Einzelsitzungen, Reiki-Ausbildungen und Therapiegruppen ihren Transformationsprozess durchschritten haben, fragen immer wieder nach, ob sie sich in die Arbeit mit einbringen können oder ebenfalls in diesem Sinne die Wahrheit weitergeben dürfen. Dazu sind Sie ganz herzlich eingeladen.

Das erklärte Ziel des Neo Holistic Instituts, Zentrum für Gesundheit und Bewusstsein, ist es, Hilfe zur Selbsthilfe zu leisten. Damit die Menschen in die Freiheit der Erlösung ihrer Lebensthemen gelangen und somit ihre Berufung und Lebensvision gestalten können.

Durch die Veränderung und Transformation in uns selbst reihen wir uns ein unter die vielen mutigen Helfer, die die Evolution der Menschheit mit ihrer Weisheit und Entschuldigungskraft auf diesem Planeten weitertragen.

Wir sind dabei, eine gemeinnützige Stiftung zu gründen, die

es uns erlaubt, auf vielerlei Weise zu wirken und als Zentrum für neue Werte und Lebensformen ein Lebensgemeinschaftsprojekt zu gründen, in dem man für eine Weile zu Gast sein kann, um an Seminaren, Einzelsitzungen oder an der Arbeit am Projekt teilzunehmen.

Für weitere Informationen schauen Sie einfach auf unsere Internet-Seite www.neo-holistic-institut.de oder schreiben Sie uns an SatyamKathrein@hotmail.com.

Geführte Phantasiereise zum inneren Schatzkästchen

Wir begeben uns auf eine Phantasiereise zum inneren Schatzkästchen, in dem unsere Lebensthemen darauf warten, erlöst zu werden. Sie brauchen dazu eine bequeme Unterlage, ein Kopfkissen, eine zusammengelegte Decke zur Entlastung des Rückens und eine leichte Zudecke, damit Sie nicht auskühlen.

Legen Sie sich nun entspannt auf die Unterlage, schieben Sie sich das Kissen unter den Kopf und die eine Decke unter die Knie. Mit der anderen decken Sie sich zu.

Schließen Sie die Augen und atmen Sie jetzt bitte dreimal tief durch, bis in den Unterbauch. Kehren Sie dann zu Ihrem normalen Atemrythmus zurück. Sie fühlen sich geborgen, ruhig und bereit, auf diese kleine Reise zu gehen.

Lockern Sie Ihren Körper noch ein bisschen, und falls es noch gemütlicher geht, so darf das sein. Atmen Sie ganz entspannt, fühlen Sie, wie Sie gleichmäßig ein- und ausatmen.

In den nächsten Minuten brauchen Sie an nichts zu denken, lassen Sie alle Gedanken los. Ihr gesamtes Sein fühlt sich nun so locker an, als ob Sie schwerelos sind. Sie wissen sich aufgehoben und sind jetzt bereit für unsere Reise.

Stell' dir vor, du liegst auf einem weichen Teppich und lässt dich von ihm in die Lüfte tragen. Jetzt geht es los, weit weg an einen Ort, der verzauberter Bewusstseinsgarten genannt wird.

Hej, wie du durch die Lüfte saust.

Nach geraumer Zeit landest du ganz sacht, fast unmerklich auf einer grünen Wiese. Du stehst langsam auf und schaust dich um. Die Wiese, die du nun betrittst, spannt sich sanft über eine Kuppe und wird von imposanten, einzeln stehenden Bäumen gesäumt, die zauberhaft in ihr Frühlingskleid gehüllt scheinbar herüberwinken. Dein Blick schweift weiter und fällt auf das Tal, das den Hügel umgibt, und von dort auf die ansteigenden himmelhohen Berge auf der anderen Seite. Tief verschneit grüßen die Gipfel herüber.

Du wendest den Blick wieder zurück zur Frühlingswiese. Dort schaust du auf ein Meer von Schlüsselblumen, Löwenzahn und Veilchen.

Plötzlich dringt das Plätschern von Wasser an dein Ohr. Du drehst dich um und siehst genau hinter dir eine Quelle. Das Geräusch beruhigt, und du fühlst, wie alle Sorgen, die noch in dir verankert sind, jetzt loslassen, und du vertraust sie dieser Quelle an, ihr sprudelndes Wasser trägt sie mit ins Tal. Wenn noch mehr Gedanken auftauchen, so lass sie auch einfach ins Wasser fallen.

Gleichzeitig schenkt die Quelle dir Kraft, so unendlich viel Kraft. Du saugst diese Kraft förmlich in dich auf – bis in die letzte Zelle. So genährt, fühlst du die Stille und Geborgenheit an diesem Platz.

Voll innerer Ruhe und aufgetankt, schweifen deine Augen über den blauen Himmel. Vögel zwitschern lauthals und lachen dir zu. Ha, was für eine Freude und Vitalität du hier spürst!

Du lässt dich anstecken, springst auf und tollst vor lauter Spaß und Bewegungsdrang auf der Wiese umher, kugelst dich wie ein Kind in den Wiesenblumen, lässt deiner Seele freien Lauf.

Glücklich schaust du dich dabei um und staunst über die Berge, die ihre schneebedeckten Gipfel bis in die Wolken strecken, über die Almen, auf denen die Kühe grasen, und du hörst das Bimmeln der Glocken, das von weitem an dein Ohr klingt.

Der Augenblick lädt ein, die gute Luft richtig tief einzuatmen. Dieses Durchatmen entlässt die letzten Reste von Spannung, und du fühlst dich immer wohler auf deiner Zauberwiese.

Dort drüben, unter einem großen Lindenbaum, steht eine Bank. Du gehst zu ihr hinüber und lässt dich darauf nieder. Wie gut es tut, hier zu rasten! Grillen zirpen ohne Unterlass. Es duftet nach wilden Kräutern.

Geborgen unter dem Dach der Linde, spürst du, wie viel Liebe der Baum zu geben hat. Der uralte Baum verströmt seine Herzensenergie, hüllt dich ein in seine Herzensgüte.

Wie warm es hier ist, die Sonne kitzelt an der Nase. Dein Sein frohlockt über diese wohlig warmen Sonnenstrahlen.

Deine Aufmerksamkeit fällt nun auf fünf große Steine in der Mitte der Wiese, von denen du dich angezogen fühlst. Mit leichtem federndem Schritt gehst du darauf zu. Da du barfuß bist, spürst du das Gras und den nachgebenden Wiesenboden unter deinen Fußsohlen.

Jetzt kommst du an diese wunderbare, kreisförmig angeordnete Steinformation. Den magischen Kreis zu betreten hat etwas Besonderes.

In diesem Moment erscheint vor deinen Augen, genau im Zentrum der Steine, eine Kiste, eine Art Schatztruhe. Du spürst, dass diese Truhe zu dir gehört. Irgendwie weißt du auf einmal, dass das dein inneres Schatzkästchen ist.

Hier sind die Dinge eingeschlossen, die zeigen, warum du auf der Erde weilst. Das sind die Lebensthemen, die wir uns vorgenommen haben, in diesem Leben zu erlösen, zu leben, an ihnen zu wachsen. Das Schatzkästchen ist verschlossen, doch der Schlüssel steckt. Du drehst ihn einfach um, und augenblicklich öffnet sich der Deckel.

Ein kleiner Sack mit Aufschrift kommt zum Vorschein, und du versuchst die Zeichen zu entziffern. Es gelingt dir, die Worte zu lesen, es sind die Worte deines Lebensthemas, das sich dir für diese Reise zeigen möchte. Jetzt erkennst du dein Thema.

Du nimmst den Sack heraus, löst die Verschnürung und öffnest ihn. Die Dinge, die du darin findest, nimmst du nacheinander heraus, betrachtest sie und legst sie dann auf den Wiesenboden. Jedes Objekt spiegelt eine Facette, die dich dazu bringen möchte, dein Thema zu transformieren.

Während du jedes Stück beiseite legst, sagst du: »Ja, du gehörst zu mir, ich gehöre zu dir und wir haben miteinander etwas vor.« Nachdem du alle Teile besehen und angenommen hast, eröffnet sich dir ganz leicht der Zusammenhang dieser Teile, der rote Faden, der sie alle verbindet. Das ist der Wunsch nach Transformation.

Du weißt plötzlich ganz intuitiv, warum du all dies kreiert hast und wohin es dich tragen möchte. Es fällt dir wie Schuppen von den Augen, in welche Erlösung dich das führt.

Mit diesem Wissen fällt es dir leicht, neue Entscheidungen zu treffen, und du triffst nun deine neuen Entscheidungen für den weiteren Umgang mit den Dingen, für neue gesunde Handlungsweisen.

Du vereinbarst mit dir selbst deren Integration und erreichst so die Tür zur Transformation. Du kannst jetzt spüren, wie sich die Transformation anfühlt.

In dieser Gewissheit verweilst du eine Weile und genießt den Zustand des Erlöstseins.

Nun ist es an der Zeit, alle Dinge wieder in das Säckchen zu legen, dabei jeder Perle der Erfahrung dankend einen respektvollen Platz einzuräumen und dann den vollen Sack unverschnürt in das Schatzkästchen zurückzulegen. Es ist vollbracht, die Vorbereitung auf die Rückreise kann beginnen.

Mit einem dankbaren Gefühl und einem letzten Blick in die Runde verabschiedest du dich von deinem Kraftplatz mit einer Verbeugung und den Worten: »Danke, liebe Existenz, lieber Gott, dass du mich in diesen Zaubergarten geführt hast, damit ich verstehe, was mir so lange ein Rätsel war.«

Und du weißt, dass du jederzeit hierher zurückkehren und andere Lebensthemen auf diesem Weg erlösen kannst.

Nun legst du dich mit dem Rücken auf deinen fliegenden Teppich, der wundersamerweise genau hinter dir bereitliegt, hebst langsam ab von der Bewusstseinswiese und fliegst so schnell oder langsam, wie du magst, zurück an deinen Ausgangsort.

Wenn du in diese Welt zurückgekehrt bist, lässt du dich von der Musik in die Gegenwart tragen.

Bewege dich nun ein wenig, strecke Arme und Beine, öffne langsam die Augen.

Wenn Sie dann, in Ihrem eigenen Tempo, so weit sind, richten Sie sich bitte langsam wieder auf. Jetzt sind Sie bei sich zu Hause angekommen.

Wiederholen Sie diese Übung, wann immer Sie es für nötig halten, wann immer Sie das Gefühl haben, etwas nicht zu begreifen, um hinter die Kulissen des Lebens zu blicken.

Seminare

Die Transformation der Lebensthemen

Die Teilnahme an diesem Seminar ist für all jene empfehlenswert, die intensiv an ihrer Lebensthematik arbeiten möchten. Ausgehend von der Frage *Wer bin ich?*, lernen die Teilnehmer ihre eigenen Lebensthemen zu erkennen, deren Transformation in den Alltag zu integrieren und zu ihrer Buddha-Natur zu finden. So wird ihnen der Quantensprung zur Buddhaschaft möglich.

Das fünftägige Seminar findet in regelmäßigen Abständen in einem Tagungshotel auf dem Lande statt und ist der zweite Teil zu dem Seminar: Die 7 Tibeter – Eine Reise ins Licht.

Fortbildungsseminar für Therapeuten

Zum Thema »Transformation der Lebensthemen« bieten wir auch eine Wochenendschulung für Therapeuten an, die mit dieser Methode arbeiten wollen.

Für weitere Informationen wenden Sie sich bitte an unser Münchner Stammhaus (Adresse siehe unten): *Neo Holistic Institut – Zentrum für Gesundheit und Bewusstsein.*

Seminare – Ausbildungskurse – Therapiesitzungen

Seminar: Die 7 Tibeter – Eine Reise ins Licht

Das fünftägige Seminar findet in regelmäßigen Abständen in einem Tagungshotel auf dem Lande statt.

Die 7 Chakra-Themen beinhalten den spirituellen Bogen: existenzielles Überleben, Sexualität, Kreativität, Beruf – Berufung, das Leid als Spiegel, Liebe – Partnerschaft, die Wahrheit sprechen, Intuition, Drittes Auge, Tod – Wiedergeburt, Einheit mit der göttlichen Dimension.

In diesem Seminar bewegen wir uns mit Spiel, Spaß und Spannung durch die Chakra-Themen. Verschiedene Werkzeuge wie Tanzen, Schauspiel, Singen, Malen und Meditation bringen uns in die Begegnung mit dem, was uns noch festhält. Wir kommen mit unserer innersten Wahrheit in Kontakt, sie führt uns nach Hause ins Licht.

Ausbildungskurse in der tibetischen Energie-Medizin

Die Reiki Heilmethode – I., II. und III. Grad

Unsere Wochenendkurse finden regelmäßig in München, Berlin und Hamburg statt.

Therapiesitzungen

Satyam S. Kathrein gibt Einzelsitzungen für die Erlösung der Lebensthemen. Termine nach telefonischer Absprache.

Anschrift

Neo Holistic Institut
Germaniastraße 10
80802 München
Tel. 089/33 89 33
Fax 089/68 00 25 44
Internet: www.Neo-Holistic-Institut.de
E-Mail: SatyamKathrein@hotmail.com

Literaturhinweise

Dahlke, Ruediger: *Krankheit als Sprache der Seele.*

Kathrein, Satyam S.: *REIKI – Mehr Energie, Gesundheit und Wohlbefinden durch die heilende Kraft der Hände.* München 1997.

Kathrein, Satyam S.: *Das REIKI Praxisbuch – Die 7 tibetischen Reiki-Übungen.* München 2001.

Osho: *Das Buch der Heilung.* München 1995.

Osho: *Das Buch der Frauen.* München 1997.

Osho: *Das Buch der Männer.* München 1999.

Osho: *Das Buch vom Ego.* München 2000.

Osho: *Liebe, Freiheit, Alleinsein.*

Osho: *Autobiographie eines spirituellen Provokateurs.*

Redfield, James: *Die Prophezeiungen von Celestine.* München 1998.

Redfield, James: *Die Zehnte Prophezeiung von Celestine.* München 1999.

Tepperwein, Kurt: *Die geistigen Gesetze.*

Walsch, Neale Donald: *Gespräche mit Gott.* 3 Bände, München 2000.

Walsch, Neale Donald: *Freundschaft mit Gott.*

Walsch, Neale Donald: *Gemeinschaft mit Gott.*